돈황사본과 불교학

돈황사본과 불교학

2019년 6월 1일 초판 1쇄 인쇄
2019년 6월 10일 초판 1쇄 발행

지은이	런민(人民)대학 불교와종교학이론연구소
	도요(東洋)대학 동양학연구소
	금강대학교 불교문화연구소
펴낸이	정창진
펴낸곳	도서출판 여래
출판등록	제2011-81호.(1988.4.8)
주소	서울시 관악구 행운2길 52 칠성빌딩 5층
전화번호	(02)871-0213
전송	(02)885-6803
ISBN	979-11-86189-92-4 03220
Email	yoerai@hanmail.net
blog	naver.com/yoerai

값은 뒤표지에 있습니다.

※ 저자와의 협의에 따라 인지를 생략합니다.
※ 잘못된 책은 구입하신 서점에서 바꿔드립니다.
※ 이 책의 저작권은 저자에게 있습니다. 서면에 의한 저자의 허락 없이
   내용의 일부를 인용하거나 발췌하는 것을 금합니다.
※ 이이 도서의 국립중앙도서관 출판예정도서목록(CIP)은 서지정보유통지원시스템 홈페이지
   (http://seoji.nl.go.kr)와 국가자료공동목록시스템(http://www.nl.go.kr/kolisnet)에서 이용하실 수
   있습니다.(CIP제어번호 : CIP2019021238)

돈황 사본과 불교학

여래

| 편집자 서문 |

초기 중국 불교사상과 불교학 연구에 기여하는 돈황사본 연구

　중국 감숙성 서북쪽에 위치한 작은 도시 돈황은 실크로드로 통하는 교통의 요충지이며 문화가 교차하는 지역이었다. 중국과 서역 사이의 통로였던 돈황은 역사적으로 위진시대부터 본격적으로 발달하기 시작하여 수당대에 이르러 최고의 전성기를 누렸다. 이 지역은 불교를 숭상하던 내력이 있어서 불교행사를 개최하기도 하였으며 민간 생활 속에도 불교가 영향을 준 흔적이 깊이 남아있었다. 그러나 북송 초에 막고굴 석굴의 벽이 닫힌 후 돈황불교에 관해 알 수 있는 많은 자료들은 모래 속에 깊이 잠들어 있었다. 1900년 막고굴의 관리를 맡고 있던 도사 왕위안루王圓籙에 의해 돈황 막고굴 제17굴 장경동이 발견되었다. 이후 장경동을 비롯하여 지속적으로 발굴된 돈황석굴의 수많은 자료들은 서구 열강의 탐험가와 학자들에 의해 외부로 유출되었다. 현재 영국, 프랑스, 러시아, 일본 등의 도서관이나 박물관 그리고 개인문고에 많은 자료가 소장되어 있다. 그럼에도 불구하고 여전히 많은 자료가 중국의 국가도서관이나 돈황지역에 남겨져 있어서 세계 불교학자들의 관심을 끌고 있다. 돈황유서敦煌遺書는 불교자료뿐만 아니라 중국과 주변지역의 역사, 정치, 경제, 문화, 지리적 배경을 알 수 있는 많은 기록들이 남겨져 있어서 돈황의 전반적인 역사를 알려주는 매우 진귀한 자료이다.

돈황유서는 일본 대정신수대장경과 대만 중화불전(CBETA) 안에 편입되어 있는 것도 많지만, 각국에 흩어져 소장되어 있는 문헌도 적지 않다. 현재 중국 국가도서관과 돈황연구소에서는 중화불전에 편입된 것 이외의 새로운 문헌을 발굴, 지속적으로 편집·출판하고 있다. 이러한 활동을 기반으로 아직 대장경에 편입되지 않은 장외藏外 문헌들에 대한 연구를 최근 20여 년 동안 매우 활발하게 진행하고 있다. 그 이유는 돈황유서가 지금까지도 분명하게 파악되지 못하는 위진남북조 시기의 중국불교사상을 알려주는 데 중요한 역할을 하고 있기 때문이다. 비록 단간본이나 잔편이긴 하지만 돈황사본을 함께 병행해서 고찰하여 더욱 풍부한 연구결과를 산출하고 있다. 얼핏 보면 지루하고 지난한 작업을 요구하는 사본읽기는 자료를 독점한 곳이 우위에 설 수밖에 없는 현학적이고 권력적인 면모를 가지고 있기도 하다. 그럼에도 불구하고 사본은 문헌학적인 고찰에 유용한 측면이 있으며 중국불교사의 중요한 맥락을 연결하는 고리역할을 한다는 점에서 귀중한 자료가 된다. 향후 불교학의 발전을 위해서도 지속적인 연구가 이루어져야 하는 분야임은 틀림없는 사실일 것이다.

본서의 구성

금강대학교 불교문화연구소에서는 2007년 인문한국(HK)사업을 시작하면서부터 돈황유서 연구를 염두에 두고 2008년 지론종地論宗과 관련된 자료수집을 시작하여 『장외지론종문헌집성藏外地論宗文獻集成』(2012), 『장외지론종문헌집성 속집藏外地論宗文獻集成 續集』(2013)을 연속 출간하였다. 이들 장외지론종 관련 서적은 한중일韓中日 불교학자들의 위진남북조 시기 연구를 한층 촉발하는 계기가 되었다. 본서는 그후 이들 출판물과 그간의 돈황사본을 통해 진전된 연구내용을 2018년 6월 한국에서 개최된 제7회 삼국공동불교학술대회를 통해 회향廻向한 결과물이라고 할 수 있다. 그동안 삼국공동불교학술대회를 통해 한층 성장한 한중일 삼국 소장학자들의 연구능력과 성과를 보여주는 자리였다. 또한 이번 발표를 통해서 중국불교사를 형성하는 중국사상과의 교류 및 영향을 확인할 수 있었고, 투루판이나 티벳불교와 관련하여 돈황사본을 통한 연구의 모습을 짐작할 수 있었다. 이 학회를 통해서 돈황사본을 통한 연구가 불교학에 기여하는 점을 직접 확인할 수 있었다고 자부한다. 2018년 6월 30일~7월 1일 양일간 '돈황사본과 불교학'학회에서 발표된 논문은 이후 필자들이 직접 수정·보완작업을 거쳐 최종본을 편집하여 다음의 세 장으로 구성하였다.

제1장 "남북조 시대 불교사상의 전개를 알려주는 돈황사본"에서

는, 사본을 활용하여 기존의 연구사에서 밝히지 않았던 모습을 확인하게 하는 연구들을 모았다. 장원량(張文良) 선생의 「남조 성실종의 이제설―행우서옥장杏雨書屋藏 羽271 『부지제불경의기不知題佛經義記』의 '이제의 二諦義'를 중심으로」는 돈황사본인 행우서옥장杏雨書屋藏 羽271 『부지제불경의기不知題佛經義記』(이하 『의기』)를 활용한 연구이다. 지금까지 남북조 성실종 연구는 지장·승민·법운 등 성론삼대사에 집중되어 있거나, 길장 등 삼론사상가에 의해서 비판적으로 인용한 내용에 한정하여 이해하는 경우가 많았다. 그러나 남북조시기 『성실론』은 당시 일류의 불교학자 대부분이 연구하였고, 그 가운데 '이제'에 대한 이해도 역시 다양하였다. 행우서옥장杏雨書屋藏 羽271 『부지제불경의기不知題佛經義記』(이하 『의기』)는 역경목록에는 있지만 그동안 자료를 볼 수 없었던 『잡의기雜義記』(혹은 『義記』) 20권의 잔편이다. 『의기』 가운데 「상정림승유법사해이제의上定林僧柔法師解二諦義」는 성실종의 이제관을 이해하는데 또 다른 진귀한 자료가 된다. 위 논문은 이를 중심적으로 고찰한 논문이다. 본래 『성실론』의 이제는 구체적인 불교교의(아·무아설)와 관련된 범주였으나, 승유 등 성실사의 문답을 거치고 대승공관을 연관시키는 재해석을 거쳐서 더 넓은 불교철학의 범주가 완성된다. 중국철학의 범주에서는 체/용이 일반적인 개념이지만 승유 등이 이제설을 이해하면서 이와 유사한 체/의의 개념으로 파악하는 것은 중국 불교사상가들의 새로운 해석이다. 이것은 중국사상사 발전에 중요한 지점을 알려주는데 기여하는 글이 된다.

이상민李相旼 선생의 「지론문헌 내 『본업영락경소本業瓔珞經疏』(Stein no.2748)의 위치」는 돈황문헌 S2748 『본업영락경소』(疑題, 이하 『본업경소』)의 시기적, 사상적 위치를 고찰한 글이다. 『본업경소』는 비교적 이른 시기에 저술된 지론학파 문헌인데, 본 문헌에 인용된 텍스트의 선후 관계 및 사상적 연관성을 명확하게 밝혀서 사본의 작성 시기 및 사상적 배경을 이해하고자 한 논문이다. 그 결과 『본업경소』에는 북조의 경록에서 보이는 경전들이 함께 인용되어 있으며, 그 중에는 『선비보살경善臂菩薩經』, 『무진의경無盡意經』, 『허공장경虛空藏經』, 『낙영락경樂瓔珞經』과 같이 이후 지론학파에서는 자주 사용되지 않는 경전들이 포함되어 있다. 논자는 『본업경소』에는 여러 부분에서 『십지경론』이 인용되고 있고 『십지론의소』에 거의 동일한 형태의 구절을 공유하고 있음을 확인하였다. 그래서 『본업경소』가 법상法上 주변에서 성립되었을 가능성이 높다는 주장을 하고 선후관계를 추정한다. 특히 논자는 『본업경소』와 긴밀한 연관성을 보이는 문헌으로 또 다른 돈황사본인 『인왕실상론』이 있음을 발견해냈다. 『본업경소』와 『인왕실상론』 간에는 상호 영향을 주고받은 구절들이 나타나며, 이는 두 문헌이 같은 그룹에서 찬술되었을 가능성을 시사한다. 다만 『인왕실상론』과 『본업경소』 간의 선후 관계에 대해서는 확정지을 수 있는 결정적인 근거는 없다고 밝히고 있다. 본고는 인용 문헌들의 상관관계를 밝히는 것은 찬술 시기가 명확하지 않는 돈황사본의 시대 배정을 위해 필수적인 선행작업임을 확인하게 하는 의의가 있다.

양위페이(楊玉飛) 선생의 「조법사照法師가 찬술한 『승만경소勝鬘經疏』(S524)에 관하여 —정영사淨影寺 혜원慧遠의 『승만경의기勝鬘經義記』와 길장吉藏의 『승만보굴勝鬘寶窟』의 비교—」는 불교경전을 주석학적 관점에서 고찰한 연구논문이다. 양위페이 선생의 논문은 남북조시대 유행한 『승만경』을 주제로 조법사 찬술의 『승만경소』(S524)와 정영사 혜원, 길장의 주석서를 주석학적 관점에서 비교한 연구이다. 이를 통해서 논자는 초기 『승만경』 주석서는 각 장을 독립적인 주제로 삼아 풀이하였고, 경전을 하나의 유기적인 전체로 간주하지 않음을 확인하였다. 곧 조법사 찬술의 『승만경소』 이후부터 점차 전체 경전 속의 연결관계를 중시하여 앞에서부터의 뜻을 이어가는 '내의來義'를 통해 전후 각 장을 연결시키는 모습을 갖게 된다. 정영사 혜원은 경전 내 각 품을 구체적으로 네 단계로 나누어서 설명하는데, 이 가운데 반드시 '내의'를 넣는 구성을 취한다는 것을 밝혔다. 길장의 경우는 연결 관계를 논하는 것에 만족하지 않고 삼론의 전체 주제인 '무소득중도' 관념을 바탕으로 문자에 집착하는 것을 비판하는 형태를 취하면서 주석하였다. 본 논문을 통해 불경을 주석학의 맥락에서 이해할 때, 비록 사본이 결락된 부분이 있더라도 이른 시기의 돈황사본 자료가 매우 중요한 역할을 한다는 것을 확인할 수 있었다.

제2장 "중국 사상이 보이는 경전과 돈황사본의 역할"에서는 돈황사본을 활용하여 중국불교 속에 드러난 중국사상을 확인할 수 있는 논문을 모았다. 가와사키 미치코(川崎ミチコ) 선생의 「돈황본 『불모경佛母經』과 석가금관출현도釋迦金棺出現圖에 관하여 관계자료의 소개를 중심으로」는 중국의 효사상과 불교의 무상을 연관시키는 과정을 확인할 수 있게 하는 글이다. 『불모경』은 대장경에 실려있는 『마하마야경』권하에 있는 붓다가 열반할 때 어머니를 만나는 소재를 가지고 만들어진 경전이다. 돈황문헌 중 『불모경』 사본은 30점이지만 『마하마

야경』이라는 명칭의 사본은 매우 적다. 그런데 이와는 반대로 일본 『정창원문서』에서 『불모경』은 1점이지만, 『마하마야경』은 40점이 넘는 상황이다. 논자는 역대 중국의 다양한 '불교경전목록'에 기록된 것은 『마하마야경』이지만, 돈황이라는 한정된 지역에서는 『마하마야경』보다 현실적으로 훨씬 구체성을 갖춘 『불모경』 쪽이 수용되기 쉬웠음을 보여준다고 주장한다. 또한 돈황이라는 지역에서 일상적으로 효를 최고 도덕으로 여겼고, 생전의 효 윤리뿐 아니라 사후의 효 또한 중요하다고 생각한 것이 상태화된 결과로 추정하고 있다.

스징펑(史經鵬) 선생의 「중국 초기 불교의 상속사상相續思想」은 중국 고유의 신불멸사상과 윤회관이 연결되고 사상적으로 발전하는 내용을 담고 있다. 위 논문은 이러한 내용을 확인할 수 있는 돈황사본 P3291 · P2908 · 上博3317의 『법화경문외의法華經文外義』를 중심으로, 대장경 안의 문헌과 결합하여 탐구한 글이다. 중국 불교에서 상속사상은 맨 처음에는 신불멸론에 가탁하여 상속중도相續中道의 개념에 도달하였고, 이후에는 적극적으로 정통 불교 이론과 결합하여 발전하였다. 『성실론』의 상속가相續假 사상에서 시작하여 불성론과 결합하는 단계를 거쳐, 상속상相續常의 특징이 갑자기 등장하였다. 그러나 불성론에서 벗어나서 독립적인 논제가 되면서 의미가 확장되어 상속실성相續實性의 개념이 발생하였다. 이처럼 중국 초기 불교의 상속사상은 중도 · 불성 · 상무상 · 진속이제 · 열반 등의 개념과 끊임없이 상호작용하여 복잡하고 다양한 이론적 특징을 지니게 되었다. 그럼에도 불구하고 이후에 갑작스럽게 상속사상에 대한 논의가 없어진 것에 대해 논자는 삼론종과 유식학이 전개되면서 『성실론』의 주장이 근거를 상실한 것이 원인이라는 견해를 드러내고 있다. 논자가 돈황 사본 가운데 내용적, 구조적으로 유사성을 가진 P3291·P2908·『법화경문외의』의 세 문헌을 발견하고, 이를 바탕으로 사상적으로 중요한 상속 개념을 정리한 것은 중국 초기 불교사상의 이해에 있어서 매우 중요한 작업이다. 특히 돈황사본을 통한 불성론과 연관된 상속 이론이 가진 다양한 함의를 고찰한 것은 문헌학으로도 귀중한 작업일 뿐 아니라 불교사상사적으로도 매우 통찰력이 있는 작업이다.

신사임辛師任 선생의 「북주北周 도안道安의 『이교론二敎論』과 당唐 법림法琳의 『변정론辯正論』의 영향 관계」는 불교에 대한 비난과 폐불廢佛 혹은 억불抑佛이라는 정치적 배경 아래, 불교를 옹호하기 위한 목적으로 저술된 『이교론』과 『변정론』을 주제로 하였다. 이들은 각각 두 종류의 돈황사본, 즉 Pelliot chinois 2587, Pelliot chinois 3742, Pelliot chinois 3617, Pelliot chinois 3766이 남아있다. 특히, Pelliot chinois 2587의 사본 말미에는 『이교론』을 저술한 배경과 목적 등이 필사되어 있어, 『이교론』을 연구하는 데 귀중한 정보를 제공하고 있다. 논자는 남조와 북조의 호교문헌은 저술된 배경과 목적, 내용과 주제가 완전히 다르다고 본다. 남조의 호교護敎문헌은 정치적 목적이나 배경에서 출현한 것이 아니라 삼교간의 교리적 충돌에서 등장하였고, 이러한 흐름은 『대승기신론』 등 여래장사상의 조류 속으로 이어졌을 가능성이 있다고 보고 있다. 반면, 북조 호교문헌은 교리적 논쟁보다는 정치와 밀접한 관계 속에서 뚜렷한 의도를 가지고 등장하게 된 것이다. 당 초기 출현한 호교문헌들은 남조와 같은 철학적 담론이나 유교사상과의 마찰이 아닌, 왕조의 정치적 배경 아래 삼교의 선후 문제를 논하면서 등장했다는 점에서 북조 호교문헌의 성격과 유사한 점이 보인다고 본다. 북주 도안이 저술한 『이교론』은 삼교합일과 폐불이라는 무제武帝의 정치적 의도 아래 불교를 지키고자 하는 목적에서 저술되었으며, 당 법림의 『변정론』은 고조高祖의 삼교논형三教論衡과 도사 이중경李仲卿의 『십이구미론十異九迷論』에 대한 반론 등 몇 가지 목적에서 저술된 글을 엮은 것이다. 본고는 이러한 배경에서 저술된 두 문헌이 분명한 영향 관계가 있음을 검토함으로써, 북조의 호교전통이 어떻게 계승되고 있는지를 추론하고 있다. 논자는 금강대학교 박사과정을 수료한 연구자로 학문후속세대의 잠재력을 보여주고 있다.

제3장은 "돈황을 넘어 투루판과 티벳불교에서의 사본 연구"라는 주제로 다음의 발표 논문들을 함께 엮었다. 청정(程正) 선생의 「『천축국보리달마선사론天竺國菩提達摩禪師論』 신출본新出本에 대하여」는 2016년 독일 소장 투루판 한문문서에서 새롭게 발견한 단편 『달마선사론』 2점(Ch1935와 Ch2996)을 활용한 연구이다. 『달마선사론』 이본異本은 모두 단편에 지나지 않는다. 그러나 이러한 문헌들이 돈황장경동敦煌藏經洞이 아닌 다른 곳에서 발견되었다는 점에서, 『달마선사론』이 돈황뿐 아니라 더 서쪽에 위치한 투루판 지역에서도 유포되었음을 보여주는 명확한 증거라고 할 수 있다. 이것과 함께 기존에 발견된 돈황사본 『달마선사론』을 세심하게 비교하여, 성립선후 관계 등을 추정하였다. 한편 논자는 『달마선사론』과 관련이 있다고 전해지는 『관문觀門』과의 영향관계를 확실하게 밝히고 있다. 위 논문은 기존에

발견되어 일정정도 연구 성과가 있었지만, 연구 정체기에 들어갔던 문헌에 대해 새로운 사본 자료가 발굴됨에 따라 관련 연구의 새로운 바람을 불어넣는 논문이다. 불교학의 영역에서 돈황사본을 비롯한 여러 사본들이 산출할 수 있는 문헌학적 위치의 중요함을 가늠하게 하는 연구라고 할 수 있다.

오타케 스스무(大竹晋) 선생의 「법성(法成, Chos grub)이 인용한 『유가사지론瑜伽師地論』 최승자最勝子 석釋에 대하여」는 유식10대 논사의 한사람이라고 알려진 최승자의 글을 찾아내고 고증한 작업이다. 티벳대장경에는 번역자 미상, 저자 불명의 『유가사지론석』(Tohoku 4043; Otani 5544)-『유가사지론』의 서두 부분부터 「본지분本地分」의 「유심유사지有尋有伺地」 도중까지에 대한 부자연스럽게 끊긴 주석-이 수록되어 있다. 9세기 돈황에서 티벳과 한문 두 언어를 사용하며 활동했던 승려, 법성은 귀의군 시기 처음에 현장 역 『유가사지론』을 강의하였다. 그의 강의는 제자들에 의해 필기되었고, 그 강의록이 『유가론수기瑜伽論手記』, 『유가론분문기瑜伽論分門記』라는 명칭으로 돈황문헌에 남아 있다. 위 논문에서는 법성이 인용한 최승자의 주석에 대해서 고찰하여, 법성이 인용한 최승자의 『유가사지론석』은 저자 불명의 현존 티벳역 『유가사지론석』임을 밝힌다. 현장이 인용한 최승자의 『유가사지론석』은 티벳역 『유가사지론석』과 합치된다. 그러므로 논자는 티벳역 『유가사지론석』의 저자는 최승자라는 것을 주장한다. 최승자의 연구는 『성유식론』 연구와 불가결의 관계에 있다. 논자는 불전번역가佛典飜譯家라는 직업을 스스로에게 부여하고 연일 불전번역에 매진하는 소장학자로 최승자의 전 저작과 일문逸文을 역주하는 『최승자 연구最勝子の

研究』 출판을 준비하고 있다.

　차상엽車相燁 선생의 「폴 유진 펠리오가 돈황에서 출토한 티벳어 사본 PT 1과 PT 116에 대하여」는 펠리오가 돈황에서 출토한 티벳어 사본 No.116(이하 PT 116)에 나타난 마하연의 『선경禪經』이 어떤 성격을 지니고 있는지에 대해 고찰한 연구이다. 이를 위해 티벳어 사본 첫머리에 나오는 PT 1과 비교하였다. 1장의 두루마리로 이루어진 PT 1은 5개의 텍스트, 즉 3개의 기원문(praṇidhāna, smon lam)과 초심자를 위한 텍스트, 그리고 진언 모음집으로 이루어져 있다고 밝히고 있다. 고찰 결과 PT 116은 PT 1과 마찬가지로 종교의식용 안내서로 여겨진다.(우리나라 법요집 같은 형태라고 할 수 있다.) PT 116이 어떤 종교의식을 통해 지속적으로 대중들에게 현실적인 이익을 충족시켜주려는 측면과 함께, 이들에게 이 가르침을 지속적으로 상기시키고자하는 목적 하에 의례용으로 작성되었을 가능성이 농후하다고 논자는 밝힌다.

감사의 말

　본서가 나오기까지 학회와 관련해서 애써주신 많은 분들에 앞서 앞에서 소개했던 『장외지론종문헌집성』과 『장외지론종문헌집성 속집』을 편찬하는데 관여했던 삼국의 여러 학자분들께 감사를 드린다. 총 책임을 맡아주셨던 이케다 마사노리(池田將則) 선생을 비롯하여 한중일 삼국에서 역량이 되는 많은 선배연구자와 소장학자분들께서 많은 시간과 노력을 제공해주셔서 완성될 수 있었던 출판물이었다. 그에 대한 결과로 2016년에는 지론종과 정영사 혜원을 중심으로 한 학회를 개최하고 그 성과인 『지론종 연구』(2017)를 출판하였다. 이분들의 땀과 노력으로 제7회 삼국공동불교학술대회가 결실을 맺을 수 있었다. 본서는 인문한국(HK)사업이 끝나고 난 이후에도 중국 인민대학 불교와종교학이론연구소, 일본 동양대학 동양학연구소, 그리고 금강대학 불교문화연구소가 지속적으로 교류를 하고 그 성과를 산출하고 있음을 동아시아 학계에 널리 알리는 의미를 가진다.

한국・중국・일본에서 학술대회가 각 2회씩 개최되고 다시 세 번째로 한국에서 진행된 제7회 학술대회에서 발표를 해주셨던 9명의 발표자와 토론을 맡아주신 학자분들께 진심으로 감사를 드린다. 삼국 대표 간사를 맡고 계신 중국 인민대 장원량(張文良) 선생과 일본 동양대 이부키 아츠시(伊吹敦) 선생께도 이 자리를 빌어 다시 한 번 감사를 드린다. 7, 8년 동안 삼국간에 정치외교적 긴장이 있을 때에도 흔들림 없이 버텨온 학술대회 관계자들의 신뢰와 그간 축적된 분위기를 서로가 충분히 느낄 수 있었다. 7회 대회 기간에 비가 오는 궂은 날씨에도 불구하고 학회장을 찾아주셨던 국내 학자분들과 일반 청중들의 관심에도 깊이 감사를 드린다. 본 학술대회를 진행하는 데 삼국의 언어소통에 불편함이 없도록 통역을 맡아주신 통역자와 사회자분들께도 감사를 드린다. 또한 학술대회 진행이 순조롭게 진행되도록 적극적으로 참여하고 도움을 주신 연구소 선생님들, 행사를 도와주신 관계자 분, 금강대학교 교직원 분들께도 감사를 드린다. 이 기간은 국가사업이 완료된 시점에서 처음으로 대한불교천태종의 지원을 받는 순수한 금강대학교 학술행사로서 주최되었던 학회였기에 더욱 감회가 깊었다. 연구소에 대한 종단과 학교의 전폭적인 지지에 마음깊이 감사를 드린다.

　올해는 중국 인민대학에서 '위의경僞疑經과 동아시아 불교'라는 제목으로 제8회 삼국공동 국제불교학술대회가 개최된다. 불교경전인 듯 아닌 듯 경전같은 경전으로 분류될 수 있는 위의경이라는 주제에 대해서 삼국 10명의 발표자들이 어떤 새로운 글을 발표할지 기대에 부풀어 있다. 앞으로도 삼국간의 학술교류가 원만하고 활발하게 이루어지고, 동아시아 불교연구에 초석이 되기를 기원하며 서두의 글을 마무리한다.

2019년 5월
한국어판 편집자를 대표하여 최은영

편집자 서문 _ 5

제1장 남북조 시대 불교사상의 전개를 알려주는 돈황사본

1) 남조 성실종成實宗의 이제설二諦說
　― 행우서옥杏雨書屋藏 羽271 『부지제불경의기不知題佛經義記』의
　'이제의二諦義'를 중심으로 ―
　장원량(張文良, 人民大) _ 23

2) 지론문헌 내 『본업영락경소本業瓔珞經疏』(S2748)의 위치
　이상민(동덕여자대) _ 47

3) 조법사照法師가 찬술한 『승만경소勝鬘經疏』(S524)에 관하여
　― 정영사淨影寺 혜원慧遠의 『승만경의기勝鬘經義記』와 길장吉藏의
　『승만보굴勝鬘寶窟』의 비교 ―
　양위페이(楊玉飛, 宜春學院) _ 81

제2장 중국 사상이 보이는 경전과 돈황사본의 역할

1) 돈황본 『불모경佛母經』과 석가금관출현도釋迦金棺出現圖에 관하여
　― 관계자료의 소개를 중심으로 ―
　가와사키 미치코(川崎ミチコ, 東洋大) _ 109

2) 중국초기불교의 상속사상相續思想
  —上博3317호, 伯2908호와 伯3291호를 중심으로—
  스징펑(史經鵬, 中央民族大) _ 131

3) 북주北周 도안道安의 『이교론二教論』과 당唐 법림法琳의
  『변정론辯正論』의 영향 관계
  신사임(금강대) _ 169

3장 돈황을 넘어 투루판과 티벳불교에서의 사본 연구

1) 『천죽국보리달마선사론天竹國菩提達摩禪師論』 신출본新出本에
  대하여
  청정(程正, 駒澤大) _ 207

2) 법성(法成, Chos grub)이 인용한 『유가사지론瑜伽師地論』
  최승자最勝子 석釋에 대하여
  오타케 스스무(大竹晋, 佛典飜譯家) _ 239

3) 폴 유진 펠리오가 둔황에서 출토한
  티벳어 사본 PT 1과 PT 116에 대하여
  차상엽(금강대) _ 269

영문 초록 _ 301

제1장

남북조 시대 불교사상의 전개를 알려주는 돈황사본

1) 남조 성실종成實宗의 이제설二諦說
- 행우서옥장杏雨書屋藏 羽271『부지제불경의기不知題佛經義記』의
'이제의二諦義'를 중심으로 -

장원량(張文良)

2) 지론문헌 내『본업영락경소本業瓔珞經疏』(S2748)의 위치

이상민(李相旼)

3) 조법사照法師가 찬술한『승만경소勝鬘經疏』(S524)에 관하여
- 정영사원淨影寺 혜慧遠의『승만경의기勝鬘經義記』와 길장吉藏의
『승만보굴勝鬘寶窟』의 비교 -

양위페이(楊玉飛)

남조南朝 성실종成實宗의 이제설二諦說

―행우서옥장杏雨書屋藏 羽271
『부지제불경의기不知題佛經義記』의 '이제의二諦義'를
중심으로―

장원량(張文良)

들어가는 말

중국불교의 '이제二諦'사상을 언급할 때 삼론종의 집대성자인 길장 吉藏의 '이제'설을 우선 떠올리게 된다. 모두 알다시피, 길장의 '이제' 사상은 당시 유행했던 성실종 등에서 주장했던 '이제'관二諦觀에 대한 비판 위에 세워진 것이다. 성실종의 저술 대부분이 실전되었기 때문에 삼론 사상가가 자신의 저작에서 비판적으로 인용한 내용에 한정하여 이해할 수밖에 없었다. 학계에서는 이미 중국과 일본의 삼론학가 저작에 드러나는 성실사의 사상에 대한 기초적인 연구를 많이 진행했다.[1] 그러나 삼론학가가 인용한 성실사의 사상은 이른바 '성론

---

1) 福原隆善,「吉藏『中論疏』と安澄『中論疏記』―特に成實學との關連性を中心に」 (『印度學佛教學研究』23(2), 1975年3月, pp.849~852); Monteiro Joaquim,「成實論師の 思想について―開善寺智藏の思想を中心に」(『駒澤大學大學院佛教學研究會年報』32, 1999年7月, pp.67~81); 船山徹「梁の開善寺智藏の『成實論大義記』と南朝教理學」 (平成15年度~平成18年度科學研究費補助金基盤研究(B)「江南道教の研究」研究成果報告書(1),

삼대사成論三大師', 즉 지장智藏·승민僧旻·법운法雲[2] 등에 집중되어 있고, 기타의 성실사에 대한 언급이 적기 때문에, 성실사 사상의 전모를 이해하기에는 어려움이 있는 것도 사실이다. 남북조시기에 『성실론』은 현학顯學에 속하였기 때문에 당시 일류의 불교학자들 거의 대부분이 『성실론』에 대해 연구하였다. 그리고 또한 각자 연구에 있어서 입장이 다르면서 '이제'에 대한 그들의 이해도 각각 달랐기 때문에, 필연적으로 다양한 종류의 '이제'설이 등장하게 되었다. 행우서옥장杏雨書屋藏 羽271의 『부지제불경의기不知題佛經義記』(이하『義記』로 간칭함)가 발표됨에 따라, 그 중 「상정림승유법사해이제의上定林僧柔法師解二諦義」는 성실종의 '이제'관을 이해하는 데 있어 또 다른 진귀한 자료가 되었다.[3] 아래에서는 이 자료를 중심으로, 동시에 『광홍명집廣弘明集』의 「소명태자해이제의昭明太子解二諦義」와 길장의 『대승현론大乘玄論』[4], 혜균慧均의 『대승사론현의기大乘四論玄義記』, 안징安澄의 『중

2007년 3月, pp.111~135).
2) 慧均은 『大乘四論玄義記』에서 "成論三大法師"를 언급하였다.(『卍新纂續藏經』 46, p.659.)
3) 『不知題佛經義記』 5卷(卷1의 前部 缺, 卷5의 後部 缺)은 『敦煌秘笈』 第5册에 수록되어 있다. 張凱考의 고증에 따르면 이 문헌은 『出三藏記集』 등에 기재된 蕭子良이 撰한 『義記』(혹은 『雜義記』)20卷의 殘篇이다.(張凱, 「『敦煌秘笈』羽.271 『不知題佛經義記』的基礎研究」, 『世界宗教研究』, 2014, 第6期.) 현존하는 내용 및 의제는 '法身義', '涅槃義', '三寶義', '一乘義', '十地義', '四等義', '四攝義', '淨土義', '金剛心義', '六通義', '二諦義', '四諦義', '三乘同觀義' 등을 포함하고 있으며, 「上定林僧柔法師解二諦義」는 제4권에 보인다. 이 문헌과 관련 성과는 위에서 언급한 張凱의 논문 이외에도, 다음의 것들이 있다. 張凱, 「中國南朝の法身思想に關する一考察—特に「敦煌秘笈」二七一「不知題佛經義記」をめぐって」(『武藏野大學人間科學研究所年報』 3, 2014년 3월); 張文良, 「南朝十地學の一側面—法安の十地義解釋を中心とする」(『印度學佛敎學硏究』62(2), 2014년 3월).
4) 日本 학술계의 최신 연구에 따르면, 『大乘玄論』의 작자는 吉藏이 아니라 다른 사람일 가능성이 매우 높다. 伊藤隆壽, 「『大乘四論玄義』に關する諸問題」,

론소기中論疏記』에서 이와 관련하여 인용한 내용을 결합함으로써, 남조 성실학파의 '이제'사상에 대해 간략하게나마 고찰하고자 한다. 아울러 이러한 고찰을 통해 중국의 '이제'사상이 발전해 온 과정을 더욱 분명하게 인식할 수 있을 것이라 생각한다.

1. 승유僧柔 및 남조 성실종의 동향

『성실론』이 구마라집鳩摩羅什에 의해 번역된 이후(411~412)에 역대로 이에 대한 연구가 진행되었다. 예를 들어 구마라집의 제자인 승도僧導는 일찍이 『성실의소成實義疏』및 『공유이제론空有二諦論』을 저술하였으며, 수춘壽春(오늘날 안휘성 수현壽縣)의 동산사東山寺에서 『성실론』 등을 선양하면서, 받아들인 제자가 천 명에 달하였으니, 그 중에 이름이 널리 알려진 사람으로는 승인僧因, 승위僧威, 담제曇濟와 도맹道猛(410~475)이 있었다. 또한 도맹의 문하에는 도견道堅, 혜란惠鸞, 혜부惠敷, 승훈僧訓, 도명道明, 도혜道慧 등이 있었다. 승도 일파는 남부지역에 영향력이 지대했던 이른바 '수춘계壽春系' 성실학파를 개창하였다.[5] 그리고 이와 짝이 되는 것이 승숭僧嵩이 팽성彭城(오늘날 강소성 서주시徐州市)에서 개창한 '팽성계'의 성실학파이다. 승숭은 구마라집으로부터 가르침을 받아, 팽성의 백탑사白塔寺에서 『성실론』을 선양하

『駒澤大學佛敎學部論集』40, 2009, pp.482~474; 菅野博史, 「大乘四論玄義記の研究序言」, 『南北朝・隋代の中國佛敎思想研究』, 大藏出版, 2012, p.508.

5) '壽春系' 성실학파라는 설명은 중국 근대 저명한 불교학자인 湯用彤에서 시작되었다.(湯用彤, 『漢魏兩晉南北朝佛敎史』, 下冊, 中華書局, 1983, p.517)

면서, 받아들인 제자도 매우 많았으며 명성도 널리 떨치면서, 이후 북방지역의 『성실론』 전파의 중심지가 되었다. 승숭의 제자 중에서 가장 유명한 인물로는 승연僧淵과 법천法遷이 있었는데, 승연의 문하에는 담도曇度(태화太和 13년(488)사망), 혜기惠紀, 혜구惠球가 있었다. 담도와 혜구는 각각 평성平城(오늘날 산서성 대동大同)과 낙양洛陽에서 『성실론』을 선양하였고, 담도는 일찍이 『성실론대의소成實論大義疏』 8권을 저술하였는데, 학도가 천 명을 상회하여 북방 지역에서 그 영향력이 매우 컸다.

남제南齊 시대에는 문선왕文宣王 소자량蕭子良(460~494)의 제창으로 『성실론』이 당시의 현학으로 성립하여 한 시대를 풍미하였다. 문선왕은 일찍이 경사의 석학과 명승 오백여 명을 불러 모았는데, 그 중 정림定林 승유僧柔(431~494)법사[6]·사사謝寺 혜차慧次(434~490)법사 등에게 보홍사普弘寺에서 『성실론』을 강의하도록 청하였다. 그리고 연구의 편의를 위하여 문성왕은 승유, 혜차 등의 여러 논사들에게 16권본 『성실론』을 9권으로 베껴 쓸 것을 명하였다. 『광홍명집』의 기록에 따르면, "방등方等이 중국에 전래된 이래로, 오랑캐를 한으로 바꾸었고 뛰어난 학식을 지닌 사람들이 밤낮을 가리지 않고 쉴 새 없이 몰려들어 서로 어깨를 견주었다. 『법화경』, 『유마경』을 연구한 자들이 각지에서 등장하였고, 『열반경』, 『성실론』을 제창하니, 가는 곳마다 무리를 이루었다."[7]라고 되어 있다. 이를 통해 당시 불교계에서 『성실론』

---

6) 僧柔의 일생에 대해서는 春日禮智, 「關於南齊上定林寺僧柔」를 참조.(「南上定林寺僧柔について」, 『印度學佛教學研究』 通號49, pp.214~217.)
7) 『광홍명집』(T52, 269b) "自方等來儀, 變胡爲漢, 鴻才鉅學, 連軸比肩. 『法華』『維摩』之家. 往往間出; 『涅槃』『成實』之唱, 處處聚徒."

이 『법화경』, 『유마경』, 『열반경』 등의 대승경전과 같은 지위를 차지하고 있었음을 알 수 있다. 그런데 『속고승전續高僧傳』 「승민전僧旻傳」에서는 "유송대에는 도생道生을 귀하게 여겼는데, 경에 통달하여 돈오頓悟를 열었고, 남제대에는 승유僧柔를 중시하였으니, 강론으로써 비담을 드러내었다"[8]라고 하였는데, 즉 유송劉宋 연간(420~479)에 『열반경』의 돈오설을 제창한 도생의 영향력이 매우 컸으나 남제 연간(489~502)이 되자 비담학毘曇學을 강습했던 승유가 가장 중시되었다는 것을 의미한다. 바로 승유(또한 혜차 등을 포함하여)가 『성실론』을 널리 알리고, 아울러 양대梁代의 3대법사인 지장(458~522), 승민(?~527), 법운(467~529) 등이 『성실론』에 대해 주소注疏[9]를 더하면서 『성실론』이 당대의 현학으로 번성하게 되었다.

---

8) 『속고승전』(T50, 462b) "宋世貴道生, 開頓悟以通經; 齊時重僧柔, 影毘曇以講論."
9) 『續高僧傳』 卷5 「智藏傳」의 기록에 따르면, "凡講大小品, 涅槃, 般若, 法華, 十地, 金光明, 成實, 百論, 阿毗曇心等, 各著義疏行世"(T50, 467b)라 하였는데, 智藏이 일찍이 『成實論義疏』를 저술했음을 알 수 있다. 또한 吉藏의 『大乘玄論』에서는 "梁武帝勅開善寺藏法師, 令作義疏. 法師講務無閑, 諸學士共議, 出安城寺開公, 安樂寺遠子, 令代法師作疏. 此二人善能領語, 精解外典, 聽二遍, 成就十四卷"라고 하였다.(T45, 26a) 이에 따르면, 비록 智藏이 친히 저술한 것은 아니지만, 『成實論義疏』 14권이 당시 流傳했음을 알 수 있다. 또한 安澄은 『中論疏記』에서 일찍이 智藏의 저작인 『成實論大義記』를 인용하였는데, 이는 『成實論』에 관한 智藏의 또 다른 저작임이 분명하다. 『廣弘明集』 권20에는 梁皇太子 綱의 「莊嚴旻法師成實論義疏序」가 있는데, 이를 통해 僧旻이 『成實論義疏』 10권을 저술했음을 알 수 있다.(T52, 244a) 또한 『續高僧傳』 「法雲傳」에서는, "時諸名德, 各撰成實義疏. 雲乃經論合撰, 有四十科, 爲四十二卷"라 하였다. 이에 근거하여 平井俊榮은 이곳에서 말한 "經論合撰"이 바로 『成實論義疏』라고 생각했다.(『新國譯大藏經』 「毗曇部6・成實論解題」, 大藏出版, 1999, p.24.) 그러나 王征은 "經論合撰"이 『法華經』과 『成實論』을 참조하여 편찬된 백과사전식 저작이라고 생각했다.(「「成實論師」としての光宅寺法雲に關する一考察─『中觀論疏』の引用を手がかりに─」, 『東アジア佛敎硏究』 第12호, 2014, pp.49~68.)

『고승전』「승유전」의 기록에 따르면, 승유는 남방의 단양丹陽 출신으로, 일찍이 낙양의 홍칭弘稱에게서 대·소승의 경론을 학습하였다. 이후 현재의 절강성 동부 일대에서 불법을 널리 펼쳤다. 남제가 건국된 이후에는 문선왕 등의 부름을 받아, 경성인 건강建康(오늘날 강소성 남경시南京市)의 정림사定林寺에 들어와 살게 되었고, 연흥延興 원년(494년)에 사망할 당시 64세였다.

『고승전』이나 『속고승전』에 있는 승유와 관련된 다른 승려의 행적을 참고해 보면, 그가 양대 삼대법사인 지장, 승민 및 법운과 왕래를 했다는 점이 그의 일생에서 가장 주목할 만한 사건이라는 점은 의문의 여지가 없다. 『속고승전』「지장전」의 기록에 따르면, 당시 수도 건강에서 승유와 혜차의 명성이 가장 높았는데, 일찍이 지장은 이 두 사람으로부터 배웠다. 그러나 경론을 토론하는 과정에서 지장의 식견이 탁월하고 언변도 출중하자, 이에 대해 승유와 혜차가 크게 놀라며 자신들이 그에 미치지 못함을 탄식하였다고 한다. 또 한편 「승민전」에 따르면 양대 삼대법사 중 하나인 승민은 일찍이 승유, 혜차, 승달僧達, 보량寶亮(444~509) 등의 4명으로부터 가르침을 받았는데, 승유와 승민은 사제 관계였다.[10] 또한 「법운전」에 따르면, 영명永明 연간(483~493) 당시 젊었던 법운이 일찍이 승유 밑에서 학습하였으며 불교 경론에 대해 아주 출중한 이해력을 보였다고 한다.[11] 이 외에도 『고승

---

10) 『續高僧傳』卷5, 「僧旻傳」(T50, 462a) "稟學柔, 次, 達, 亮四公經論, 夕則合帙而臥, 晝則假衣而行, 往返諮詢, 不避炎雪. 其精力篤課如此"
11) 『續高僧傳』卷5, 「法雲傳」(T50, 463c) "齊永明中, 僧柔東歸, 於道林寺發講. 雲咨決累日, 詞旨激揚, 衆所歎異. 年小坐遠, 聲聞難敍. 命置小床處之前, 共盡往復, 由是顯名."

전』에는 법개法開가 일찍이 승유를 좇아『성실론』을 배웠다는 기록도 있다.[12] 이러한 기록 등을 통해, 비록 승유가 주로 남제시기에 활동했지만, 그의 사상은 양대 삼대법사 및 법개 등을 통해 선양되어 양대 성실사의 사상에 막대한 영향을 끼쳤다는 것을 알 수 있다. 또한 그들의 불교사상 사이에는 일정한 관계가 있었는데, '이제'에 대한 그들의 이해에서 그 일면을 엿볼 수 있다

2. '상대相待'와 이제

길장은『이제의二諦義』에서 성실사에 대해 "전해오는 말에 이른다. 진속眞俗은 천연의 경계이다. 삼가三假는 속제俗諦의 경계이며, 사망四忘은 진제眞諦의 경계이다"라고 언급하였다.[13] 즉 '삼가三假'를 세속제世俗諦의 경계[境]로 보고, '사망四忘'을 진제의 경계로 본 것이다. '삼가', 즉 '인성가因成假'·'상속가相續假'·'상대가相待假'는 심법心法과 색법色法의 존재 특징에 대한 성실사의 인식이다. '삼가'에 대해 길장은『대승현론』에서 아래와 같이 해설하였다.

> 상도常途로 밝힌 바에 따르면, 무릇 세 종류의 가의 이름이 있다. 첫째는 인성가因成假로, 사미四微를 기둥으로 이루어지고 오음이 사람[전체]를 이

---

12)『續高僧傳』卷6,「法開傳」(T50, 474a) "西遊仕禪岡寺, 仍從柔, 次二公學『成實論』. 衣不蔽形, 食趣支命, 而不避寒風暑雨."
13)『이제의』(T45, 87c) "由來云, 眞俗是天然之境. 三假是俗諦境, 四忘是眞諦境."

루니, 그러므로 인성이라 한 것이다. 두 번째는 상속가相續假로, 전념前念이 저절로 소멸하고, 이어서 후념後念을 이루어, 두 개의 염念이 붙어서 이어지므로 상속가라고 부른 것이다. 세 번째는 상대가相待假로, 예컨대 군신·부자·대소 등의 명칭이 모두 상대하여 따르므로, 그리하여 상대가라고 부른다.[14]

길장이 인용한 내용에 따르면, 성실사가 말한 '인성가'는 일체 존재가 약간의 기본 요소로부터 화합하여 성립되는 것을 가리키는데, 예를 들어 지·수·화·풍 등의 '사미四微'가 기둥을 구성하고, 색·수·상·행·식 등의 '오음'이 인간존재를 구성한다는 것을 말한다. '상속가'는 인간의 의식이 순간순간 서로 이어지기 때문에, 외부세계는 겉보기에 진실로 존재하는 것 같지만, 사실은 가짜임을 가리킨다. '상대가'란 즉 군신, 부자 등 관계성의 존재를 가리키며, 이러한 존재는 모두 독립적으로 존재하는 것이 아니라, 서로 의존하여 존재함을 뜻한다. '삼가설'은 현상세계의 허가성虛假性에 대한 설명으로, 『성실론』에서 비롯되었으나, 다만 『성실론』 자체에는 '삼가'라는 개념은 등장하지 않는다. 이러한 개념은 성실사가 『성실론』의 설법을 근거로 귀납하여 제시한 것이다. 길장이 귀납한 '삼가'설은 지장의 저작에도 보인다.[15] 일본의 안징安澄의 『중론소기』에 인용된 지장의 『성실론대

---

14) 『이제의』(T45, 18b) "常途所明, 凡有三種假名; 一者因成假, 以四微成柱, 五陰成人, 故言因成; 二者相續假, 前念自滅, 續成後念, 兩念接連, 故相續假; 三者相待假, 如君臣, 父子, 大小, 名字皆相隨待, 故言相待假."
15) '三假說'은 『大般涅槃經集解』에도 출현한다. 卷47에 인용한 僧宗은 "以其體無常故, 是相續假; 以其無自性故, 有一時因成假也; 相待得稱故, 有相待假"라고 하였다.(T37, 523b) 菅野博史는 『法華玄義』에서 일찍이 이에 대해 설명하였

의기成實論大義記』 중 「이제의」에서는 다음과 같이 말하고 있다.

> 『대의기』 제9권의 「이제의」에서는 인성가, 상속가, 상대가가 있으니, 이를 삼가라 칭한다[16]

'상대'의 개념은 불교에서 상용되는 개념으로, 예를 들어 『대지도론』에서는 '유有'를 '상대유相待有', '가명유假名有' 및 '법유法有'로 구분하는 설법이 있다.[17] 『성실론』에는 비록 '상대가'에 대한 설법은 없지만, 이와 유사한 사상은 있다.[18] 그렇다면 '상대'의 개념이 어떻게 '이제'의 개념과 연결되는가. 우리는 승유의 「해이제의解二諦義」에서 약간의 단서를 확인해 볼 수 있다. 승유는 「해이제의」의 앞부분에서 다음과 같이 언급하였다.

> 무릇 이제는 상대相待에서 발생한다. 만법은 헛되고 거짓되어 인연으로 있는 것이다. 가유는 비진非眞이니, 그것을 일컬어 속俗이라 한다. 가무는

다.(菅野博史 譯注 『法華玄義』 I , 大藏出版, 2011, p.283上.)
16) 『大義記』 第八卷, 『二諦義』(T65, 16c) "因成假, 相續假, 相待假, 此謂三假."
17) 『大智度論』 卷12(T25, 147c) "複次, 有有三種; 一者相待有, 二者假名有, 三者法有. 相待者, 如長短, 彼此等, 實無長短, 亦無彼此, 以相待故有名. 長因短有, 短亦因長; 彼亦因此, 此亦因彼; 若在物東, 則以爲西, 在西則以爲東; 一物未異而有東, 西之別, 此皆有名而無實也. 如是等, 名爲相待有, 是中無實法, 不如色, 香, 味, 觸等."
18) 『成實論』 卷3(T32, 264b-c) "問曰: 輕無定相, 所以者何? 以相待故有. 如十斤物, 於二十斤爲輕, 於五斤爲重. 答曰: 重法量法, 因心等法, 亦相待有. 如或有法, 相待故長, 或有法相待故短. 總相因心故, 即爲別相. 若輕法以相待故無, 是等亦應皆無. 而不然, 是故相待非是正因. 又輕非相待故有, 以不可稱故有. 物不可稱, 如排囊中風, 是故非相待有. 但重法相待, 無有重物不可稱者."

비위非僞이니[19], 그것을 일컬어 진眞이라 한다. 두 이치二理는 진실하니, 그것을 제諦라고 본다.[20]

여기에서 승유는 '이제'가 '상대'의 개념이라는 것을 강조하였는데, 즉 진제와 속제는 모두 상대적으로 존재하니, 속제가 있어야 진제가 존재할 수 있고, 속제가 없으면 진제도 없으며, 반대로 해도 이와 마찬가지로 진제가 있어야 속제가 있고, 진제가 없다면 속제도 없다는 것이다. '상대가'는 '속제'의 범주에 속하지만 여기에서 말한 '상대'는 속제와 진제 사이의 관계를 말하는 것이기 때문에, 이러한 설법과 '상대가'의 개념이 다르다는 것은 매우 분명하다. 그럼에도 승유의 설법에는 또한 중요한 점이 있다. 즉 그가 '상대'와 '이제'의 개념을 연결하여 서술했기 때문에, 이것과 『성실론』의 '상대고유相待故有'의 설법이 사상적 의미에서 매우 크게 구별된다는 점이다. 『성실론』의 '상대'는 경중, 장단 등 사물의 물리적 특징으로 '이제'의 개념과는 아무 관계가 없기 때문이다. 『대지도론』, 『성실론』 등의 설법에서는 '상대'를 '가'와 함께 연결시켰는데, 어떠한 물체 혹은 속성은 '상대'적인 조건부 존재이므로 이는 진실된 것이 아니기 때문이다. 만약 '진제'와 '속제'가 모두 '상대'적 존재라면, 그렇다면 '진제'는 성질상 '속제'와 같다고 볼 수 있지 않은가? 바로 이러한 논리상의 문제가 존재했기 때문에, 승유와 와관瓦官 승협僧協 사이에 다음과 같은

---

19) 원문에는 "爲"와 "僞"가 同假字로 되어 있다. 뒤에 나오는 문장에서의 "僞"자의 원문은 모두 "爲"이다.
20) 【羽271-25】「19」-「20」, "夫二諦者, 生於相待. 萬法虛假, 因緣而有. 假有非眞, 稱之爲俗. 假無非僞, 謂之爲眞. 二理審實, 目之爲諦."

문답이 생겨났다.

> 물었다. "이제가 상대에서 생겨난다고 하면, 진제는 가인가 아닌가?" 대답하였다. "상대라고 한다면 어찌 가가 아닐 수 있겠는가?" 질문하였다. "만약 가라면, 또한 마땅히 속에 대응할 것인데, 어찌하여 진이라고 부르는가?" 대답하였다. "오직 모두 속이나, 상대 중에는 정밀한 것과 거친 것이 있다. 거친 것은 임시적이고 거짓된 것假僞이니, 임시적이고 거짓된 것을 일러 속이라 칭한다. 정밀한 것에는 거짓된 것이 없으니, 거짓에 대해 진이라 칭한 것이다."[21]

위의 문답을 통해, 만약 진제를 인정하는 것도 상대적이라 한다면, 그렇다면 진제는 바로 '가'적인 존재이며, 이것은 진제라고 칭할 수 없게 된다는 것을 알 수 있다. 승유는 이러한 모순을 인식하였으나, 진제도 상대적이라는 견해를 계속 유지하였다. 사실 여기에서의 '진'과 '속'에는 두 가지 의미가 내포되어 있다. 첫 번째는 '명名'의 측면에서 말한 것으로, 즉 두 개의 개념으로서의 '진제'와 '속제'는 상대적으로 존재하는 것으로 이러한 의미에서 '진제'도 '가'적인 존재이며 또한 '속'이라 칭할 수 있는 것이다. 두 번째는 '법'의 측면에서 본 것으로, 즉 진제가 지칭하는 대상에 대한 것이다. 예컨대 이후 길장이 '어제於諦'에 대한 해석에서 언급한 것처럼, '속제'는 범부가 제

---

21) 【羽271-25】「17」-「19」, "問曰: 云二諦生於相待, 眞諦亦是假不? 答曰: 旣許相待, 豈得非假? 又問: 若是假者, 亦應是俗, 何以謂之爲眞? 答曰: 唯皆是俗, 而就相待中有精有粗. 粗則假僞, 假僞故稱俗; 精則無假僞, 對僞故稱眞也."

법의 '유有'를 보는 것이고, '진제'는 성인이 제법의 '공空'을 보는 것이다. 다만 승유가 비록 진제의 '진'의 상대성을 인식하기는 했으나, '어제'의 범주에 대해서는 아직 명확하게 설명하지 못했기 때문에, 다만 '정精'과 '조粗' 등의 의미가 모호한 개념으로써 이러한 상대성을 표현할 수밖에 없었고, 이로 인해 설득력이 부족했다.

그런데 와관 승협은 '명'과 '법' 및 이제 사이의 관계에 대해 의식하였기 때문에, 그와 승유는 다음과 같이 문답하였다.

> 와관 승협이 물었다. "이제가 상대한다고 한다면, 상대에는 바로 그 이름이 있는 것인가? 상대에는 그 법이 있는가?" 대답하였다. "상대에는 법이 있고, 역시 상대하면 이름이 있다." 또 물었다. "만약 제일의가 상대하여 있다면, 『경』에서 말한 '제일의를 관하여 도를 얻는다'는 것은 바로 상대하여 도를 얻은 것인가?" 대답하였다. "유를 버렸기 때문에 무를 설한다 하니, 그것을 일러 가라고 한다. 구하지 않는 것이 근본이 되니, 무의 유가 있지 않은데 어찌 무의 무가 있겠는가? 무의 무를 이해할 수 있기 때문에, 그러므로 가를 회무會無라고 한다."[22]

와관 승협이 던진 질문은, 이제를 상대적 존재라고 한다면, 이는 명상名相으로 말한 것인지, 아니면 이제에 내포된 의미로써 말한 것인지에 대한 것이었다. 이에 대해 승유는 이제의 상대성은 명상과 내포

---

22) 【羽271-25】「14」-「17」, 「瓦官僧協問曰: 云二諦相待, 相待爲是正有其名? 爲相待有其法也? 答曰: 相待有法, 亦相待而有名. 又問: 若第一義相待而有者, 『經』云 "觀第一義得道", 便是相待而得道也. 答曰: 遣有故說無, 謂之爲假. 無求爲本, 不有無有, 豈有無無? 無無可會, 故假稱爲會無.」

된 의미의 두 가지 측면에서 성립되었다고 대답하였다. 명상에 있어서 진속이 상대적 존재라는 것은 그래도 쉽게 이해할 수 있지만, 의미상 제일의제가 상대적 존재라는 것은 쉽게 이해할 수가 없는데, 이는 '제일의' 그 자체가 바로 상대를 초월하여 절대에 도달하는 것을 의미하기 때문이다. 승유는 아마도, '유'·'무'의 대립을 기반으로 하는 진리는 절대적 진리가 아니라고 본 것 같은데, 왜냐하면 여기에서 진리는 '유'를 배제함으로써 '무'를 추구하기 때문이다. 절대진리는 '유'·'무'의 대립을 초월해야만 하며, '유'의 배제를 추구해서는 안 된다고 한다면, '무'의 배제를 추구해서도 안 된다. '회무'라고 하는 것은 사실상 일종의 방편으로 설법한 것으로, 사실상 "무구위본無求爲本"을 말한다. '명'에서의 상대는 실제적으로 존재하는 '상대'이며, '법'에서의 상대는 다만 일종의 방편이라는 의미로서의 '상대'로, '제일의제'는 '유'·'무'의 개념적 대립을 초월한다고도 말할 수 있다.

  주의할 점은 '상대'의 시각에서 '이제'의 입장을 보는 것은 '길장'의 사상에도 등장한다는 것이다. 예를 들어 길장은 『대승현론』「이제의」 앞부분에서 "이제라는 것은 대개 언교의 통전이요, 상대의 가칭이다.[二諦者, 蓋是言敎之通詮, 相待之假稱.]"라고 하면서 '이제'가 명칭에서 상대적 존재라는 것을 강조하였다. '명'으로 이야기하면 '이제'는 상대적 존재인데, 이러한 설법은 앞에서 서술한 승유의 입장과 일치한다. 그러나 승유 등의 성실사의 입장과 다른 점은 '관상대觀相待'를 소승과 대승의 입장으로 구분했다는 것이다. 즉 소승의 '관상대'는 '법체法體'를 승인한 것으로, "법을 분석하여 공에 들어가는 것析法入空"이기 때문에, 공을 보아도 불공을 보지 못한다. 대승의 '관상대'는

'법체'를 세우지 않기 때문에, 제법의 불생불멸을 직접 관한다.[23] 여기에서 길장이 설법한 대승의 '관상대'는 승유의 "무구위본無求爲本"과 설법상으로는 다르지만, 불교의 수행을 결합하여 '이제'를 논했다는 점에서는 서로 통하는 부분이 있다.

3. '상즉相卽'과 이제

앞에서 서술한 것처럼, 승유는 한편으로는 '이제'가 '명'의 측면에서 '상대'적으로 존재한다고 인식했고, 또 다른 한편으로는 '이제'가 '법'의 측면에서는 '상대'를 초월하는 절대적인 면모가 있다고 인식하였다. 그리고 이러한 '상대'적 일면을 초월하는 것이 바로 성실사가 설명한 '상즉相卽'인 것이다. '상대'와 '상즉' 간의 관계를 어떻게 이해할 것인가라는 문제는 승유 등의 인물이 논의했던 과제 중에 하나였다. 『의기』에서 승유와 야성冶城 광태光泰 사이에 다음과 같은 문답이 등장한다.

> 야성 광태가 물었다. "이제가 상대相待를 낳는다고 한다면, 상대의 의미를 찾으면 피차의 구별이 있게 된다. 피차의 구별이 있게 되면 이理는 하나가 될 수 없게 된다. 그런데 『경』에서 말한 '색즉시공, 공즉시색'은 둘이 없어져서[亡二] 상즉하고자 하는 것인가? 오히려 둘이 존재하여[存二] 가즉可卽하

---

23) 『大乘玄論』卷第1(T45, 18c) "問. 若相待空, 因續自去者, 觀相待時, 觀何物相待? 豈非先有因成, 後有相待? 答. 不然. 小乘觀行, 先有法體, 析法入空, 故但見於空, 不見不空. 今大乘觀相待者, 不立法體, 諸法本來不生, 今卽無滅."

는 것인가?

대답하였다. 이미 상대라면, 곧바로 유는 정해진 유가 아니고, 무는 정해진 무가 아니다. 언지言旨에 도달하지 않는다는 것은, 명칭을 찾아 모습相을 취한 것으로, 유를 고집하여 결정적인 유定有라 일컫고, 무를 고집하여 결정적인 무定無라고 하니, 즉 정도상대情倒相待의 유무이다. 이리를 뒤집어 거꾸로 되면, 이가 없게 되는 것이 아니라 미혹된 정을 놓아버리는 것이다. 이제 유와 불유에 치우친다면, 그 유에 미혹된 마음에 이르게 되니, 가유假有가 이미 무無라면, 무엇이 무와 다르겠는가? 그러므로 '색즉시공'이라 한 것이다. 가무假無 역시 무無라면, 무를 추구하는 마음을 뒤집어서, 가무가 무라면 무엇이 유와 다르겠는가? 그러므로 '공즉시색'이라고 한 것이다. 이치가 이와 같다면, 어찌 둘을 보존하여 의혹됨을 놓아버릴 수 있겠는가?"[24]

야성 광태가 질문한 것은 다음과 같다. '상대'는 피차의 구별을 의미하며, 이미 피차의 구별이 생겨난 상황에서는 동일한 '이리'가 존재할 수 없게 된다. 동일한 '이'가 존재하지 않는다면, 어찌하여 불경에서 '색즉시공, 공즉시색'이라고 했는가? 여기에서 '상즉'은 '색'과 '공'의 상호 분별의 기초 위에 세워진 것인가, 아니면 양자의 분별을 소멸시킨 기초 위에 세워진 것인가?

---

24) 【翔271-26】「22」-「27」,「冶城光泰問曰: 云二諦生相待, 尋相待之義, 則有彼此之別. 旣有彼此之別, 理不可一. 而『經』云 "色卽是空, 空卽是色." 爲欲亡二而相卽? 爲猶存二而可卽? 答曰: 旣是相待, 便有非定有, 無非定無. 未達言旨者, 尋名取相, 而執有謂定有, 執無謂定無, 則情倒相待之有無. 旣飜理成倒, 非理無以遣其惑情. 今明偏有不有, 則及其迷有之心, 假有旣無, 誰異於無? 故言 "色卽是空." 假無亦無, 則飜其求無之懷, 假無旣無, 誰異於有? 故云 "空卽是色." 理旣若此, 豈得存兩而遣惑也?」

광태의 질문에 대한 승유의 대답은 다음의 두 가지 뜻을 포괄하고 있다. 첫 번째, '상대'와 '상즉'은 상호간에 모순된 것이 아니라, 상호간에 보완하며 완성되는 것이다. '상대'란 '유'·'무'가 고정적·절대적 존재가 아니라, 상호 포함하고 전화轉化되는 관계라는 것을 의미한다. 이러한 상호 포함과 전화 관계가 바로 '상즉'인 것이다. 둘째, '유'·'무'·'색'·'공'의 '상대'는 다만 명상名相의 '상대'일 뿐으로, 만약 두 개의 명상이 고정적 실체에 대응한다고 하면서 이들을 고정적·절대적 존재로 본다면, 이는 앞뒤가 안 맞는 모순된 견해가 된다. 불경에서 설명한 "색즉시공, 공즉시색"은 바로 '색'과 '공'이 '상대'적이면서도 또한 '상즉'적이라고 설명하는 것이며, 또는 바로 '상대'적이기 때문에 '상즉'적이라고 설명하는 것이기도 하다. 따라서 '유'와 '무' 사이의 구별을 절대화하는 잘못된 인식을 제거해야만 '상대'와 '상즉'을 정확하게 인식할 수 있게 된다는 것이다.

여기에서 인용한 "색즉시공, 공즉시색"의 출처는 구마라집이 번역한 『마하반야바라밀경』임이 분명하다. 이 인용문을 통해 이른 시기의 성실사가 '이제' 문제를 토론할 때, 이미 『성실론』의 '이제'의 범주를 초월하여, 『성실론』의 '이제'에 대한 대승공관大乘空觀의 입장에서의 재해석에 힘썼음을 알 수 있다. 『성실론』에서 '세제'와 '제일의제'의 분별은 '유'와 '무'에 각각 대응하는데, 즉 '세제'는 '유아有我'를 주장하고, '제일의제'는 '무아無我'를 주장하고 있다.[25] 다시 말해 『성실론』에서는 '이제'는 주로 일종의 '상대'의 개념으로, 강조하는 것은

---

25) 『成實論』卷10(T32, 316c) "問曰, 若說無我, 亦是邪見, 此事云何? 答曰, 有二諦. 若說第一義諦有我, 是爲身見; 若說世諦無我, 是爲邪見. 若說世諦故有我, 第一義諦故無我, 是爲正見."

양자 사이의 차이이다. 그런데 승유는 『반야경』의 '공空' 사상을 흡수하여, '색'과 '공'이 다르지 않다는 측면에서 '유'와 '무'의 대립을 통일관계로 해석하여 '이제'에 새로운 함의를 부여하였다.

이렇게 '색'과 '공'의 범주를 결합하여 '이제'에 대해 토론하는 방식은 혜균의 『대승사론현의』 「이제의」에서 찾아 볼 수 있다. 혜균은 '이제상즉二諦相卽'을 논의하면서, 마찬가지로 『마하반야바라밀경』의 "색즉시공, 공즉시색"을 인용하여 '진제'·'속제'가 상즉하여 둘이 아니라는 것을 설명하였다. 또한 혜균은 개선사 지장의 진속불이설을 인용하여, 지장 등 성실사의 '이제' 일체설의 기초 위에 세운 '상즉' 설에 대해 비판하였다.[26] 혜균은 성실사가 비록 진속 '일체'를 강론하였으나, 그들이 '무소득無所得'의 입장에서 출발하여 '일체'를 이해하지 않았기 때문에, '유'·'무'·'색'·'공' 사이에는 여전히 차별이 존재하여 진정한 '일체'에 도달하지 못했다고 여겼다. 이러한 혜균의 관점에서는 대승 '무소득'의 입장에 서 있어야, '색즉시공, 공즉시색'의 함의와 '이제상즉'의 도리를 정확하게 파악할 수 있다고 여겼다.[27]

---

26) 『大乘四論玄義記』 卷第5(『卍字新纂續藏經』 46, 581c) "二諦旣言一體, 七地已還, 寧有出入觀耶? 八地已上, 寧有二諦可竝觀耶?"
27) 『大乘四論玄義記』 卷第5(『卍字新纂續藏經』 46, 582b) "今無所得義, 空不自空, 故名爲有空; 有不自有, 故名爲空有. 旣是空有, 故離空無有; 空是有空, 故離有無空. 離有無空故, 有卽是空; 離空無有故, 空卽是有. 故言色卽是空, 空卽是色."

4. '체體'·'의義'와 이제

승유 등은 '체'·'의'의 범주로써 '이제' 간의 관계를 논의하였다. 『의기』에는 승유와 도명道明 사이의 문답이 다음과 같이 기록되어 있다.

> 흥황興皇 도명이 물었다. "유有의 체體가 없다면, 유有의 의義는 없는가?" 대답하였다. "무릇 의는 이러한 체의 의이다. 체가 없다고 한다면, 의가 어찌 있을 수 있는가?" 또한 물었다. "만약 체와 의가 모두 없다면, 오직 진만 있고 속은 없는 것인가?" 대답하였다. "법은 본래 스스로 무이니, 유를 품지 않으면 무가 된다. 무는 유를 품은 것이 아닌데, 어떻게 속이 없다고 하겠는가?"[28]

여기에서 도명은 '유'가 '체'의 의미에서의 '무'인지, 아니면 '의'의 의미에서의 '무'인가라는 질문을 하였다. 이 범주는 이후에 전개되는 내용과 비교했을 때, 여기에서의 '체'·'의'의 함의는 아직 그렇게 명확하지 않지만, "무릇 의는 이러한 체의 의이다夫義者, 此體之義"라는 표현에서 알 수 있듯, 여기에서의 '체'·'의'와 전통적인 '체'·'용'의 범주가 비슷하다. 즉 제법 그 자체 및 속성과 기능을 의미한다. '체'·'의'에는 본체와 속성이라는 관계가 있기 때문에, 승

---

28) 【羽271-25】「23」-「25」,「興皇道明問曰: 有爲體無, 有義無也? 答曰: 夫義者, 此體之義. 旣雲體無, 義豈得有哉? 又問: 若體義俱無, 則唯眞無俗? 答曰: 法本自無, 不懷有爲無. 無非懷有, 何曾無俗?」

유는 '유'는 '체'와 '의'의 두 측면에서 모두 '무'라고 여겼다. '체'와 '의'라는 두 측면에서 모두 '무'이며, '무'가 '진'에 해당한다고 한다면, 그렇다면 오직 '진'이 있어야만 '속'이 없다는 것이 아니겠는가? 이러한 질문에 대해 승유는 '무'를 두 개의 층차로 구분하였다. 첫 번째는 '유'·'무'의 대립으로서의 '무'로, 이른바 "회유위무懷有爲無"이다. 두 번째는 '유'·'무'의 대립을 초월하는 '무'로, 즉 이른바 "법본자무法本自無"이다. 승유의 대답은 '무'에는 층차의 구별이 있고, 각각 다른 함의가 있기 때문에, "체의 뜻은 모두 무體義俱無"에서 "오직 진제일 뿐 속제는 없다唯眞無俗"는 결론을 이끌어 낼 수 없다는 것이다.

그러나 '체'·'의'의 범주 자체는 아직 충분히 설명되지 않았기 때문에, '체'·'의'와 '이제' 사이의 내적 연결도 여전히 충분히 설명되지 않았다. 사실 여기에서의 '체'·'의'에 대한 논의는 남북조시기 불교계에서만 고립적으로 등장한 것은 아니었다. 예를 들어 『영지해이제의令旨解二諦義』에서는 다음과 같이 기록하였다.

> 송희사宋熙寺 혜령慧令이 물었다. "진제는 불생不生으로 체가 되며, 속제는 생법生法로 체가 됩니다. 그런데 불생하면 생하고, 생하면 불생한다고 말하는데, 체 가운데 상즉體中相卽에 해당하는지, 아니면 의 가운데 상즉義中相卽에 해당합니까?" 영지令旨가 답하였다. "체 가운데 상즉하면 의는 상즉하지 않는다." 또 물었다. "의가 상즉하지 않는다면, 체가 어찌 즉한다고 말할 수 있습니까?" 영지가 답하였다. "범부는 그 유有를 보고, 성인은 그 무無를 본다. 보는 것에 따라 다름이 생겨나지만, 체는 항상 즉한다."[29]

이 문답에서 '체'·'의'는 범주의 함의에 변화가 발생하는데, '체'는 제법의 본질적인 속성이며, '의'는 '견見'과 같은 의미를 지니며, 제법에 대한 범부와 성인의 다른 인식을 가리킨다. 혜령은 진제와 속제가 '체'의 의미에서 상즉인지, 아니면 '의'의 의미에서 상즉인지 의문을 제시하였다. 소명태자(501~531)는 이에 대해 다음과 같이 대답하였다. 양자는 '체'의 의미에서 상즉이나, '의'의 의미에서는 상즉이 아니다. 그 이유는 다음과 같다. 비록 제법이 본질적 속성에 있어서 일치하여, "생이 곧 불생이고, 불생이 곧 생"이지만, 범부가 보는 것은 제법의 생멸이며 성인이 보는 바는 만법 불생멸이다. 비록 '생멸'과 '불생멸'이 상즉하여 떨어지지 않지만, 이에 대한 인지는 '진', '속'의 구별로써, 이것이 바로 "체 가운데 상즉이지, 의는 상즉이 아니다." 게다가 소명태자는 범부와 성인이 보는 바가 같지 않다고 해서 '생멸'과 '불생멸'이 다른 체라고 추론할 수 없다고 강조하였다.

중국 철학에서는 제법과 그 기능을 표현할 때 일반적으로 '체'와 '용'의 범주를 사용하였는데, 성실사는 '체'와 '의'라는 새로운 범주를 제시한 것이다. 비록 승유의 설명에서는 이러한 범주의 함의가 아직 명확하게 규정되지 않아서, '체'·'용'의 범주와 차이를 구분하기 어렵지만, 소명태자의 경우에 그 함의는 더욱 명확해졌다. '의'는 주로 제법의 '유'·'무' 성질에 대한 인간의 인식과 이해에 착안한 것이었다. '체'와 '의'라는 한 쌍의 범주로써 '이제'를 파악하는 것은 이

---

29) 『廣弘明集』 卷21(T52, 249b) "宋熙寺慧令咨曰: 眞諦以不生爲體, 俗諦以生法爲體. 而言不生卽生, 生卽不生, 爲當體中相卽? 爲當義中相卽? 令旨答云: 體中相卽, 義不相卽. 又咨: 義旣不相, 體云何卽? 令旨答: 凡見其有, 聖睹其無. 約見成異, 就體恒卽."

제의에 대한 중국의 불교사상가들의 새로운 해석이다

주의해야 할 점은, 길장이 『대승현론』에서 '이제체二諦體'를 분석한 부분에서 5가의 설을 제시하여 그 중 네 번째의 설, 즉 "이제가 비록 일체이지만, 의의 범위에 의한다면 달라진다二諦雖是一體, 以義約之爲異"는 설을 통해, '체'·'의'의 범주를 언급하였다. 그러나 길장은 이 설에 대해 비판적인 입장을 보였는데, 이 설이 '체'의 함의에 대해 정확하게 파악하지 않았다고 생각했기 때문이다. 길장은 '이제'는 모두 '중도'를 '체'로 삼고, 이러한 의미에서 '체'는 하나이다. 그러나 '용'의 각도에서 보면 '체'는 둘이 될 수 있다고 하였다.[30] 다만 뒤에 나오는 일설은 방편으로서의 설명이다. 길장은 성실사의 '체'·'의'라는 이러한 범주를 받아들이지 않았고, 그는 여전히 전통적 '체'·'용'의 범주를 연용하여 '이제'를 분석하였다. '의'의 범주와 길장이 비판한 '어제於諦'설 사이에는 모종의 관련이 있다. 잘 알다시피 '어제'는 범부는 '유'를 속제로 보고, 성인은 '공'을 진제로 본다는 것으로, 이러한 종류의 설법과 성실사가 '의'의 의미에서 '이제'를 분별하는 설법에는 유사한 점이 있다.

5. 결론

고증에 따르면 『부지제불경의기不知題佛經義記』는 소자량이 주재했

---

30) 『大乘玄論』 卷1(T45, 19c) "中道爲體, 故是一體. 若約用爲諦, 亦得假爲二體, 但非正義."

던, 불학의학佛學義學을 토론했던 '의집義集'의 기록이다. 이 '의집'의 성립 시기는 483년에서 489년(남제 영명永明 원년~7년)[31]이다. 승전 등의 기록에 따르면, 『성실론』의 주석서는 이때 이전에 이미 존재했다. 예를 들어 송의 승도僧導가 찬한 『성실론의소成實論義疏』(『고승전』 권7 「승도전僧導傳」), 송의 도량道亮이 찬한 『성실론의소成實論義疏』 8권(『고승전』 권7 「도량전道亮傳」), 북위北魏의 담도曇度가 찬술한 『성실론대의소成實論大義疏』(『고승전』 권8 「담도전」. 담도는 488년에 사망함) 등이 그것이다. 그러나 이러한 주석서들은 이제는 존재하지 않는다. 이러한 의미에서 『부지제불경의기』의 「상정림승유법사해이제의上定林僧柔法師解二諦義」는 초기 성실사의 '이제' 사상을 이해하는 데 있어서 진귀한 자료가 된다.

『성실론』에서 '세속제'는 주로 '유아설有我說'의 기초에서 세워진 세속의 인과보응 사상을 가리킨다. 그런데 '제일의제'는 바로 '공'·'무아'의 교리를 가리킨다.[32] '이제'가 한 쌍의 개념으로 이미 확립되기는 했지만, 그 함의는 아직 충분히 발전되지 못하였다. 그 함의는 중국 승려가 『성실론』의 '이제'설에 대해 대승불교사상을 결합하여 재해석한 것에 의지하여 발전하였다. 예를 들어 앞에서 인용한 와관 승협과 승유 사이의 문답에서 알 수 있듯, '상대' 개념에 대한 토론을 통해, 진속이제의 상대성·절대성 문제에 대해 인식을 심

---

31) 張凱, 「〈敦煌秘笈〉羽271〈不知題佛經義記〉的基礎研究」, 『世界宗教研究』, 2014 第6期, p.62를 참조.
32) 『成實論』 卷2(T32, 248a) "論有二門, 一世界門; 二第一義門. 以世界門故說有我. 如經中說, 我常自防護, 爲善自得善, 爲惡自得惡. …… 第一義門者, 皆說空無. 如經中說, 此無蘊中, 無我我所."

화하였다. 즉 '이제'에 대한 논의에 "색즉시공, 공즉시색"을 결합하여, '이제'의 '상대'와 '상즉' 문제의 중요성을 부각시켰던 것이다. 또한 '이제'에 대한 논의에 '체'·'의'를 결합시켜, 인지주체(예를 들어 범부와 성인)와 '이제'의 관계를 드러냈다. 『성실론』에서 '이제'는 구체적인 불교교의(아무아설我無我說)과 밀접한 관계를 지니고 있는 한 쌍의 범주로, 승유 등의 성실사의 재해석을 통해 더욱 보편성을 지닌 불교철학의 범주가 되어, 후대 '성론삼대사' 및 길장·혜균 등이 '이제'설을 진일보하여 해석하는데 중요한 사상적 요소를 제공하였고 사상 기초가 되었다.

물론 승유 등의 논의에서 '이제' 개념의 함의는 부정확하기는 하다. 예를 들어 '상대', '상즉', '체의' 등 '이제'와 관련된 범주는 이후 사상 발전에 있어서 그 함의에 매우 큰 변화가 발생하였다. 그러나 승유 등의 사상은 사상사 발전에서 중요한 지점이 되기 때문에 여전히 주목할 필요가 있다.

(번역: 문미정)

지론문헌 내
『본업영락경소本業瓔珞經疏』
(Stein no.2748)의 위치

이상민(李相旼)

1. 들어가며

본고는 돈황문헌 S2748번 『본업영락경소本業瓔珞經疏』(疑題, 『頓煌寶藏』 권23, pp.109~128에 수록, 의제는 T.85, no.2798을 따른 것이다.[1] 이하 "『본업경소』")의 시기적, 사상적 위치를 고찰하는 것을 목적으로 한 짧은 시론이다. 본 사본은 766행이 남아 있는 단편으로, 전반부와 후반부가 모두 결락되어 사본의 제목이나 서사지역, 시대 등을 구체적으로 확인할 수 있는 정보는 존재하지 않는다. 그 내용을 살펴보면 『보살영락본업경菩薩瓔珞本業經』(T.24, no.1485, 이하 『영락본업경』)[2]을 수문석의隨

---

[1] 『頓煌寶藏』에 수록된 S2748의 영인 상태가 좋지 않아 해당 이미지만으로 사본의 내용을 검토하기에는 무리가 있었다. 한편 大正藏의 번각본 또한 사본과 비교하였을 때에 수정해야 할 부분이 적지 않은 것도 사실이다. 본고에서는 기본적으로 大正藏本을 기준으로 『본업경소』에 대한 논의를 전개하되, 명백한 오자誤字 등은 사본의 자형이나 문맥, 주석이나 인용된 경론에 의거하여 수정한다.

文釋義의 형태로 해설한 주석서이며, 상권의 「集衆品」부터 「賢聖學觀品」까지의 주석 부분이 현존한다.[3] 후대의 경록 중 해당 문헌으로 추정할 만한 기록은 없으나 근래의 연구를 통해서 해당 문헌이 지론학파, 그 중에서도 비교적 이른 시기에 저술된 문헌임이 지적되었다.[4] 선행 연구에서는 본 사본을 "五門 관련" 문헌으로 규정하는데, 그 근거는 다음의 구절이다.

> 이 아래부터는 경전의 두 번째 [부분이니], 다음으로 「眞實根本分」을 밝힌다. 앞서 「發起正宗分」을 밝혀 [경이 설해질] 연유가 일어났으니, 正宗이 현현되었기 때문에 다음으로 「眞實根本分」을 밝히는 것이다. 만약 <u>五門의 순서로 말하자면 여기부터는 세 번째 「修道門」을 밝히는 [부분에 해당한]다.</u> (중략) 이 「修道門」 가운데 세 品의 경문이 있다.
>
> 첫째, 곧바로 「賢・聖의 명칭賢聖名字」을 열거함이다.
>
> 둘째, 「學觀」 한 品이니, [각 계위의] 觀行과 法用을 밝힌 것이다.

---

2) 『영락본업경』은 5세기 중후반의 중국 찬술 경전이다. 비록 인도 전래의 경전은 아니지만, 보살계, 42계위설 등 본 경전이 동아시아 불교 교학에 끼친 영향은 절대로 과소평가될 수 없다. 해당 경전에 관한 논의는 大野法道[1963(1954)], pp.159~165; 佐藤哲英(1981), pp.72~112; 藤谷昌紀(2005); 이자랑(2010) 등을 참조. 특히 해당 경전이 남조에서 성립했음을 논한 연구로는 船山徹(1996), pp.67~70을 참조.
3) 『영락본업경』에 대한 현존 주석서로는 본고의 주요 소재인 『本業瓔珞經疏』와 元曉의 저술로 전해지는 『瓔珞本業經疏』 두 본만을 확인할 수 있었다. 전자는 『영락본업경』의 上卷, 후자는 下卷에 대한 주석만이 남아 있다. 두 문헌의 주석 구절이 겹치는 부분도 있었으나 두 문헌 간의 사상적 영향관계는 나타나지 않는다.
4) 『본업경소』가 五門 관련 문헌으로서 지론학파의 저술이라는 점은 青木隆(2000, 2010)에서 지적되었다. 다만 아오키는 五門 관련 문헌들을 정리하는 데 그쳤을 뿐 각 문헌의 사상적 문제를 자세하게 고찰하지는 않았다. 또한 五門과 관련된 북조불교의 사상적 변천에 대해서는 荒牧典俊(2010)을 참조.

셋째, 「釋義」한 품이니, [각 계위의] 명칭에서 닦는 것과 이루는 경지가 말미암는 바를 밝힌 것이다.[5]

잘 알려진 것처럼 "오문五門"이란 1) 佛性門, 2) 衆生門, 3) 修道門, 4) 諸諦門, 5) 融門으로 이루어진 서위西魏(535~551) 시대 불전 분석의 표준으로, 특히 지론문헌 내 시기 배정에 있어서 중요한 역할을 한다. 오문 구조를 반영한 문헌들은 예외 없이 6세기 전반기에 찬술된 소위 '초기 지론학파'의 문헌으로 분류되기 때문이다.[6] 『본업경

---

[5] 『본업경소』(T85, 747c-748a) "從此已下, 經之第二, 次明「眞實根本分」, 上來明「發起正宗分」, 緣起旣興, 正宗得顯故, 次明「眞實根本分」. 若作五門次第, 從此已下第三明「修道門」,
就此修道門中有三品經文.
第一, 直列「賢聖名字」.
第二, 「學觀」一品, 明觀行法用.
第三, 「釋義」一品, 解釋名字學觀所由."
해당 구절은 山口弘江(2011), pp.125~126에서 이미 지적되었다.

[6] 五門의 내용은 돈황사본 『融卽相無相論』(BD5755) 말미에 기록되어 있는 『丞相王五門佛性義』를 통해서 그 전체 명칭이 밝혀졌다. (BD5755 273-5행 "其五者何? 第一佛性門, 第二衆生門, 第三修道門, 第四諸諦門, 第五融門.") 아오키에 따르면 五門이란 法上과 그 주변의 지론 남도파의 기술법으로, 대개 西魏(535~551) 시대부터 작성된 것으로 추정되는 문헌들이라고 규정된다. 靑木隆(2010), pp.55~56 참조. 현존사본 중 五門관련 문헌군에 속하는 것은 다음과 같다. ①『十地論義疏』卷第一/卷第三(S2741/S2717/P2104, T85 수록), ②『瓔珞本業經疏』(S2748), ③『大乘五門十地實相論』卷第六(BD03443), ④『融卽相無相論』(BD05755), ⑤『一百二十法門』(擬題, BD06771, BD07808), ⑥『大乘五門實相論』(BD03106). 그 중 ③~⑥의 번각본은『집성』에 수록되어 있다.
물론 단순히 이것만으로『본업경소』의 지론학파 귀속이 결정되는 것은 아니다. 후지타니가 지적한 것처럼, 본 문헌은 『十地經論』(T26, no.1522)을 여타의 인용경론과는 달리 상당히 원문에 충실하게 인용하고 있다는 점, 후술하겠지만 法上의 저술로 전해지는 『十地論義疏』(T85, 2799, 이하 "『십지론의소』")와의 상응구절이 있다는 점에서 지론학파의 문헌임이 논증되었다고 할 수 있다. 藤谷昌紀(2002), pp.106~112 참조.

소』또한 "오문" "수도문"이라는 용어를 사용하고[7] 또한 지론학파의 소의경론인 『십지경론十地經論』(T26, no.1522)이나 보리유지菩提流支 [(?)508~535(?)] 역 『입능가경入楞伽經』(T16, no.671, 이하 "10권 능가") 등을 인용하고 있으며, 후술하겠지만 『십지론의소十地論義疏』와의 뚜렷한 상응 구절이 나타나는 등 본 문헌이 지론학파의 저술이라는 점에는 이견이 없을 것이다. 다만 본 문헌에서는 지론학파 특유의 심식설이나 연기설, 교판설 같은 교리적 특징들은 나타나지 않으며 경론의 인용 범위에 있어서도 여타의 문헌들과 차이가 보이고 있다.

선행연구에 따르면 『본업경소』는 지론학파의 문헌 중에서도 비교적 초기의 것으로 추정된다. 아오키에 의해서 당 문헌은 "지론종 제2기(535~560, 법상, 도빙道憑의 시대)"로 배정되었지만[8], 그 문헌군이 속하

---

7) 주의해야 할 것은 『본업경소』가 엄밀한 의미에서 五門을 기본 구조로 삼았다고 보기는 힘들다는 점이다. 상기 인용문에 나타난 것처럼 본 문헌은 먼저 "正宗分"과 "眞實根本分"이라는 독자적인 과단을 제시한 후에, 다시 五門 중 修道門을 眞實根本分과 등치시키고 있다. 후반부의 과단이 어떠한 방식으로 이루어졌는지는 알 수 없지만, 적어도 "正宗分"을 논할 때 五門에 관한 언급이 없다는 것은 분명하다. 또한 후반부에서 다시 "眞實門中明四十二賢聖二種法身"(T85, 751c)이라는 명칭이 등장하고 있으며 修道門에 대한 언급은 없다는 점에서, 『본업경소』의 과단은 五門과는 달리 正宗分->眞實根本分이라는 구도를 기본으로 하고 있다고 보아야 할 것이다. 아오키 또한 해당 문헌군을 "五門 문헌"이 아닌 "五門 '관련' 문헌"이라고 명기하고 있다. 靑木隆(2010), p.63; 山口弘江(2011), pp.125~126 참조.

8) 靑木隆(2000), pp.200~201 부록1「地論宗思想史年表」[靑木隆, 앞의 책(2010) pp.63~64 재수록] 참조. 다만 아오키가 제시한 지론문헌의 시기 구분은 그가 말한 것처럼 "편의"에 따른 것이지만, 논자가 확인한 한 현재까지 그의 설을 면밀히 검토한 후속 연구는 없다. 아오키가 제시한 시기 구분의 타당성 규명은 이처럼 시기별로 묶인 문헌군을 원점부터 면밀히 조사하고, 이에 기초하여 각 문헌 간의 선후관계를 파악한 이후에야 가능할 것이다. 본고는 이러한 문제의식에 입각하여 작성되었음을 밝힌다. 다만 각 문헌 간의 선후관계는 곧바로 시대적인 확정으로 넘어갈 수는 없기에, 본고에서 밝히는 것은 어디까지나 문헌 간의 상대적인 선후관계일 뿐 절대적인 시대 배정은 아니다. 아오키 설

는 "오문 관련" 문헌군들간의 사상적 영향관계나 선후관계에 대해서는 아직 본격적인 논의가 이루어지지 않은 것도 사실이다. 이에 본고는 본업경소의 유일한 선행 연구자인 후지타니 마사노리(藤谷昌紀)의 연구를 발판으로 본 문헌에 인용된 텍스트의 선후 관계 및 사상적 연관성을 좀 더 명확하게 밝히고자 한다. 인용 문헌들의 상관관계를 밝히는 것은 찬술 시기가 명확하지 않는 돈황사본의 시대 배정을 위해 필수적인 선행작업이며, 이를 통해서 그 텍스트의 작성 시기 및 사상적 배경 등을 확인할 수 있기 때문이다.

본고에서는 고찰한 범위는 크게 본업경소가 인용하고 있는 경론의 범위와 여타 돈황사본과의 상응 관계라는 두 부분으로 나눌 수 있다. 전자가 해당문헌의 작성 하한선 및 본업경소가 작성될 당시 저자, 혹은 저술 그룹에서 활용했던 불교 문헌의 범위를 가늠할 수 있게 해준다면, 후자는 돈황출토 지론문헌 내에서 본업경소의 위치를 설정할 수 있는 근거가 된다. 다만 본 문헌은 전 텍스트가 보존되어 있지 않은 단편斷片일 뿐이므로 확인할 수 있는 인용 경론이 제한되어 있다는 한계를 가진다는 점 또한 지적되어야 할 것이다.

2. 『본업경소』의 인용 경론

먼저 지금까지 확인된 범위 내에서 『본업경소』에 인용되어 있는 경론들을 제시한다. 아래 목록은 후지타니의 작업에 더하여 논자가

에 대한 본격적인 검토는 이후를 기약한다.

확인한 몇 가지 경론을 추가한 것이며 그 중에는 『본업경소』에서 경명을 언급하지 않았지만 내용상으로 동일한 텍스트임이 확인된 문헌도 포함하였다.(추정 경론은 ※표시)

1) 확인된 인용 경론(번역 시기)
    · 竺法護 역, 『修行道地經』(T15, no.606, 300년)
    · 鳩摩羅什 역, 『維摩詰所說經』(T14, no.475, 弘始(399~416)년간)
    · 鳩摩羅什 역, 『善臂菩薩經』(※『大寶積經』 T11, no.310 권93-94 수록, 5세기 초?)
    · 佛陀跋陀羅 역, 『大方廣佛華嚴經』(T9, no.278, 義熙(405~418) 년간)
    · 佛陀耶舍・竺佛念 역, 『四分律』(T22, no.1428, 412년)
    · 曇無讖 역, 『大般涅槃經』(T12, no.374, 414년)
    · 求那跋陀羅 역, 『勝鬘師子吼一乘大方便方廣經』(T12, no.353, 435~6년)
    · 曇摩耶舍 역, 『樂瓔珞莊嚴方便品經』(T14, no.566, 5세기 초중반?)
    · 疑經 『梵網經』(T24, no.1484, 5세기 중후반?)
    · 曼陀羅仙・僧伽婆羅 역, 『寶雲經』(T16, no.658, 天監(502~519)년간)
    · 元魏 菩提流支 역, 『十地經論』(511년)
    · 元魏 菩提流支 역, 『入楞伽經』(513년)
    ※智嚴, 寶雲 역 『無盡意菩薩所聞經』(『大方等大集經』 T13, no.397. 권27-30 수록, 元嘉(424~453) 년간
    ※鳩摩羅什 역, 『大智度論』(T25, no.1509, 405년)

2) 미확인된 인용 경론
- 『數經』
- 『天海經』
- 『虛空藏經』(※『法上綠』수록 西晉・聖堅譯 『方等王虛空藏經』八卷?)

상기 목록을 통해서 『본업경소』가 작성될 당시 저자, 혹은 저술 그룹에서 활용했던 불교 연구의 범위를 가늠할 수 있다. 다만 상기 문헌은 전 텍스트가 보존되어 있지 않은 단편일 뿐이므로 확정할 수 있는 부분에 제한이 있다는 점은 유념해야 할 것이다.

『본업경소』의 인용에 대응하는 경론에 대해서는 많은 부분이 후지타니에 의해서 밝혀졌기 때문에 본고에서 자세히 재론할 필요는 없을 것이다. 본 장에서는 두 가지 점만을 지적하고자 한다.

본 문헌은 여타 지론문헌에서 인용 사례가 드문 『선비보살경善臂菩薩經』[9], 『※무진의경無盡意經』[10], 『허공장경虛空藏經』[11], 『낙영락경樂瓔珞經』[12] 등을 포함하고 있다. 만약 이러한 경전군이 인용되어 있는 또 다른 지론문헌이 존재한다면 지론문헌간의 관계를 설정하는데 유용한 근거로 활용할 수 있겠지만, 논자가 확인한 한 이러한 경전군을

---

[9] 『大寶積經』 권94(T11, 534b) 부분. 『본업경소』(T85, 747b-c) 인용.
[10] 『大方等大集經』 권30(T13, 209a-210a) 부분. 『본업경소』(T85, 753b-c) 인용.
[11] 未詳, 『본업경소』(T85, 755a-b) 인용. 인용 부분에는 『虛空藏經』에 입각해 舍利弗이 小乘에서 大乘으로 전향하였다는 고사古事를 인용하고 있는데, 후지타니에 따르면 "虛空藏"이라는 명칭을 지닌 현행 경론 중 이러한 내용을 담고 있는 경전은 없다. 다만 이러한 고사는 후대에 湛然의 『法華文句記』 등에도 『虛空藏經』의 교설로 인용되고 있다는 점에서, 『본업경소』가 찬술될 당시에 존재하고 있었던 별개의 『虛空藏經』이라고 생각된다. 藤谷昌紀(2002), pp.114~116 참조.
[12] 『樂瓔珞莊嚴方便品經』(T14, 937c-938a) 부분. 『본업경소』(T85, 755c) 인용.

언급한 지론 문헌은 『본업경소』가 유일하다. 이 경전들은 모두 북조의 경록經錄에 기록되어 있는데, 오타케가 정리한 이곽록李廓『錄』, 법상록法上『錄』, 달마울다라록達摩鬱多羅『錄』의 기록들과 대응시켜보면 다음과 같다.[13]

① 『※無盡意經』 － 李廓『錄』
宋・智嚴譯『無盡意菩薩經』六卷[14]
『無盡意菩薩經』六卷〈亦云『阿差末經』. 見李廓『錄』〉.(『歷代三寶紀』권10. T49, 89b)

② 『樂瓔珞經』 － 李廓『錄』, 法上『錄』
姚秦・鳩摩羅什譯『樂瓔珞莊嚴經』一卷 …… 〈已上七經, 見李廓『錄』, 云「什譯」〉(『歷代三寶紀』권8. T49, 78c)
宋・法海譯『樂瓔珞莊嚴方便經』一卷 …… 『樂瓔珞莊嚴方便經』一卷〈一名『大乘瓔珞莊嚴經』. 一名『轉女身菩薩問答經』. 與晉世竺法護『順權方便經』同本異出〉. …… 法上『錄』亦載.(『歷代三寶紀』권10. T49, 94a)

③ 『虛空藏經』 － 法上『錄』(?)
西晉・聖堅譯『方等王虛空藏經』八卷 …… 『方等王虛空藏經』八卷〈亦云『虛空藏所問經』. 或五卷六卷. 第二出. 與法賢所譯『羅摩伽經』本同文異. 見晉世雜錄, 出『大集經』〉. 已上九

---

13) 경록의 문구는 大竹晉(2017b)에서 인용하였다.
14) 오타케는 본 경전이 실전되었다고 기록하고 있으나 역자가 智儼으로 명기되고 있다는 점에서 현존 『大方等大集經』 권27-30에 수록된 「無盡意菩薩品」으로 판단할 수 있다고 생각한다. 大竹晉(2017b), p.1012(일본어판 p.895) 참조.

經竝法上『錄』載, 亦云「出別『錄』」. 未詳〉.(『歷代三寶紀』卷九. T49, 83bc)

④『善臂菩薩經』- 達摩鬱多羅『錄』[15]
姚秦・鳩摩羅什譯『善臂菩薩所問經』二卷 ……
右達摩鬱多羅『錄』云「後秦沙門羅什譯. 與『持人菩薩所問經』同本異譯」.(『大周刊定衆經目錄』권4. T55, 392c)

이 중 『허공장경』에 대한 기록은 내용을 확인할 수 없는 경전이기에 단순히 경명의 연관성만으로 추정한 것이다. 때문에 당 경전을 『법상록』에 기록된 『방등왕허공장경』과 같은 텍스트로 단정하는 것은 다소 무리가 있다 할 것이다. 한편 『무진의경』은 그 경명이 『본업경소』에 등장하지는 않지만 대응 구절을 확인할 수 있는 경전이다. 이 경전은 후에 『대집경大集經』으로 편입되었는데, 잘 알려진 것처럼 지론학파 내에는 『대집경』을 존중하는 흐름이 있었다.[16] 본 문헌 또한 그러한 흐름의 연장선상에 있을 가능성도 있지만, 주의해야 할 것은 경록에 의거하는 한 적어도 6세기 초 북조에서는 『무진의경』이 별행 경전으로 유통되었다는 것이다. 따라서 『본업경소』를 『대집경』 존중파의 것으로 보는 데에는 다소 무리가 있다.

이러한 사정을 고려한다면, 인용 경론만으로는 『본업경소』의 위치

---

15) 이때 "達摩鬱多羅"는 Dharmottara, 즉 지론학파의 학장이었던 法上(495~580)의 범어 명칭이라는 것이 여러 문헌을 통해 증명되지만, 경록이라는 측면에서 法上의 『錄』과 達摩鬱多羅의 『錄』은 개별적인 문헌으로 간주된다. 大竹晉(2017b), pp.1002~1004(일본어판 pp.866~868).
16) 石井公成(1996) 제2부 제2장 제2절 「『大集經』尊重派의 地論宗文獻」(pp.510~518) 참조.

를 추적하는 것은 사실상 불가능하다. 오히려 『본업경소』의 인용문헌과 경록의 대조를 통해 찾을 수 있는 의의라면 『이곽록』과 『법상록』 그리고 『달마울다라록』 중 어느 하나로 귀속되지 않는 경전군이 함께 연구되었다는 사실 그 자체일 것이다.

다만 『본업경소』가 지론학파의 저술이라는 점을 고려했을 때 흥미로운 인용 사례가 나타나는데, 바로 42계위를 해석하는 부분이다. 42계위란 습종성習種性-십주十住・성종성性種性-십행十行・도종성道種性-십회향十廻向의 삼십심三十心과 십지十地, 등각等覺-금강심金剛心, 묘각妙覺으로 이루어진 보살의 수행도이다. 같은 계통의 경전인 『인왕경』이나 『범망경』이 삼십심, 십지, 불지佛地의 41계위설을 설하는 것과 달리 『영락본업경』은 제10지와 묘각(=佛果) 사이에 제11지, 등각(金剛心)을 설정하여 총 42개의 계위를 완성하였다는 데에 특징이 있다. 『본업경소』는 『영락본업경』 제2 「현성명자품賢聖名字品」에서 42계위의 명칭을 열거하는 부분에서 그 명칭의 의미를 아래와 같이 해석하고 있다. 대조를 위해서 『본업경소』의 구절과 대응 경론을 도표로 제시한다.(이하 대조의 용이성을 위하여 상응 구절의 번역은 생략)

---

17) S2748 "心心."

『본업경소』(T85, 748c-749b)	대응 경론
【十住】 "發心住"者, 是<u>上進分善根人</u>, <u>始入空界</u>, 發菩提心, 亡絕萬相, 故名發心住. "留諦迦度秦言治地住"者, <u>常修空心淨八萬四千法門清淨行</u>, 故名治地住也. "修行住"者, 前云修空心, 今明<u>長養此心</u>, <u>令一切行增進不失</u>, 故名修行住. "生貴住"者, <u>生在佛家種性清淨故名生貴住</u>. "方便具足住"者, <u>多習無量善根成就</u>, 故名方便具足住也. "正心住"者, <u>成就第六般若, 故名正心住</u>也. "不退住"者, <u>入無生惠必竟空界, 心心行空無相願故</u>, 名不退住. "童眞住"者, <u>從發心[18]住不生到, 不起耶魔破菩提心故</u>. 名童眞住也. "法王子住"者, <u>從佛王教生解, 當紹佛位故</u>. 名法王子住. "灌頂住"者, <u>從上九觀空, 得無生心最上</u>, 故名灌頂住也.	【『영락본업경』 권下, 「釋義品」, T24, 1017a-b】 發心住者, 是上進分善根人. (중략) 常值佛法, 廣多聞慧多求方便, 始入空界住空性位, 故名爲住. (중략)佛子! 治地住者, 常隨(-)修【宋】【元】【明】空心淨八萬四千法門, 清淨白,故名治地住. 佛子! 長養一切行, 故名修行住. 佛子! 生在佛家, 種性清淨, 故名生貴住. 佛子! 多習無量善根, 故名方便具足住. 佛子! 成就第六般若, 故名正心住. 佛子! 入無生畢竟空界, 心心常行空 無相願, 故名不退住. 佛子! 從發心不生倒, 不起邪魔破菩提心, 故名童眞住. 佛子! 從佛王敎中生解, 當紹佛位, 故名法王子住. 佛子! 從上九觀空, 得無生心最上, 故名灌頂住.
【十行】 歡喜行者, 始入法空. 不爲外道邪誨所到入正位故. 多生慶悅, 名歡喜行. 得常化一切衆生, 皆法利衆生, 故名饒益行. (※無瞋恨行에 관한 설명 없음) 常цей功德. 現化衆生, 故名無盡行. 命終之時, 無明鬼不能亂, 名離癡亂行.	【『영락본업경』 권下, 「釋義品」, T24, 1017b】 是故佛子! 從灌頂心進入五陰法性空位, 亦行八萬四千般若波羅蜜, 故名中十行佛子. 就中始入法空, 不爲外道邪論所倒, 入正位, 故名歡喜行. 佛子! 得常化一切衆生, 皆法利衆生, 故名饒益行. 佛子! 法實得法忍, 心無我無我所, 故名無瞋恨行.

生生常在佛國中生, 故名善現行. 於我無我, 乃至一切法不取著, 故名無著行也. 於三世佛法中常敬順, 故名尊重行. 說法授人動成物則, 故名善法行. 二帝(-)諦非如非相非非相, 故名眞實行也.	佛子! 常住功德, 現化衆生, 故名無盡行. 佛子! 命終之時, 無明鬼不亂不濁, 不失正念, 故名離癡亂行. 佛子! 生生常在佛國中生, 故名善現行. 佛子! 於我無我, 乃至一切法空, 故名無著行. 佛子! 三世佛法中常敬順, 故名尊重行. 佛子! 說法授人動成物則, 故名善法行. 佛子! 二諦非如非相非非相, 故名眞實行. (중략)
[十廻向] 常行六道而入果報. 廣化衆生. 而不取著, 故名救護一切衆生離衆生相廻向. 觀一切法空. 得眞實心, 故名不憶(-)壞)廻向. 三世佛法一切時行, 故名等一切佛廻向. 以大願力入一切佛國中, 供養一切佛, 故名至一切處廻向. 以常住三寶授與前人, 名無盡功德藏廻向. 習行相善無漏善而不二, 故名隨順平等善根廻向. 以觀善惡父母無二, 一合相, 故名隨順觀一切衆生廻向. 常照有無二諦一合相故. 名如相廻向. 以諸法無二. 般若無生. 二諦平等, 觀三世一合相故. 名無縛解脫廻向. 覺一切法第一義諦中道無相. 一切法皆一照相故. 名法界無量廻向.	『영락본업경』권下,「釋義品」, T24, 1017b-c] 佛子! 常以無相心中常行六道而入果報, 不受而受諸受, 廻易轉化, 故名救護一切衆生離衆生相廻向. 佛子! 觀一切法但有受, 但有用, 但有名, 念念不住, 故名不壞廻向. 佛子! 三世諸法一切時行, 故名等一切佛廻向. 佛子! 以大願力入一切佛國中, 供養一切佛, 故名至一切處廻向. 佛子! 以常住三寶授與前人, 故名無盡功德藏廻向. 佛子! 習行相善無漏善而不二, 故名隨順平等善根廻向. 佛子! 以觀善惡父母無二, 一相一合相, 故名隨順等一切衆生廻向. 佛子! 常照有無二諦, 一切法一合相, 故名如相廻向. 佛子! 以諸法無二, 般若無生, 二諦平等, 過去一合相, 現在一合相, 未來一合相, 故名無縛解脫廻向. 佛子! 覺一切法第一義諦中道無相, 一切法皆一照相, 故名法界無量廻向.
[十地] "歡喜地"者, 始離世間, 初證聖處, 多生慶悅, 故名歡喜地. 離能起誤心犯戒煩惱垢等, 清淨戒具足,	『십지경론』권1, T26, 127a] 成就無上自利利他行, 初證聖處多生歡喜, 故名歡喜地. 離能起誤心犯戒煩惱垢等,

故名離垢地. 隨聞思修等照法顯現不忌, 故名明地. 煩惱戒薪智火能燒, 故名災地. 得出世間智方便善巧, 能度難度, 故名難勝地. 般若波羅蜜行有間大智現前, 故名現善地. 善修無相行功用, 究竟能過世間二乘, 入出世間道, 故名遠行地. 報行純熟無相無間, 故名不動地. 無碍力說法, 成就利他行, 故名善惠地. 得大法身具足自在, 故名法雲地.	淸淨戒具足, 故名離垢地. 隨聞思修等照法顯現, 故名明地. 不忘煩惱薪智火能燒, 故名焰地. 得出世間智方便善巧, 能度難度, 故名難勝地. 般若波羅蜜行有間大智現前, 故名現前地. 善修無相行功用, 究竟能過世間二乘出世間道, 故名遠行地. 報行純熟無相無間, 故名不動地. 無碍力說法, 成就利他行, 故名善慧地. 得大法身具足自在, 故名法雲地.
【等覺】 功行滿足蹬大山臺, 心心無爲行過十地故. 名無垢地.	『영락본업경』 권下, 「釋義品」, T24, 1018b】 佛子! 菩薩爾時住大寂門中品忍觀, 功行滿足登大山臺, 入百千三昧, 集佛儀用唯有累果無常生滅, 心心無爲行過十地解與佛同, 坐佛坐處. (중략) 故入金剛三昧, 一相無相寂滅無爲, 故名無垢地.
【妙覺】 妙觀上忍大寂無相, 唯以一切衆生緣生善法, 累外之覺體照精微故. 名妙覺地也.	『영락본업경』 권下, 「釋義品」, T24, 1018b】 佛子! 妙觀上忍大寂無相, 唯以一切衆生緣生善法, 亦自持一切功德, 故名佛藏.

상기 도표에서 확인할 수 있는 것처럼 42계위에 대한 『본업경소』의 해설은 기본적으로 주석 대상인 『영락본업경』 권下「석의품釋義品」의 내용을 중심적으로 인용하여 설명을 가하고 있다. 그런데 그 과정에서 십지에 대해서만 『영락본업경』이 아닌 『십지경론』을 인용하고 있는 것이다. 『본업경소』는 삼십심에 대한 설명을 『영락본업경』을 인용하여 설명한 후, 십지에 대해서 『십지경론』의 설명을 삽입한다. 그리고 마지막 등각과 묘각에 대해서는 다시 『영락본업경』의 구

절에 의거하여 해당 개념을 주석하고 있다. 이것은 『본업경소』를 찬술한 작자 혹은 그룹에서 십지十地에 대한 이해가 『영락본업경』에서 『십지경론』으로 넘어가고 있었거나 적어도 십지의 해석에 있어서 『십지경론』의 설을 중시하였다는 정황을 보여준다고 할 수 있을 것이다.

3. 『십지론의소』와의 관계

아래에서는 『본업경소』와 인용 관계에 있는 돈황사본들에 대해서 고찰하고자 한다. 먼저 고찰할 것은 『십지론의소』와의 관계이다. 法上의 것으로 전하는 『십지론의소』는 이미 상당한 연구 성과가 축적되어 있으며 그 과정에서 『본업경소』와 『십지론의소』에 거의 동일한 구절이 나타난다는 점도 지적되었다. 분석을 위해 두 문헌의 상응 구절을 병기하면 다음과 같다.

『본업경소』(T85, 755c)	『십지론의소』(T85, 766b-c)
【問曰】若論十善, 止捨十惡 爲十善. 『楞伽經』云: "初地菩薩已斷三界業果俱盡." 今明二地菩薩行, 應久行十善, 何故始云 "自行十善"也?	【問曰】何故諸戒之中先明不殺戒者? 【答曰】菩薩建志化物爲懷. 殺惱衆生與慈相違. 若不止殺, 物見生懼, 於化有隔. 故諸惡之中, 創離殺生也. 【問曰】『楞伽經』云: "初地菩薩斷三界業果俱盡." 何故此中, 二地方斷十惡者?

【答曰】十惡名同, 論體唯一違理. 若廣逐事, 名相恒沙, 略要有四. 一者異心十惡. 三界凡夫違事損物, 起心造作. 二者異(+心?)習氣十惡. 二乘迷理違事, 失念造作. 三者卽心十惡. 忘相違理, 地前菩薩之所造作. 四者卽智十惡. 相順體違, 初地已上十聖所造作, 無惡之惡. 故『瓔珞經』云: 以斷生死爲殺生也, 斷無所斷以爲不殺. 菩提無人與而自取以爲盜, 今得無所得爲不盜. 智慧者求法不用欲故欲, 如是名邪行. 今明無求可求名不邪婬也. 一切語妄名妄語. 今妄無相語. 破壞諸外道名兩舌. 今破無所破名 不兩舌. 說麁惡語教化衆生名惡口. 今化無所化名不惡口. 隨因緣而說是名爲綺語. 今明因緣空故名不綺語. 施一切衆生樂名貪. 今施無施相名不貪. 正法欲滅時, 與外人諍訟名瞋. 今諍無所諍名不瞋也. 執正之解求於平等名邪見. 今見無所見名不邪見. 此十惡名同而旨異. 今明二地菩薩彰止十惡行十善者, 此卽智十善. 故今始彰"自行十善, 教人行十善"也.	【答曰】若論十惡, 唯一違理. 若廣逐事, 名相恒沙, 略要有四. 一者異心十惡. 三界凡夫違事損物, 起心造作. 二者異心習氣十惡. 二乘迷理違事, 失念造作. 三者卽心十惡. 妄相違理, 地前菩薩之所造作. 四者卽智十惡. 相順體違, 初地已上十聖所作也, 無惡之惡. 故『樂瓔珞經』: 以斷生死爲殺生也, 今斷無所斷爲不殺. 盡下皆爾, 故至云"生死本無體示"也. 菩提無人與而自取以爲盜, 今得無所得爲不盜. 智慧者求法不用欲故欲, 如是名邪行. 今明無求可求名不邪婬. 至寂無言一切語名妄語. 今妄無妄想名不妄語. 破壞諸外道名兩舌. 今破無所 破名不兩舌. 說於麁惡語教化諸衆生名惡口. 今化無所化名不惡口. 隨因緣而說是名爲綺語. 今因緣空故名不綺語. 施一切衆生樂名貪. 今施無施相名不貪. 正法欲滅時, 與外人諍訟名瞋. 今諍無諍相名不瞋. 執正之解求於平等名邪見. 今見無見相名不邪見. 此十惡名同而旨異. 故云: "眞僞殊倫", "名同詮諱(-)違?" 等也. 正可望詮虛會, 不得尋名定執.

두 문헌의 특정 문장이 거의 자구로 이루어져 있다는 것은 한 문헌이 다른 문헌을 참조했거나, 혹은 두 문헌 모두에서 참조하고 있는 제3의 자료가 있었음을 의미한다.[18] 하지만 만약 두 문헌 모두가 공통적으로 인용하고 있는 제3의 텍스트가 없다면, 그리고『본업경소』의 해당 구절이 후대의 가필이 아니라면, 논자는『본업경소』의 구절이『십지론의소』의 기술보다 선행한 것일 가능성이 높다고 생각한다.

그 근거는 주석의 맥락이다. 둘 모두 제2지에 대한 설명에서 단십악斷十惡에 관한 논의를 전개하고 있다. 그 중『본업경소』가 주석하고 있는 경문은 "스스로 십선十善을 행하고, 타인들이 십선을 행하도록 교화한다."("自行十善, 敎人行十善" T24, 1014c)[19]는 부분이며, 질문에서도 그 구절을 적시하고 있다. 따라서『본업경소』에서는 질문에서 "십악十惡을 멈추고 버리는 것을 십선이라 한다("止捨十惡爲十善")"고 지적한 후 십악十惡 전반에 대한 설명과 함께 이에 대응하는 십선을 열거하고 있는 것이다. 이에 반해『십지론의소』에서 주석하고 있는 내용은 "살생을 떠난다("遠離殺生" T26, 146a)" 즉 십악 중 첫 번째 항목인 살생에 대한 구절을 십악 전체의 논의로 확장시키고 있다.

두 문헌의 결론 부분을 보면 문답의 차이는 더욱 분명해진다.『본업경소』에서는 "지금 제2지의 보살이 십악을 멈추고 십선을 행함

---

[18] 본 구절을 지적한 후지타니는 두 문헌 간의 선후 관계를 논하지 않고 "두 주석서에 거의 동일한 진술이 보인다는 것은, 한 편이 한 편을 인용하였다고 생각할 수도 있으며, 양자가 공통의 소스 혹은 전승에 기반하여 기술한 것이라고 상정할 수도 있다."고만 언급하였다. 藤谷昌紀(2002), p.110.

[19] 이 구절은 구마라집 역『摩訶般若波羅蜜經』권5「問乘品」"云何名尸羅波羅蜜? 須菩提, 菩薩摩訶薩以應薩婆若心, 自行十善道亦敎他行十善道, 以無所得故. 是名菩薩摩訶薩尸羅波羅蜜."(T8, 250a)의 구절과 상응한다.

을 밝히는 것은 [앞서 논한] 卽智十善(즉, 『樂瓔珞經』[20])에 입각해 제시한 卽智十惡과 대응되는 十善)[을 말하는 것이다. 그러므로 [제2지에야] 비로소 '스스로 십선을 행하고 타인들이 십선을 행하도록 교화한다'고 하는 것이다.[21]"라고 결론을 제시하고 있다. 이는 구절로도 내용적으로도 최초의 질문과 일치하며 그 내용 또한 답변 내의 "즉지卽智"에 기반한 것이다. 반면 『십지론의소』는 결론 부분에서 "그러므로 '진·위가 다르다' '명칭은 같지만 의미는 다르다' 등이라 하는 것이다. 올바르게 의미를 살펴 집착 없이 이해해야지 이름을 구함에 집착해서는 안 된다.[22]"라고 맺고 있는데, 이는 최초의 질문인 "어째서 제2지에서야 비로소 십악을 끊을 수 있는가?("二地方斷十惡者?")"에 대한 직접적인 답변이라고는 할 수 없다. 이후에도 계속 불살생을 중심으로 주석을 전개하고 있다는 점에서도, 해당 문구는 중심 논의와는 별개로 전개된 추가적인 논의이다.

상응 구절에 나타난 질문의 핵심은 '제2지'에 있다. 왜 초지가 아닌 제2지에서 십선을 닦느냐는 것이다. 이에 대해 『본업경소』는 즉지십악卽智十惡, 즉 지혜 그 자체인 십악이 있으며 이것이 십지의 계위에서 행해지는 것이라 규정한 후 다시 각각에 대응하는 십선을 제시하였다. 그리고 결론 부분에서 제2지에서 행하는 십선이란 초지에서부터 이루어지는 즉지십악卽智十惡이 아닌 즉지십선卽智十善임을 명기

---

20) 두 문헌에서 인용하고 있는 『[樂]瓔珞經』이란 曇摩耶舍 역 『樂瓔珞莊嚴方便品經』(T14, no.566)의 구절을 의용한 것이다. 藤谷昌紀(2002), pp.108~110.
21) 『본업경소』(T85, 755c) "今明二地菩薩彰止十惡行十善者, 此是卽智十善. 故今始彰 '自行十善, 教人行十善' 也."
22) 『십지론의소』(T85, 766b-c) "故云: '眞僞殊倫', '名同詮違' 等也. 正可望詮虛會, 不得尋名定執."

하고 있다. 이 "즉지십선卽智十善"에 해당하는 언급은 『십지론의소』에서는 나타나지 않으며, 대신 "이름에 집착하지 말라"는 다소 애매한 답변으로 결론을 맺고 있다. 『십지론의소』의 작성자는 『십지경론』에서 십선 각각의 조목을 자세히 설하기 때문에 이에 대한 대답을 불필요하다고 여겼을 가능성도 있지만, 초지 이상에서 행하는 긍정적인 의미에서의 십악(=초지에서 얻음)과, 그것과는 다른 십선(=제2지에서 얻음)을 구분하고 있는 『본업경소』의 의도는 『십지론의소』에 드러나지 않는다. 이러한 관점에서 두 본의 선후관계를 논한다면 질문과 대답이 호응하는 『본업경소』의 문답 쪽이 선행하며, 이를 『십지론의소』에서 차용하였다고 해석하는 것이 보다 정합적이라고 생각한다.

한편 상기 문답에 담겨 있는 교학은 지론학파의 사상 형성과정을 보여준다는 점에서 흥미로운 구절이기도 하다. 먼저 해당 구절에서 제시된 '이심異心' '이심습기異心習氣' '즉심卽心' '즉지卽智'로 이루어진 네 가지 십악의 구조는 소위 "북위北魏·낙양기洛陽期"의 불교 사상을 반영하고 있는 것으로 보인다. 현존하는 문헌에 한하여 보았을 때, 이 구절은 번뇌, 특히 『승만경』의 주지번뇌住地煩惱에 대한 해석을 통해 나온 개념인 "이심"과 "즉심"의 번뇌를 응용한 구절로 보이기 때문이다.[23] 이것을 고려할 때, 상기 인용문의 네 가지 십악은 다음과 같이 정리된다.

---

23) 大竹晉(2017a), pp.141~144 참조.

《네 가지 십악의 구조》

異心十惡 ———————— 凡夫 ———————— 四住地에 의한 十惡

異心習氣十惡 ————— 二乘 ———————— 四住地의 習氣에 의한 十惡

卽心十惡 ———————— 地前菩薩 ————— 無明住地에 의한 十惡

卽智十惡 ———————— 初地以上 ————— 智慧에 의한 十惡(無惡之惡)

따라서 상응 구절에서 논한 십악의 구분은 낙양기 불교의 번뇌설을 확장 적용한 것이라고 할 수 있다.

십악에 관한 설명이 지론학파 성립 이전의 사상과 연속성을 보여준다면, 동일한 구절에서 『능가경』[24]의 설을 인용하여 "초지의 보살이 삼계의 업과를 모두 끊어버린다(初地菩薩斷三界業果俱盡)"고 규정한 것은 『본업경소』에 지론학파에서 제시된 교설이 반영되고 있음을 의미한다. 초지에서 삼계를 벗어난다는 설은 지론학파의 정설로 알려진 듯하다. 예를 들어 돈황출토 교리집성문헌 S4303에는 다음과 같은 구절이 언급되고 있다.

[질문:] …… 제7지[25] 보살의 지위에서야 비로소 삼계를 벗어난다. 『십지경』의 글에서도 또한 "초지의 보살은 악취를 떠나며, 제7지의 보살은 이승

---

24) 후지타니의 고찰에 의하면, 해당 구절에서 언급된 『능가경』은 보리유지 역 10권 능가 「五法門品」 "菩薩得初歡喜地時, 證百金剛三昧明門, 捨離二十五有一切果業, 過諸聲聞辟支佛地."(T16, 557c)를 말한다. 藤谷昌紀(2002), p.110 참조.
25) 해당 내용을 七地로 본 것은 S4303 7행, "人者引『經』文'初地離惡趣, 七地過二乘'者, ……" 및 13-14행 "'初地離惡趣, 七地＊＊乘'者, ……"에 의거한다.

을 넘어선다."²⁶⁾고 하였다. 어째서 십지논사들은 모두 "초〔지보살〕이 삼
계를 벗어난다."고 하는가?"²⁷⁾

즉 여러 경문에서 제7지에서 삼계를 벗어난다는 기술이 나오는 것
과는 별개로, "초지에서 삼계를 벗어난다"는 해석이 당시 지론학파
의 정론이었다는 것이다. 아마도 이것은 『십지경론』이나 『능가경』과
같은 지론학파의 소의경론의 설, 그리고 지론학파의 사상을 정립한
보리유지의 교설에 근거한 이해로 보인다.²⁸⁾

그런데, 이러한 해석은 『영락본업경』의 설과 다르다. 『영락본업
경』은 초지가 아닌 제7지에서 삼계의 과보를 완전히 끊는다고 설하
고 있기 때문이다.

초지에서부터 제7지에 이르기까지 삼계의 업과를 모두 다 조복시켜 남
음이 없다.²⁹⁾

구절의 유사성으로 보자면 이 구절("初地乃至七地, 三界業果俱伏盡")

---

26) 해당 경문은 『十地經論』「初歡喜地」(T26, 136b) "斷一切惡道, 故生歡喜心." 및 「第七遠行地」(T26, 177a) "是菩薩 …… 過聲聞辟支佛地."를 참조. 또한 S4303 7행 "人者引『經』文'初地離惡趣, 七地過二乘'"도 마찬가지의 경문에 의거하고 있는 것으로 보았다.
27) S4303 2-4행, 『집성』 p.213. 初(-)七?)地菩薩始出三界. 『十地經』文亦云: "初地菩薩遠離惡趣, 七地菩薩出過二乘." 何故十地論師皆言"初地菩薩出於三界"?
28) 예를 들어 보리유지의 강의록인 『金剛仙論』의 다음 구절 참조: 『金剛仙論』 권4(T25, 826c) "出世間淨土第一義莊嚴, 非三界所攝. 以初地以上聖人報出三界土也."; 권7(T25, 846b-c) "菩薩證得初地無生二種無我見道之解, 具足四種深心, 永斷三界四住習氣無明麤品."
29) 『영락본업경』(T24, 1016c) "初地乃至七地, 三界業果俱伏盡無餘."

이 상기 문답 부분의 질문에 인용된 『능가경』의 문구("初地菩薩已斷三界業果俱盡")와 오히려 더 비슷한 것처럼 보이지만 그 내용은 분명 구분되어야 한다. 심지어 『본업경소』의 다른 부분에서는 상기 『영락본업경』의 경문을 따라 제7지에서 삼계의 과보를 모두 끊는다는 설명 또한 존재한다. 삼계의 과보를 벗어남에 대한 상이한 두 가지 이론이 한 문헌 내에서 모두 제시되고 있는 것이다.

"無生忍은 果의 업도를 조복하고"란, 삼계의 미혹이 다한 제7지의 果이다. 또한 無生觀으로 삼계의 과보를 없앰이다.[30]

『본업경소』에 삼계의 과보를 끊는 경지를 제7지인가, 아니면 초지인가에 대한 설명이 혼재되어 나타나고 있다는 것은 본 문헌의 성립기에 북조불교의 사상적 변천을 보여주는 사례라고 생각한다. 지론학파 성립 이전 북조에서는 『영락본업경』의 교설 등에 의거하여 삼계의 번뇌가 제7지에서 완전히 끊는다는 설이 주장되고 있었다. 예를 들어 지론학파 성립 직전 북조에서 이루어진 불교 연구의 실록인 돈황출토 교리집성문헌 P2908에는 다음과 같은 설이 인용되고 있다.

만약 작고하신 惠猛 都維那[31]의 이해에 따르면, (중략) 범부의 [受・想・識이라는] 세 가지 마음 중의 무명은 미세하기 때문에 삼계를 넘어선 제7지

---

30) 『본업경소』(T85, 758c-759a) "無生忍伏果業道"者, 三界惑盡七地寂(-)家)果. 又無生觀, 滅三界果也.
31) "惠猛"은 孝文帝(재위 471~499)부터 宣武帝(재위 499-515) 시기까지 북위의 都維那를 역임했던 북조의 명승이다. 『집성』 p.105 및 p.180(각주 448) 참조.

이상의 勝解를 방해한다. 그러므로 제7지 이상에서야 비로소 이 세 가지 마음 중 卽心의 무명을 끊어버리는 것이다. 제6지 이하에서는 卽心의 무명이 있다 해도 [그것을] 완전히 끊지 못하고 다만 行蘊 중 異心의 惑을 끊을 뿐이다.[32]

『본업경소』에 이 두 가지 설이 모두 등장한다는 것은 본 문헌이 위치한 사상적 지점을 방증한다. 제7지에 이르러서 무명(=卽心의 번뇌)가 끊어진다는 낙양기 불교의 설이 지론학파의 성립 이래 초지에서 끊어진다는 설로 대체되는 과정에서 본 문헌이 성립되었다고 볼 수 있기 때문이다. 이처럼 서로 일치하지 않는 이론이 한 텍스트에 나타나는 것은 여러 돈황출토 지론문헌에 나타나는 특징이기도 하다. 『본업경소』와 마찬가지로 초기 지론문헌 중 하나로 간주되는 『십지론의소』의 경우에도 텍스트 전체에서 상이한 해석들이 서술되고 있다는 점이 여러 연구에서 지적되었다.[33] 동일한 주제에 대한 상이한 설이 혼재되어 있다는 것은, 이러한 문헌들이 완결된 체계를 갖춘 논서가 아니라는 것을 의미한다. 많은 돈황출토 지론문헌들이 당시 이루어졌던 경론의 연구와 해석의 변천을 담은 "실록實錄"으로 규정되고 있는 것도 이러한 사정이 반영되어 있을 것이다.[34] 『본업경소』 또한 그러

---

32) 해당 문구의 번역은 大竹晉(2017) p.144을 따른다. P2908 565-9행, 『집성』 p.180. 若依故猛都解時, 凡夫識想受中無明, 由故不斷. 何以故然? 欲明凡夫三心中無明細, 故障三界外七地以上勝解. 是以七住以上, 方斷此三心中卽心無明. 在六住以下, 雖有卽心無明, 一向不斷, 但斷行陰中異心惑.
33) 박보람(2017), 김천학(2017), 大竹晉(2017a) 등을 참조.
34) 예를 들어 池田將則(2017)에서 다룬 『열반경』 주석서의 변천과정 참조. 이케다가 밝힌 것과 같이, 하나의 텍스트는 애초부터 완결된 논서로 성립되었던 것이 아니라 수차례에 걸친 수정과 편집과정을 통해서 다듬어져 나가는 것

한 "실록"적인 성격을 가지고 있으며, 본 문헌에 나타난 통일되지 않은 이론들은 역설적으로 본 문헌이 작성될 당시의 현장감을 전해주는 사례라고 할 수 있을 것이다.

그렇다면 『본업경소』를 법상法上의 저술로 볼 수 있는가? 두 문헌 간의 분명한 상응 구절이 있다는 점에서 그러한 가능성을 무시할 수 있는 것은 아니다. 다만 앞 절의 인용 경론에서 확인한 것처럼 『본업경소』의 인용 경론 중 법상의 경록에 포함되는 것으로 확정할 수 있는 경전이 존재하지 않고, 상기 구절을 제외하면 두 문헌의 상관관계를 보여주는 내용은 확인하지 못하였다. 그러므로 현재 상태에서 『본업경소』를 법상의 저술로 확정하기는 어렵다. 다만 『십지론의소』의 저술 당시 『본업경소』가 참조되었다는 것은 분명하므로, 『본업경소』의 저술 또한 法上의 주변에서 이루어졌을 가능성은 높다고 생각한다.

4. 『인왕반야실상론仁王般若實相論』과의 관계

논자는 『본업경소』의 연구를 진행하면서 기존의 연구에서 밝혀진 연구 성과에 더하여 새로운 문헌을 찾을 수 있었는데, 바로 또 다른 돈황출토 지론문헌 중 하나인 『인왕반야실상론권제2仁王般若實相論卷第二』[나카무라 후세츠中村不折(1866~1943) 구장舊藏 문헌. T85, no.2744 수록, 이하

으로 보아야 할 것이다.

"『인왕실상론』"가 그것이다.[35] 『인왕실상론』은 전반부가 결락된 돈황 사본으로 『인왕호국반야바라밀다경仁王護國般若波羅蜜多經』(T8, no.246, 이하 "『인왕경』") 중 권하에 해당하는 「산화품散華品」, 「수지품受持品」, 「촉루품囑累品」에 대한 주석 부분이 남아 있다. 『본업경소』와 『인왕실상론』은 특히 불교 교리에 설명에 있어 분명한 인용관계가 확인된다.

먼저, 제시할 것은 '지전삼십심地前三十心' 즉 습종성習種性, 도종성道種性, 성종성性種性에 대한 해석에서 두 문헌이 자구 수준에서 동일한 해석을 공유하고 있는 구절이다.

『인왕실상론』-①(T85, 161b-c)	『본업경소』-①(T85, 751c)
"習種性"者, 此人創修入理智微, 知身有性, 故云"習種性."…	"習種性"者, 此人創修入理智微, 要由從師學習, 方能得知己身有性, 故云"習種性"也.

---

35) 시대 미상, 後記에 "仁王般若實相論卷二, 比丘顯秀寫, 流通後代化化不絶."라는 구절이 있다. 顯秀에 대한 정보도 찾을 수 없다.
    본 논문의 초고 단계에서 논자가 확인한 『인왕실상론』에 관한 연구는 『佛書解說大辭典』 권8 p.396과 矢吹慶輝[1980(1930)] pp.93~4의 기초적인 서지 정보, 그리고 妻木直良(1926)의 연구 정도였으며, 본 사본의 검토 또한 명확하지 않은 상태에서 논의를 전개하였다. 그 결과, 논자는 본 문헌이 지론학파의 성립 이전에 찬술된 문헌이었을 것이라고 추정하였는데, 결론적으로 이것은 잘못된 추론이었다. 이후 石井公成(1996) p.517에서 본 사본이 지론학파의 문헌임을 증명한 구절이 밝혀졌음을 확인하였고, 논자 또한 『인왕실상론』에 대한 본격적인 연구에 착수하면서 몇 가지 추가적인 지론학파의 교학들을 본 문헌에서 찾아낼 수 있었다. 『인왕실상론』에 대한 텍스트의 교정과 그에 따른 내용적 고찰에 대해서는 졸고(2018)를 참조하라.
    본고에서는 大正藏本을 기준으로 『인왕실상론』을 인용하되 사본을 검토하여 약간의 교정을 가하였다. 사본 이미지는 磯部彰(編)(2005)의 사진본을 참조. 아울러 츠마키의 선행 연구 및 사본 이미지에 대한 정보는 센슈대 사토 아츠시(佐藤厚) 선생께서 알려주셨다. 지면을 빌려 감사의 말씀을 드린다.

"性種性"者, 自體能解己身中性, 故云 "性". "種性"者, <u>正因之理. 與佛果爲種, 不從因生, 不爲物壞</u>, 故云言"性種性."… "道種性"者, <u>能與初(+地?)爲道</u>, 故云 "道種性".	"性種性"者, 初言"性"者, 此人習解明利 性, <u>自能解己身中性</u>. 後言"種性"者, 此<u>正 因之理, 與佛果爲種, 不從因生, 不爲物壞</u>, 故言"種性"也. "道種性"者, 前習種性得假名空, 性種性 得五陰空. 今道種性假實並觀, <u>能與初地 爲道</u>, 名爲"<u>道種性</u>"也.

    상기 구절은 『인왕실상론』과 『본업경소』 간의 긴밀한 연관성을 보여준다. 앞서 『십지론의소』와의 상응구절과 같이, 이러한 자구적인 상응은 두 문헌 중 어느 한쪽이 다른 한쪽을 참조했거나, 그렇지 않다면 두 문헌이 공히 의거하고 있는 제3의 문헌을 상정해야 하기 때문이다.

    나아가 그 선후 관계를 논한다면 『본업경소』-①의 문장이 『인왕실상론』-①의 그것을 참조하였을 가능성이 높다. 통상적으로 내용이 많은 쪽이 간략한 쪽을 증보한 것으로 해석하는 것이 자연스럽겠지만, 문제는 『인왕실상론』-①의 문구만으로는 각 계위에 대한 정의가 명확하게 드러나지 않는다는 점이다. 예를 들어 "습종성"에 관한 설명에서 『본업경소』-①에 기술된 것과 같이 "반드시 스승을 좇아 학 '습習'해야만 비로소~(要由從師學'習', 方能~)"라는 내용이 들어가야 '습'종성이라는 명칭의 설명이 완전해질 수 있다. 『인왕실상론』은 이 부분이 빠져 있어서 설명이 온전하지 않게 되어 버린 것이다. 이렇게 본다면 『인왕실상론』에 나타난 삼십심三十心의 해석은 『본업경소』의 내용을 거칠게 축약, 인용한 구절로 보아야 한다.

그런데 다른 부분에서는 반대로 본업경소의 설명이 인왕실상론의 설명을 전제로 해야 이해할 수 있는 구절도 존재한다. 불보살이 설법을 할 때 갖추는 공덕 중 하나인 사무외四無畏에 관한 설명이 그것인데, 다시 두 문헌의 상응 구절을 제시한다.

『인왕실상론』-②(T85, 162c)	『본업경소』-②(T85, 746c)
"<u>我是一切智人</u>"者, "如是菩薩, 求五明處, 爲無上菩提大智衆具究竟滿." 故名爲一切智人, 釋一切智無畏滅三界癡等煩惱.	云何爲四? 一, <u>我是一切智人.</u> 說己所知. 佛(-)物), 訓匠於外人執 事來難: '如來於弟子有問, 似若不知.' 如來答言: '我順俗時宜 非爲不達.' 於此難中 無有畏相, 安住聖處, 名一切智無畏.
"我相已盡"者, 釋漏盡無畏智.	第二, 漏盡無畏. 外人難言: '如來罵提婆達多, 似若是瞋, 摩羅睺羅頭, 似若有愛.' 佛言: '應見剛強難(-)語)化者, 罵提婆達多. 應見慈養生善者, 摩羅睺羅. 非謂有瞋愛也.' 於此難時無有畏相, 第二無畏.
"地地中有所出, 故名「出道」"者, 名<u>無漏出要道也</u>. 釋盡苦道無畏.	第三, '煩惱障道無畏'者. 外人難言: '須陀洹人得初果道, 猶有煩惱, 故知煩惱不障道.' 如來答言: '障處有別, 但八十八結障須陀洹, 思惟四結障後三果, 非謂不障.' 於此言中無有畏相, 是第三無畏.
"有所不出, 故名「障道」"者, 名煩惱障也. 釋障道無畏逆三界疑. (『인왕실상론』. T85, 162c)	第四無畏(-)漏?)出要者, 外人難言: '無漏不出要. 何以得知? 須陀洹雖得無漏, 猶有七生七死.' 如來答言: '非爲不出, 但凡夫生死無量, 須陀洹斷之至七, 故言出.' 於此言中無有畏相, 名第四無畏.

『본업경소』는 외도와 여래의 문답[36]을 예시로 들어 사무외가 어째서 '두려움 없음'이라는 의미를 가지게 되는지를 세련되게 보여주고 있다. 사무외에 관한『인왕실상론』과『본업경소』의 구절을 비교해 보았을 때에도 그 구성은 여전히『본업경소』쪽이 자세하고 완결적이다. 그러나『본업경소』-②에는 사무외의 세부 항목인 一切智無畏, 漏盡無畏, 障道無畏, 盡苦道無畏 중 盡苦道無畏에 빠져 있고, 대신『인왕실상론』-②와 상응되는 용어인 "無漏出要"만이 기재되어 있다. 이 기술은『인왕실상론』-②에서 "地地中有所出, 故名「出道」者, 名無漏出要道也. 釋盡苦道無畏"라는 기술에 의거해 이해할 때 "無漏出要"가 盡苦道無畏를 의미한다는 것을 이해할 수 있다.『인왕경』의 경문에 언급된 "출도出道"라는 용어가 "출요出要"라는 용어와 유사하다는 점에서도 그러하다. 그렇다면 이 부분은 三十心의 상응 구절 고찰에 의해 내린 결론과는 정 반대로,『본업경소』-②가『인왕실상론』-②의 내용을 참조했다고 보아야 할 것이다. 두 텍스트 안에서 서로 영향을 주고받은 부분이 교차로 나타나는 것이다.

그렇다면 두 문헌의 선후관계는 어떻게 이해해야 하는가? 먼저 ①, ② 모두에서『본업경소』의 내용이『인왕실상론』보다 자세하고 완전한 형태라는 점에 의거한다면,『인왕실상론』의 해석을 증보한 형태가『본업경소』로 보는 것이 가능할 듯하다. 이렇게 본다면 三十心에 관한『인왕실상론』의 불완전한 설명은 수차례 필사를 거치며 생긴 글자의 결락 탓이라고 볼 수 있을 것이다. 물론 반대로『본업경소』의

---

[36]『본업경소』에서 四無畏를 해석할 때 언급된 고사들도 흥미롭지만 그 전거를 찾지는 못하였다.

자세한 설명을 『인왕실상론』에서 축약된 형태로 거칠게 인용하였다고 볼 수도 있다. 두 문헌 모두 지론학파의 문헌이라는 점에서 본다면, 그리고 단편만이 남아 있어서 그 전체상을 알 수 없다는 점에서 본다면 두 가지 경우 모두 상정 가능하다 할 것이다. 물론 두 문헌이 공히 참조한 제3의 문헌의 존재 가능성도 무시할 수 없다.

어쨌든 두 문헌 간에 자구 수준의 상응관계가 나타나며 그 안에서도 서로 영향을 주고받은 내용이 확인된다는 것은 두 문헌이 동일 저자, 혹은 그룹에서 저술되었을 가능성을 시사한다. 『영락본업경』과 『인왕경』은 일찍부터 동일한 사상을 담고 있는 경전으로 여겨져 왔다.[37] 그렇다면 『본업경소』와 『인왕실상론』도 실제로는 동일한 그룹에서 저술되었던 것은 아닐까. 물론 이러한 가정은 상상에 불과할 뿐이지만, 그러한 상상을 가능케 한 단초가 문헌 내에 존재한다. 바로 '오명론五明論'에 관한 설명이다. 인도의 다섯 가지 학술 분류법을 의미하는 오명론은 『영락본업경』과 『인왕경』 모두에서 제5지의 설명으로 나타나며, 『본업경소』와 『인왕실상론』에서도 그에 대해 주석을 달고 있다. 먼저 두 문헌의 해석을 제시한다. 이 해석은 『인왕실상론』-② 바로 앞의 구절이며 『인왕경』의 "승달勝達(=제5지) 보살은 순도인順道忍에서 사무외로써 나유타의 제諦와, 내도론內道論, 외도론外道論, 약방藥方, 공교工巧, 주술呪術을 관한다.[38]"는 구절에 대한 해석이다.

---

37) 예를 들어 P2908 304-305행, "若依仁王波若, 瓔珞經解, 凡有五忍."(『집성』, p.158) 이하 五忍에 관한 논의 참조.
38) 『인왕경』(T8, 832a) "勝達菩薩, 於順道忍, 以四無畏, 觀那由他諦內道論・外道論・藥方・工巧・呪術."

『인왕실상론』③(T85, 162c)	『본업경소』③(T85, 756c)
"內論"者, 經云: "一者顯示正因果, 二者顯示所作不懷不作不來." 故云 "內論." "外道論"者, "亦有二種. 一者能屈他論, 二者自申己義," 故云 "外道論." "藥方論"者, "有四種. 一者顯示善知病, 二者顯示病因, 三者顯示能除已起之病, 四者顯示已除之病, 令不重起," 故云 "藥方論." "工巧論"者, "顯示種種世業, 如金鐵師水師等, 及餘種種明處," 故云 "巧論." "呪術論"者, "顯示巧便言辭," 故言 "呪術."	"五明論"者, 如上說也.

　『인왕실상론』③은 『보살지지경菩薩地持經』「역종성품力種性品」을 전문 인용하여 『인왕경』에서 설한 오명론에 대해 자세하게 설명하고 있다. 그런데 『영락본업경』의 "오명론과 일체법이 모두 한 찰나의 마음에서 한 순간에 행한다.[39]"는 구절을 주석할 때, 다만 "위에서 설한 것과 같다"고만 설명하고 있을 뿐이다.

　문제는 『본업경소』뿐 아니라 그 주석 대상인 『영락본업경』에서도 상기 구절 이전에 오명론을 설한 구절은 찾을 수 없다는 점이다. 『본업경소』가 앞뒤가 결락된 단간이기는 하지만 『영락본업경』의 거의 최초 부분 주석이 남아 있으므로 결락된 전반부 수 행行에 오명론에 대한 설명이 언급되었을 가능성은 희박하다. 그렇다면 『본업경소』가 지시하고 있는 "上"이란 본 문헌이 아니라 그와 연관된 무언가, 다시

---

39) 『영락본업경』(T24, 1015a) "五明論, 一切法, 盡在一念心中一時行."

말해 『본업경소』가 작성될 때 기록되지 않은 모종의 강의이거나, 아니면 『본업경소』의 작성 이전 그 그룹 내에서 찬술된 문헌을 의미한다고 볼 수도 있다. 현존하는 문헌에서 그 전거를 찾는다면 『인왕실상론』이 바로 그것일 것이다.

이와 관련하여 『본업경소』에서 10지에 대한 해석 부분에서 『십지경론』의 구절을 인용하고 있는 것과는 달리 『인왕실상론』에는 『십지경론』을 직접적으로 인용하는 구절은 나타나지 않는다는 점도 지적되어야 한다. 『인왕실상론』에서 10지의 해석 전거로 인용하고 있는 경론은 『십지경론』이 아닌 『영락본업경』과 『십주비바사론十住毘婆沙論』이다.[40] 지론학파의 교리를 담고 있는 『인왕실상론』이 그 사상의 중핵이라고 할 수 있는 10지의 해석에서 지론학파의 소의경론을 인용하지 않는다는 점은 불가해한 부분이 있다. 혹 이것이 두 문헌 간의 선후관계를 보여주는 단초가 될 수도 있겠지만, 『인왕실상론』에서도 『십지경론』의 내용에 의거한 지론학파의 교리들이 빈번하게 나타난다는 점에서 『인왕실상론』의 저술 단계에서 『십지경론』이 알려지지 않았다고 보기는 힘들다. 상기한 몇몇 근거들로 혹 『인왕실상론』이 『본업경소』보다 이른 시기의 찬술된 문헌으로 상상해볼 수도 있지만, 결론적으로 두 문헌의 선후관계에 얽힌 난점을 보다 명확하게 밝히기 위해서는 지론문헌 전체를 조망하는 포괄적인 후속연구를 기약해야 할 것이다.

---

40) 졸고(2018), pp.52~53.

5. 맺으며

이상의 논의를 정리하면 다음과 같다.

1) 『본업경소』에는 북조의 경록에 산견散見하는 경전들이 함께 인용되어 있으며, 그 중에는 『선비보살경』, 『무진의경』, 『허공장경』, 『낙영락경』와 같이 이후 지론학파에서는 자주 사용되지 않는 경전들이 포함되어 있다.
2) 『본업경소』에는 여러 부분에서 『십지경론』이 인용되고 있다. 그 중 42계위설의 해석은 기본적으로 『영락본업경』에 의지하고 있지만, 십지 부분의 해석은 『십지경론』의 내용으로 구성되어 있다.
3) 『본업경소』와 『십지론의소』는 거의 동일한 형태의 구절을 공유하고 있으며, 이것으로 보았을 때 『본업경소』가 법상 주변에서 성립되었을 가능성이 높다. 만약 이 구절을 기준으로 문헌 성립의 선후 관계를 배정할 수 있다면 『본업경소』가 쓰여진 이후에 『십지론의소』가 작성되었다고 할 수 있을 것이다.
4) 『본업경소』와 『십지론의소』의 상응 구절에는 "초지에서 삼계를 벗어난다"는 지론학파의 설이 전제되어 있으며 이는 『본업경소』의 작성 이전부터 지론학파의 교설이 성립되어 있었음을 보여준다. 다만 『본업경소』에는 『영락본업경』의 설을 따라 "칠지에서 삼계를 벗어난다"는 설도 등장하기 때문에 당시 지

론학파 내에서 두 가지 설이 아직 정리되지 않은 채로 공존하고 있었다는 의미로도 해석할 수 있을 것이다.

5) 『본업경소』와 긴밀한 연관성을 보이는 문헌으로는 또 다른 돈황사본인 『인왕실상론』이 있다. 『본업경소』와 『인왕실상론』 간에는 상호 영향을 주고받은 구절들이 나타나며, 이는 두 문헌이 같은 그룹에서 찬술되었을 가능성을 시사한다. 다만, 『인왕실상론』과 『본업경소』 간의 선후 관계에 대해서는 확정지을 수 있는 결정적인 근거는 없으며, 아마도 비슷한 시기에 같은 그룹에서 지어진 문헌이라는 느슨한 추정은 가능하다 할 것이다.

| 약호 및 참고문헌 |

약호

T   大正新脩大藏經
S   대영도서관 소장 Sir Aurel Stein(1862~1943) 장래將來 돈황한문문헌
P   파리 국립도서관 소장 Paul Pelliot(1878~1945) 장래將來 돈황한문문헌

참고문헌

佛書解說大辭典編纂會(編), 『佛書解說大辭典 第7, 8卷』 東京:大東出版社, 1968.

磯部彰(編), 『中村不折舊藏禹域墨書集成: 台東區立書道博物館所藏』, 二玄社, 2005.

靑木隆 外, 『藏外地論文獻集成』, 서울: CIR("『집성』"), 2012.

石井公成, 『華嚴思想の硏究』, 東京:春秋社, 1996.

矢吹慶輝, 『鳴沙餘韻: 敦煌出土未傳古逸佛典開寶 編著 1: 解說編』 京都:臨川書店, 1980(1930).

佐藤哲英, 『續・天台大師の硏究: 天台智顗をめぐる諸問題』, 京都: 百華苑, 1981.

石井公成, 『華嚴思想の硏究』, 東京: 春秋社, 1996.

船山 徹, 「疑經『梵網經』成立の諸問題」, 『佛敎史學硏究』 39(1), 1996.

大野法道, 『大乘戒經の硏究』, 東京: 理想社, 1963(1954).

鳴沙余韻, 『燉煌出土未傳古逸佛典開寶1: 解說編』, 京都: 臨川書店, 1980(1933).

김천학, 「법상法上 『十地論義疏』 「가분석」의 전개」, 『지론종 연구』, 서울:

CIR, 2017.

박보람,「六相說의 변천 과정 고찰-『十地經』부터 淨影寺 慧遠까지를 대상으로」,『지론종 연구』, 서울: CIR, 2017.

이상민,「돈황사본『仁王般若實相論卷第二』의 기초적 연구」,『불교학리뷰』 24, 2018.

이자평,『『菩薩瓔珞本業經』의 菩薩思想 硏究』, 동국대학교 석사학위논문, 2010.

Thi Van Anh Vo, "On the Bhūmi Theory in the *Bodhisattvabhūmi*", 『印度學佛敎學硏究』 65(3), 2017.

青木 隆,「地論宗の融卽論と緣起說」,『北朝隋唐中國佛敎思想史』, 京都: 法藏館, 2000.

青木 隆,「敦煌寫本にみる地論敎學の形成」,『地論思想の形成と變容』, 國書刊行會, 2010.

池田將則,「慧遠『大般涅槃經義記』의 성립과정에 대하여」,『동아시아불교문화』 26, 2016.

大竹 晉,「地論宗の煩惱說」,『地論宗の硏究』, 東京:國書刊行會, 2017a.

大竹 晉,「北朝經錄斷片集成」,『地論宗の硏究』, 東京:國書刊行會, 2017b.

妻木直良,「燉煌本仁王般若實相論に就て」,『宗敎硏究』 3-2, 1926.

藤谷昌紀,「敦煌本『本業瓔珞經疏』の引用經論について」,『大谷大學大學院硏究紀要』 19, 2002.

藤谷昌紀,「『菩薩瓔珞本業經』の諸本について: 敦煌寫本S3460を中心に」,『印度學佛敎學硏究』 54(1), 2005.

水野莊平,「五十二位の菩薩階位說の成立について」,『印度學佛敎學硏究』 57(2), 2009.

山口弘江,「『十地論義疏』と『大乘五門十地實相論』-周叔迦說の檢討を中心として」,『東洋學硏究』 48, 2011.

조법사照法師가 찬술한 『승만경소勝鬘經疏』(S524)에 관하여

— 정영사淨影寺 혜원 慧遠의 『승만경의기勝鬘經義記』와 길장吉藏의 『승만보굴勝鬘寶窟』의 비교—

양위페이(楊玉飛)

『승만경』(전체명은 『승만사자후일승대방편방광경勝鬘獅子吼一乘大方便方廣經』)은 여래장 계열의 대표경전으로, 여래장 사상의 발전사에서 매우 중요한 위치에 자리잡고 있는 경전이다. 한역된 이후, 『승만경』은 중국인들에게 깊은 추앙을 받아 이에 관한 강경講經과 주소註疏가 끊이지 않았지만 현재까지 전해져 내려오는 주석서의 수량은 많지 않다. 지난 세기 돈황 장경동에서의 발견을 통해 남북조 시대의 『승만경』 주석서 중 일부가 다시금 세상에 드러나 관련 연구 분야에 귀중한 자료를 제공해주었다. 그때부터 현재에 이르기까지 많은 학자들이 문헌, 사상적 측면에서 이들 주석서에 대해 다채로운 연구를 진행한 바 있으나, '주석학'[1]의 관점에서 진행한 연구는 아직까지 없었다. '주석학'은 근래에야 사용하기 시작한 학술분야 명칭이지만 그 원류는 이

---

1) 왕야오난(汪耀楠)은, "주석학은 문적주석文籍注釋을 연구하는 내용과 방법이며, 주석한 문적의 규율을 탐구하는 과학이다."라고 하였다. 왕야오난, 『注釋學』 (外語敎學與硏究出版社, 2010), p.8 참조.

미 한대漢代에 형성되었으며, 위진남북조 시대에 이르러서 '의소학義疏學'[2]으로 발전하게 된 유서 깊은 학술분야라고 할 수 있다. 하지만 '주석학' 혹은 '의소학'을 막론하고 이들 분야가 다루고 연구하는 대상은 대부분 유교 경전이었으며, 불교경전의 주소에 대한 연구는 매우 보기 드물다. 그러나 위진남북조는 유교경전 외에 불교경전 관련 주석도 큰 발전을 이룬 시기이므로 이를 간과해서는 안 된다고 판단된다. 따라서 본문에서는 불교경전 주석학의 관점에서『승만경』주석서에 대한 분석을 진행하여 중국에서『승만경』이 전파된 과정 및 주석학의 발전에 미친 영향을 살펴보는 한편, 이를 통해 불교경전 주석학 연구 분야에 일정 정도 참고 가치가 있는 자료를 제공해보고자 한다.

『승만경』은 총 15장으로 구성되어 있으며, 각 장은 각기 독립된 주제를 논하고 있는 것으로 보인다. 따라서 장과 장 사이의 내용의 연결성이 긴밀하지 않아『승만경』이 전반적으로 어떤 의도를 내포하고 있는지에 대해 파악하기에는 다소 어려움이 따른다. 현존하는 가장 오래된『승만경』주석서(S1649, S2660 등)들은『승만경』속 개별적 문구들에 주해가 달린 형식으로,『승만경』에 대한 전반적인 분석은 결여되어 있다. 이후 등장한 주석서들에서는 점차 위와 같은 문제를 인지하게 되어, 주석자 본인의 관점으로 본 경전의 각 장의 내용을 연결시키고자 하였으며, 이는 주로 '내의(來意, 유래한 뜻)'에 대한 해석에서 발견된다.『승만경』주석서에 등장하는 '내의'는 각 장이 위와 같

---

[2] 일본학자 코가치 류이치(古勝隆一)는, "의소義疏는 남북조시대에 보급되었고, 남북조 말기 주석학의 주류로 자리잡았으며, 이와 같이 의소학문에 관한 총체가 바로 의소학이다."라고 하였다. 古勝隆一,『中國中古の學術』(東京硏文出版, 2006), p.12 참조.

이 배열된 원인과 각 장이 전체 경전에서 차지하고 있는 위치를 해석, 설명한다는 뜻이다. 각 주석서에 나타나는 '내의' 역시 모두 일치하지 않고 다양한 뜻으로 해석되고 있는 관계로, 이와 같은 각 '내의'를 비교, 대조함으로써 주석서들 사이의 전승관계와 주석서 발전사에서의 의의를 발견할 수 있을 것이라 판단된다. 이에 본 논문에서는 비교적 온전히 보존되어 있고 '내의'의 발전맥락이 명확하게 드러나 있는 조법사照法師 찬撰 『승만경소勝鬘經疏』(S524, 이하 조법사 『소』로 약칭), 정영사淨影寺 혜원慧遠의 『승만경의기勝鬘經義記』(이하 혜원 『의기』로 약칭), 길장吉藏의 『승만보굴勝鬘寶窟』(이하 길장 『보굴』로 약칭) 등 총 3권의 주석서를 비교 대상으로 삼고자 한다. 이어서 연도순으로 3권의 주석서에 대해 분석을 진행한다.

1. '소이래자所以來者' – '내의'의 초기 원형

조법사 『소』는 연창延昌 4년이라는 편찬 연도가 적혀있다. 중국사에 '연창'이라는 연호는 총 두 차례 등장하는데 하나는 북위 연창(4년은 서기515년)이고, 또 하나는 고창국 연창(4년은 서기 564년)이다. 대다수 연구자들은 이는 북위 연창시기라고 보고 있지만 일본학자 후지에다 아키라는 "6세기 초의 서풍은 아마 본서의 서체보다 더욱 생경生硬했을 것"이라는 이유로 위의 조법사 『소』는 515년이 아닌 564년에 편찬되었다고 보았다[3]. 편찬 시기에 대한 논쟁과는 별도로 본서는 최초로

---
3) 藤枝晃, 「北朝における「勝鬘經」の傳承」, 『東方學報』 卷40(1969年 3月), p.339.

'내의'를 사용한 주석서이기 때문에 본 논문에서는 이를 가장 먼저 분석해보기로 한다.

사실 조법사『소』에 '내의'라는 글자는 등장하지 않는다. 하지만 대다수 장절의 첫머리에는 '소이래자(所以來者, 이와 같은 말이 유래한 이유)'라는 같은 뜻의 표현이 등장하는데 이를 인용하면 다음과 같다.

> 탄불진실공덕장歎佛眞實功德章 제일第一.("所以來者" 없음)
>
> 십수장十受章 제이第二.("所以來者" 없음)
>
> 삼원장三願章 제삼第三. "爾時勝鬘" 이하 삼대 원장이라는 말이 유래한 이유는 <u>앞서 밝힌</u>[4] 십수十受, 지악止惡의 용用이다. 이를 통해 <u>여기서 밝히는 것</u>은 삼원三願, 수선修善의 행行이다. 악행을 멈추고 선행을 쌓는 것은 보살의 상의常宜이며, 수계하고 발원하는 것은 대사의 행칙行則이기 때문에 여기서 밝힌다.
>
> 섭수정법장攝受正法章 제사第四. "爾時勝鬘" 이하, 제사섭수장第四攝受章. 이와 같은 말이 유래한 이유는 앞서 밝힌 삼원으로 능히 구하고자 하는 마음이고 <u>지금 밝히는 것</u>은 이로 인해 원을 이루는 법이기 때문에, 그 다음으로 밝혔다.
>
> 일승장一乘章 제오第五. "佛告勝鬘" 이하 제오 일승장. 유래한 이유는 앞서 밝힌 섭수정법攝受正法은 사승인과四乘因果를 만들어 내는데, 당시 사람들은 경솔하게 이러한 네 가지 인과가 각기 다르다고 생각했기 때문이다. <u>다음으로 일승을 논하는 것</u>은 사승인과가 명칭에는 차이가 있으나 본체는 결국 일승이기 때문에, 이로서 다음으로 밝히는 것이다.

---

4) 역자주: 밑줄과 방점은 본 논문에 따름.

무변성제장無邊聖諦章 제육("소이래자" 없음)[5]

여래장장如來藏章 제칠. "聖諦者"이하 제칠 여래장장. 이와 같은 말이 유래한 이유는 멀리 윗부분에서 언급한 일승의 뜻은 만선萬善에 따라서 각기 다른데 어찌 모두 같이 불과佛果로 귀의하느냐에 대한 질문에 답하기 위해서인데, 지금은 여래장은 하나이기 때문이라고 밝히는 바이다!

법신장法身章 제팔第八. "若于無量煩惱藏"이하, 제팔 법신장. 이와 같은 말이 다음으로 유래한 이유는 불성이 번뇌에 숨어 있으면 장藏이라고 부르는 것을 밝히기 위함이다. (불성이) 드러나면 위치와 장소가 사라지는데, 이에 응하여 법신이라는 이름을 쓴 것이다. 이것이 그 다음으로 논의한 이유이다.

공의은복진실장空義隱覆眞實章 제구第九. "世尊"이하, 제구 공의은복진실장을 밝힌다. 이와 같은 말이 유래한 이유는, 앞에서 여래장과 법신의 체[體極]가 상주한다고 밝혔는데, 이와 같은 법을 예전부터 지금까지 어찌 아무도 언급하지 않는가? (이는) 여래가 과거에 말했던 고苦와 공空은 항상된 뜻[常義]이 없고 은복하여 상주하는 것이 진실이라는 것을 밝히기 위함이다.

일제장一諦章 제십第十. "世尊此四聖諦"이하, 제십일第十一. 이와 같은

---

5) 歎佛眞實功德章第一.(無"所以來者")
十受章第二.(無"所以來者")
三願章第三. 從"爾時勝鬘"以下三大願章. 所以來者, 前明十受, 止惡之用. 今此明三願, 修善之行. 惡止善行, 菩薩之常宜. 受戒發願, 大士之行則. 故明之.(T85, 264b20-23)
攝受正法章第四. "爾時勝鬘"以下, 第四攝受章. 所以來者, 前明三願, 是能求之心. 今明所願之法, 故次明之.(T85, 264c17-18)
一乘章第五. "佛告勝鬘"以下, 第五一乘章. 所以來者, 上明攝受正法, 能生四乘因果, 時衆冒爲此四因果條然各異故. 次論一乘, 欲明四乘因果名雖有別論體正是一乘, 是以次明也.(T85, 268a08-11)
無邊聖諦章第六.(無"所以來者")

말이 유래한 이유는, 비록 앞에서 성제가 무변임을 밝혔으나, 아직 그 체를 지칭한 것은 아니었다. 지금 고제苦諦, 집제集諦, 도제道諦가 모두 금강(심)에서 다함을 밝히니, 소위 무변멸제滅諦가 바로 이것이다.

일의장 一依章 제십일第十一.("所以來者" 없음)[6]

전도진실장顚到眞實章 제십이第十二. "是滅諦"이하로부터 제십이장. 이와 같은 말이 유래한 이유는 앞에서 여래장이 머무는 (멸)제諦 때 정의情意가 즉신卽身 가운데 있기 때문임을 밝혔다. 지금 전도된 진실을 밝힌다.

자성청정장自性淸淨章 제십삼第十三. "世尊生死者, 依如來藏"이하, 제십삼장. 이와 같은 말이 유래한 이유는 앞에서 중생이 진실을 전도顚倒할 때의 정정은 이리가 오염되어 전도됨을 밝혔다. 지금 여래장은 체성體性이 밝고 깨끗하여 번뇌를 벗어나 있기 때문에 자성이 청정함을 밝힌다.

진자장眞子章 제십사第十四.("所以來者" 없음)

승만장勝鬘章 제십오第十五.("所以來者" 없음)[7]

---

6) 如來藏章第七. "聖諦者"以下, 第七如來藏章. 所以來者, 欲遠成上一乘之義萬善各異, 何故同歸佛果? 今明正由如來藏是一故耳!(T85, 273c12-14)
法身章第八. "若于無量煩惱藏"以下, 第八法身章. 所以次來者, 欲明佛性隱在煩惱之中, 名之爲藏. 顯則無方, 應用名爲法身, 故次之也.(T85, 273c27-29)
空義隱覆眞實章第九. "世尊"以下, 第九明空義隱覆眞實章. 所以來者, 上明如來藏法身體極常住, 如此之法, 從昔以來何故不說也? 欲明如來昔說苦空無常義, 隱覆常住眞實故也.(T85, 274c25-28)
一諦章第十. "世尊此四聖諦"以下, 第十一諦章. 所以來者, 上雖明無邊聖諦, 未指其體. 今明苦, 集, 道諦盡于金剛, 所謂無邊滅諦是也.(T85, 275b04-06)
一依章第十一.(無"所以來者")

7) 顚倒眞實章第十二. 從"是滅諦"以下第十二章. 所以來者, 上明如來藏一住諦常住時, 情意謂爲卽身中有之故. 此明是顚倒眞實.(T85, 275b19-21)
自性淸淨章第十三. "世尊生死者, 依如來藏"已下, 第十三章. 所以來者, 上明衆生顚倒眞實時情, 謂理可染汚顚倒于理. 今明如來藏體性光潔, 在于累外, 自性淸淨也.(T85, 276b15-18)
眞子章第十四.(無"所以來者")

위의 예시에서 볼 수 있듯이, 본서의 각 장에 모두 '소이래자'가 등장하는 것은 아니다. 즉 제1, 2, 11, 14, 15장에는 '소이래자'라는 글이 없다. 비록 조법사 『소』는 『승만경』 전체 15장의 '내의'에 일일이 설명을 진행하지는 않았으나, 이를 통해 조법사 『소』의 '내의'가 온전하지 않다고 단언할 수는 없을 것이다. 왜냐하면 각 장의 '소이래자' 이후의 문맥, 즉 "앞서……를 밝혔는데, 지금은 이를 통해……를 밝힌다.", "앞서……를 밝혔고, 다음으로……를 논한다.", "앞서……라고 밝혔지만, ……를 하지 못했으나, 지금……를 밝힌다.", "앞서……를 밝혔고, 이번에는……를 밝힌다." 등 문구를 통해서 볼 때 '소이래자'가 지칭하는 것은 주로 앞 장과 다음 장의 연결 관계라고 판단되며, 각 장이 배치된 위치와 그것이 전체 경전에서 차지하고 있는 지위에 대해선 설명하지 않고 있다. 또한 제1, 2, 11, 14, 15장에는 비록 '소이래자'를 언급하지 않았지만, 장의 첫머리에는 다음과 같이 전후 장절의 연결 관계를 설명하는 것으로 보이는 문구가 역시 등장한다.

　　탄불진실공덕장歎佛眞實功德章 제일第一. 이는 첫 번째 장이다. 15장 중 첫 번째부터 부처님의 공덕을 찬탄하기 <u>시작한 것은</u>, 중생으로 하여금 삼업이 선에 귀의하고 이로 인해 세상에 나오기 위함이다.
　　십수장十受章 제이第二. <u>위에</u> 승만 부인이 부처님 공덕의 선함을 찬탄하는 부분이 있다. 여래는 즉 수기를 받은 미래불記當佛이다. 보광의 정토는 아름답고 밝은데, 이 묘과妙果를 단공端拱하면 안 되며, 묘과의 인因을 수행

勝鬘章第十五.(無"所以來者")

해야 한다. 그러므로 만행에서 인은 계보다 앞서야 하니, 이것이 둘째 장에 십대수장을 밝힌 이유이다.

　　진자장眞子章 제십사第十四. "若我弟子"이하, 제십사장. 위에서 밝힌 바와 같이 일승의 경境과 행행은 같으니, 이 아래로부터 밝히고자 하는 것은 수행하는 이는 성종聖縱을 계승할 수 있다는 사실이니 이를 진자眞子라고 칭한다.

　　승만장勝鬘章 제십오第十五. "爾時勝鬘"이하 제십오장. …… 그대가 말한 바와 같이 위에서부터 언급한 것이 일승이라고 하면, 어찌 따로 다시 일승장을 추려냈겠는가? 그 대답이 승의 경과 행이 다르기 때문이라면, 모름지기 사람 가운데서도 제자의 우열함의 차이가 있다고 할 수 있을 것이니, 그러므로 지금으로부터 이어지는 부분은 승만장으로 적노라.[8]

　　이를 통해 조법사 『소』에서 '소이래자'가 언급되지 않은 위의 몇 장에서도 이미 '내의'는 내포되어 있음을 알 수 있다. 조법사가 유독 위 몇 장에만 '소의래자'라는 문구를 사용하지 않았는지에 대한 이유는 알 수 없지만, 여기에서 우리는 그가 『승만경』을 주석하면서 이미 '내의'를 각 장 속에 운용하기 시작했음을 알 수 있다. 이를 통해 조

---

8) 歎佛眞實功德章第一. 此則初章. 所以十五章首, 始歎佛功德者, 欲令生三業歸依之善因之以出世也. (T85, 262a24-26)
十受章第二. 上勝鬘有歎佛功德之善. 如來卽記當佛. 普光淨土琳琅, 而此妙果不可端拱, 而克要須修會果之因, 因之萬行必先于戒, 是第二明十大受章也.(T85, 263a22-26)
眞子章第十四. "若我弟子"以下, 第十四章. 上來明一乘境行旣同, 從此以下明受行之人能繼承聖縱, 故名眞子.(T85, 277b23-25)
勝鬘章第十五. "爾時勝鬘"以下第十五章. …… 若爾上來所說之事卽是一乘, 何故別出一乘章? 若言乘境行之別故, 須者人中亦有弟子優劣之異, 是故齊此以下克作勝鬘章.(T85, 278a07-14)

법사가 이미 각 장이 전체 경전에서 배치된 방식과 원인의 중요성에 대해 인지하고 있었음을 알 수 있기 때문에, 일단 이를 '내의'의 초기 원형이라고 명명하기로 한다.

2. '석래의釋來意', '해차제일解次第一'
— '내의'의 발전

정영사 혜원은 풍부한 저술을 남겨 중국불교의 발전에 지대한 공헌을 하였으며, 주요 저작으로는 『대승의장』, 『승만경의기』, 『대열반경의기』, 『십지경론소』 등 20여 부 100여 권이 있다. 특히 『대승의장』은 오취섭법을 통해 기존에 중국에 전파된 모든 대승교의를 종합적으로 개괄한 것으로, 이로 인해 혜원은 '소왕疏王', '석의釋義의 고조高祖', '백과사전식 인물'이라고 불리기도 하였다. 『승만경』의 주석에 있어서도 혜원은 『대승의장』과 유사한 주석기법을 이용하였다. 즉, 혜원의 『승만경의기』에서는 '사구四句'(장명 풀이(釋章名)), 내의 풀이(드러내기)(釋(顯)來意), 차제 풀이(解次第), 문단을 나누는 주석(分文釋) 혹은 '삼구'(장명 풀이, 내의 풀이(드러내기), 문단을 나누는 주석)를 통해 각 장에 대한 풀이를 진행하였다. 본문에서는 이 중 '내의 풀이(드러내기)', '차제 풀이(解次第)'를 집중적으로 탐색하고자 하며 이와 관련된 주석 문구는 다음과 같다.

탄불진실공덕장歎佛眞實功德章 제일第一. 첫 장에서는 사구四句로 풀이한다. 첫째는 장명을 풀이하고 …… 둘째로 내의를 드러낸다. 본 장에서는 부처님이 현발심을 완성하는 것을 찬탄한다. 현발이란 무엇인가? 대저 세인들이라면 자신이 증오하는 것이 있으면 비방하고 헐뜯으며, 내심內心에서 바라고 추구하는 것이 있으면 받들고 찬탄한다. 지금 이 승만 부인은 내심으로부터 부처의 덕을 추구했으니 이를 찬탄하는 것이며, 탄歎이라는 글자를 통해 내심의 원願을 밝히는 것이다. 왜 원을 밝히는가? 원은 행의 바탕이기 때문에 밝힐 필요가 있는 것이다. 셋째로 차제次第를 풀이한다. 어찌하여 부처님의 공덕을 찬탄하는 것을 먼저 밝히는가? 해석에는 두 가지 뜻이 있다. 하나는 앞의 것을 타는 것의 편리함便 때문에 먼저 밝혔다. 무엇을 앞의 것을 탄다고 하는가? 승만 부인이 앞서 여래가 오시기를 청하자 내려오신 여래를 뵙고 바로 찬탄하니, 이를 먼저 밝힌 것이다. 둘째는 생후生後의 편리함이다. 보리의 마음은 제반 행行의 근원이기 때문에 이것이 생겨나야 행을 이룰 수 있기 때문에 이를 먼저 논한 것이다. 네 문단으로 풀이하다.

　　십수장十受章 제이第二. 아래 제이에서는 십대수장을 밝힌다. 여기선 사구四句로 축약하여 풀이한다. 첫째는 장명을 풀이하고 …… 둘째로 내의를 드러낸다. 앞장에서 부처를 추구하고자 할 때, 부처는 계戒로써 이루어진다고 하였기 때문에 이를 밝힐 필요가 있다. 셋째로 차제次第를 풀이한다. 앞에서 마음을 엄격하게 함을 밝혔다. "起行" 이후부터는 행의 처음에는 만나기 어렵기 때문에 이는 다음에 논하도록 한다. 네 문단으로 풀이하다.[9]

---

9) 歎佛眞實功德章第一. 初章中, 四句釋之. 一釋章名. …… 二顯來意. 此章歎佛完顯發心. 云何顯發? 凡是世人, 情所憎惡, 發言毁呰, 內心願求, 與言美歎. 今此勝鬘, 內求佛德, 是故贊歎, 擧歎爲顯內心願也. 何故明願? 願是行本, 故須明之. 三解次第. 何故先明歎佛功德? 釋有兩義. 一乘前便, 故先明之. 云何乘前? 勝鬘前請如來赴就, 因見卽歎, 故先明之. 二生后之便. 菩提之心, 爲諸行本, 能生后行, 是以先論. 四分文釋.(『大日本新纂續藏經』19, 868b21-c7)

삼원장三顧章 제삼. 이 아래 제삼에서는 삼원장을 밝힌다. 사구로 풀이한다. 첫째는 장명을 풀이하고 …… 둘째로 내의를 드러낸다. 왜 이를 논하는가? 앞서의 발심에선 대보리를 추구한다. 보리의 과果는 반드시 행行을 통해서야만 이룰 수 있다. 행은 원願으로 인해 일어나니, 이로 인해 논하게 된 것이다. 셋째로 차제를 풀이한다. 무슨 이유로 풀이하는가? <u>앞서 밝힌 바와 같이 열 가지 계十受之戒를 마치고 나면 그 다음으로 선을 행하는 것이 적합하다.</u> 선을 행함은 세간과 출세간이 다른데, 삼원은 세간에서 이루어지기 때문에 <u>다음으로 논한다.</u> 혹자는 묻길, '세간에 선행들이 하나밖에 없는 게 아닌데 여기선 어찌 원만을 논하는가?' 설명하자면 원은 모든 선 중 가장 첫 번째이기 때문이다. 여기선 승만 부인이 선에 들어가는 초기이기 때문에 오직 원을 논하는 것이다. 또한 원은 모든 행의 주主이기 때문에 주를 논하기 위해 일단은 원만을 논하는 것이다. 또한 이것은 저곳 세간에 나오게 되면 흥밋거리로만 추구하고자 하는 마음이 강해지기 때문에 원만을 말하는 것이다. 비록 반복해서 원을 말하더라도 온갖 행이 이를 따르게 된다. 네 문단으로 풀이하다.

섭수정법장攝受正法章 제사第四. 이하 제4장에서는 섭수정법장을 밝힌다. 이 가운데 부분에서 사구로 상호 풀이한다. 첫째는 장명을 풀이하고 …… 둘째로 내의를 드러낸다. 왜 이를 논하는가? 앞서 말한 바와 같이 불과佛果는 증득없이 이룰 수 없기 때문에 논할 필요가 있는 것이다. 셋째로 차제를 풀이한다. 어찌 다음으로 논하는가? 삼원이 세간에 행하게 되고, 세간에서 행을 다하게 되면 출세를 논하기 때문에 <u>다음으로 논하게 되었다.</u> 네 문단

十受章第二. 自下第二明十大受章. 于中略以四句釋之. 一解章名. …… 二釋來意. 前章求佛, 佛由戒成, 故須明之. 三解次第. 前明嚴心, 自下起行, 行初難遇, 是以次論. 四分文解釋.(『大日本新纂續藏經』19, 871a5-10)

으로 풀이하다.

일승장一乘章 제오第五.("석(현)내의釋(顯)來意"부분 잔결殘缺)[10]

무변성제장無邊聖諦章 제육第六. 초장初章(제6장) 속에서 사구로 풀이한다. 첫째는 장명을 풀이하고 …… 둘째로 내의를 드러낸다. 왜 이를 논하는가? 풀이하자면 일승一乘은 고를 알고[知苦], 고의 원인을 끊고[斷集], 고를 멸하여 증득하고[證滅], 고를 멸하는 방법을 닦음[修道]으로써 이루어지니 사제四諦라고 부른다고 하였다. 또한 일승은 장藏에 의지하여 이루어져 있으니, 제는 장을 설명하는 것이라, 제를 밝힐 필요가 있는 것이다. 셋째는 승만 부인이 (붓다의 뜻을) 받아서 말하지 않고 (다른 사람에게) 알리지 않고 스스로 자신의 생각을 밝히는 것에 대한 풀이다. 앞의 섭수장에서 승만이 붓다의 뜻을 받아서 말하였고, 그 다음의 일승장에서는 부처께서 승만으로 하여금 설하게 하셨다. 이하 8장에서는 어찌 그리하지 않는가? 풀이하자면 앞서 일승장의 앞부분에선 부처께서 모든 부처님께서 설한 올바른 가르침을 받아들이는 일에 대해 설하라 하였다. 위에서 유래한 일승은 부처님께서 가르침을 받아들이게 하였고, 그 다음이 정법이다. 앞서 이미 통고한 바가 있으니, 다

---

10) 三願章第三. 自下第三, 明三願章. 四句釋之. 一解章名. …… 二釋來意. 何故須辨? 前者發心, 求大菩提. 菩提之果, 必由行成. 行因願起, 是以論之. 三解次第. 何故次辨? 前明十受持戒離過, 次宜行善. 行善世間出世間別, 三願世間, 故次論之. 問曰, 世間善行非一, 今此何故偏言願乎? 釋言, 願是集善之首, 今此勝鬘進善之初, 故偏言願. 又復願是衆行之主, 就主以論, 故偏說願. 又此于彼出世間道, 趣求心猛, 故偏說願. 雖復說願, 諸行皆隨. 四分文釋之.(『大日本新纂續藏經』19, 873b2-14)

攝受正法章第四. 自下第四明攝受正法章. 于中互以四句釋之. 一解章名. …… 二釋來意. 何故須辨? 前求佛果, 非證不成, 故須論之. 三解次第. 何故次辨? 三願世間行, 世間行滿, 便論出世, 故次論之. 四分文釋之.(『大日本新纂續藏經』19, 873c22-874a7)

一乘章第五("釋(顯)來意"部分殘缺)

음 문장에서는 승만으로 하여금 직접 직설하기를 바라신 것이다. 네 문단으로 풀이한다.

여래장장如來藏章 제칠第七. 이로부터 두 번째로(제7장) 여래장을 밝힌다. 첫째는 장명을 풀이하고 …… 둘째로 내의를 드러낸다. 왜 이를 논하는가? 풀이하자면 승은 여래장에 의존하기 때문에 논한다. 세 문단으로 풀이한다.

법신장法身章 제팔第八. 이로부터 세 번째로(제8장) 법신장을 밝힌다. 앞서 여래장을 밝혔는데, 그 뜻은 감춰져있기 때문이다. 법신이 상相을 떠나면 감춰져있는 것은 밝히기 어렵고, 상이 나와야 드러내기 쉽기 때문이다. 출진出纏하여 드러나기 쉬운 법신으로 저 여래장을 드러내고자 하기 위함이니, 논할 필요가 있다. 세 문단으로 풀이한다.

공의은복진실장空義隱覆眞實章 제구第九. 이로부터 공의은복을 밝힌다. 첫째는 장명을 풀이하고 …… 둘째로 내의를 드러낸다. 왜 이를 논하는가? 앞서 여래장에는 능장能藏과 소장所藏의 차이가 있다고 하였다. 능장이라면 이를 밝힐 필요가 있어 논한 것이다. 세 문단으로 풀이한다.[11]

---

11) 無邊聖諦章第六. 就初章(第六章)中, 四句釋之. 一解章名. …… 二釋來意. 何故須辨? 釋言, 一乘依于知苦, 斷集, 證滅, 修道以成, 故名四諦. 又復一乘依藏以成, 諦是藏詮, 故須明諦. 三解勝鬘不承不告自說所以. 前攝受章, 承力宣說. 前一乘章, 佛告令說. 自下八章, 何故不爾? 釋言, 向前一乘章初, 佛告令說諸佛所說攝受正法. 上來一乘, 是佛攝受, 下是正法. 前已通告, 故下文中. 望直自說. 四釋其文.(『大日本新纂續藏經』19, 884b12-c1)
如來藏章第七. 自下第二(第七章), 明如來藏. 三句釋之. 一解章名. …… 二釋來意. 何故須辨? 乘依藏故, 是以論之. 三分文釋.(『大日本新纂續藏經』19, 885c15-20)
法身章第八. 自下第三(第八章), 明法身章. 三句釋之. 一解章名. …… 二釋來意. 何故須辨? 向前明藏, 藏義在隱. 法身離相, 在隱難明, 出相易顯. 欲以出纏易顯之身示彼藏, 故須論之. 三分文釋.(『大日本新纂續藏經』19, 886b4-8)
空義隱覆眞實章第九. 自下次明空義隱覆, 三句釋之. 一解章名. …… 二釋來意. 何故須辨? 前說藏中, 有其能藏所藏之別. 能藏須辨, 是以論之. 三分文釋.(『大日本新纂續藏經』19, 888b3-6)

일제장一諦章 제십第十. 여기서 "四諦" 이하부터 일제장을 밝힌다. 삼구로 풀이한다. 첫째는 장명을 풀이하고 …… 둘째로 내의를 드러낸다. 앞서 공에 관해 논한 것은 그것이 능장能藏이었기 때문이다. 일제一諦·일의一依는 그것이 감추어지는[所藏] 곳이다. 감추어지는 곳 중 일제는 체體에 감추기 때문에 논할 필요가 있는 것이다. 세 문단으로 풀이한다.

일의장一依章 제11. "四依" 이하로부터 일의장이다. 삼구로 풀이한다. 첫째는 장명을 풀이하고 …… 둘째로 내의를 드러낸다. 앞서 밝혔다시피 일체는 그것이 감추어지는 체이다. 체에 의지하여 작용이 생기기 때문에 풀이할 필요가 있다. 세 문단으로 풀이한다.

전도진실장顚到眞實章 제12. 여래장이 몸을 드러내 아래에 보이니, 진실이 전도된다는 뜻의 장이다. 여기서도 삼구로 풀이한다. 첫째는 장명을 풀이하고 …… 둘째로 내의를 드러낸다. 이 장에서는 앞서 공의 뜻이 감추어지게 된 원인을 밝히고 있다. 이를 통해 진실을 전도하는 것이 본래 존재했음을 드러내고 있다. 세 문단으로 풀이한다.[12]

자성청정장自性淸淨章 제십삼. "如來藏者是法界" 아래로부터 자성청정은 복장이다. 여기서도 삼구로 풀이한다. 첫째는 장명을 풀이하고 …… 둘째로 내의를 드러낸다. 왜 이를 논하는가? 앞의 일체장에서는 여래장의 체가 깨

---

12) 一諦章第十. 此"四諦"下, 明一諦章. 三句釋之. 一解章名. …… 二釋來意. 前辨空義, 是其能藏. 一諦一依, 是其所藏. 所藏之中, 一諦藏體, 故須論之. 三分文釋.(『大日本新纂續藏經』19, 889b15-c6)
一依章第十一. 此"四依"下, 是一依章. 三句釋之. 一解章名. …… 二釋來意. 前明一諦, 是所藏體. 依體有用, 故須辨之. 三分文釋.(『大日本新纂續藏經』19, 892b16-19)
顚倒眞實章第十二. 如來藏者墮身見下, 是其顚倒眞實章也. 于中亦以三句釋之. 一解章名. …… 二釋來意. 此章釋前空義隱覆有之所由. 由其顚倒眞實故有. 三分文辨釋.(『大日本新纂續藏經』19, 893c2-6)

끗함을 밝혔고, 일의장에서는 여래장의 작용이 염오됨을 밝혔다. 체가 청정하다면 작용은 오염되지 않을 것이요, 작용이 오염된다면 체 역시 더러워질 것이다. 그러므로 지금 이와 같이 풀이한다. 마음이 번뇌에 접하지 않고, 번뇌가 마음에 접하지 않으면 본질(性)은 청정하겠지만 객진번뇌에 오염된다면 용이 오염되어 버리는 것이다. 세 문단으로 풀이한다.

진자장眞子章 제십사. "若我弟子隨信"이하는 진자장이다. 첫째는 장명을 풀이하고 …… 둘째로 내의를 드러낸다. 앞 13장은 일승법을 밝히는 것이다. 여기에선 법에 대한 믿음으로 이익을 따름을 밝히니, 다음으로 논하는 것이다. 셋째는 사람을 정해서 말하는 것이다. 본 장은 부처님의 말씀이시고, 나머지는 다 승만 부인의 말로 구성되어 있다. 어찌 이리 편중되어 있는가? 믿음이 나날이 깊거나 얕아지는 것은 부처가 아니면 재단할 수 없기 때문에 부처가 말씀한 것이다. 또한 승만은 믿을 수 있는 사람으로 스스로 믿음의 이익을 밝게 드러내고 위의가 적절하여 치우치지 않는다. 그러므로 부처가 이것을 말씀한 것이다. 네 문단으로 풀이한다.

승만장勝鬘章 제십오. "勝鬘"이하는 그 승만사자후장이다. 삼구로 풀이한다. 첫째는 장명을 풀이하고 …… 둘째로 내의를 드러낸다. 어찌 다음으로 논하는가? 앞서 14장에서는 그 스스로의 실천행을 밝혔다. 자행이 완성되니 그 덕은 더욱 두터워져, 이로 인해 다음으로 논한 것이다. 세 문단으로 풀이한다.[13]

---

13) 自性淸淨章第十三. "如來藏者是法界"下, 自性淸淨隱覆章也. 于中亦以三句釋之. 一解章名. …… 二釋來意. 何故須辨? 前一諦章, 明藏體淨. 一依章中, 明藏用染. 體若淸淨, 用應不染. 用若成染, 體應不淨. 故今釋之. 心不觸惱, 惱不觸心, 故性淸淨, 而爲客塵煩惱所汚, 故用成染. 三分文釋.(『大日本新纂續藏經』19, 893c20-894a5)
眞子章第十四. "若我弟子隨信"已下, 是眞子章. 于中且以四句釋之. 一解章名.

제5장 서두 부분이 잔결된 것 외에 나머지 14장에서는 모두 "釋(顯)來意"라는 용어를 사용하였다. 이를 통해 추론해보면 제5장의 서두 부분에도 "내의"와 관련된 해석이 있을 가능성이 아주 높다. 이를 통해 혜원이 『승만경』을 해석할 때 "내의"를 의식적으로 쓴 부분이 조법사照法師보다 많다고 볼 수 있다. 뿐만 아니라 혜원이 해당 경전에 주석을 진행할 때 "석래의"를 "사구해석"(釋章名, 釋(顯)來意. 解次第, 分文釋) 혹은 "삼구해석"(釋章名, 釋(顯)來意. 分文釋) 사이에 배치하였다는 사실을 통해 그의 해석은 조법사의 것보다 더욱 조리가 있고 체계적이었다는 점을 알 수 있다.

또한 혜원의 『승만경의기』 중 "내의"에 관한 해석이 조법사 『소』와 다소 차이가 있다는 점이 특기할 만하다. 혜원의 "내의"는 두 가지 층위로 구분되는데, 곧 "이를 풀이하는 이유(何故須辨)"와 "이를 다음으로 풀이하는 이유(何故次辨)"로써, 이 두 가지 층위는 각기 "釋來意"와 "解次第"에 대응한다. 상술한 바와 같이 조법사 『소』에서 쓰인 "前明……, 今此明……", "上明……, 次論……", "上雖明……, 未……, 今明……", "上明……, 此明……" 등 연결사들을 통해 조법사 『소』의 "所以來者"가 대응하는 것은 혜원의 "이를 다음으로 풀이하는 이유"임을 알 수 있다. 이를 통해서 혜원은 당시 이미 조법사

…… 二釋來意. 前十三章, 明一乘法. 今明于法信順利益, 故次論之. 三定說人. 此章佛說, 余皆勝鬘. 何故偏爾? 信益深淺, 非佛不裁, 故佛說之. 又復勝鬘, 親是信人, 自彰信益, 儀中不便, 故佛說之. 四分文辨釋.(『大日本新纂續藏經』19, 894c1-6)

勝鬘章第十五. "勝鬘"自下是其勝鬘師子吼章. 三句釋之. 一解章名. …… 二釋來意. 何故次辨? 向前十四章, 明其自行. 自行旣成, 德堪比益, 故次論之. 三分文釋.(『大日本新纂續藏經』19, 895b1-c1)

『소』가 단지 각 장의 전후 연결 관계에만 진행한 풀이에 만족하지 않고, 한 걸음 더 나아가 이를 "이를 풀이하는 이유"로 발전시켰음을 알 수 있다. 이는 혜원이 "내의"에 대한 해석의 폭을 한 층 더 확장시켰음을 보여준다.

3. '내의문來意門', '육문석의六門釋義'
―완성된 '내의' 해석

길장은 평생 『삼론』, 『승만경』, 『법화경』, 『대품』, 『지론』, 『유마경』 등 많은 경론을 강론하였고, 주석서를 지어 세상에 남긴 중국 삼론종의 집대성자이다. 박학다식했던 그는 저작에서도 방대한 전고를 통해 방증하였는데 이는 『승만보굴』에도 잘 드러난다. 예를 들어 그는 해당 경전의 서두에서 다음과 같이 말하고 있다.

> 본 경전은 짧은 글에 풍부한 함의가 내포되어 있고, 다루고 있는 사물은 크고 이치는 깊으니, 그것이 어찌 승만경 하나에 그칠 것이며, 이는 모두 방등경의 종요인 것이다. 나는 이를 깊이 사랑하여 다년간 깊이 즐기며 탐독하였으니, 고금의 이치를 발견하고, 다양한 경론들 속에서 관련 내용을 찾아 글로 남겨 세 가지 축三軸으로 묶어내었다.[14]

---

14) 『승만보굴』(T37, 1c) "此經言約義富, 事遠理深, 豈止勝鬘之一經, 乃總方等之宗要. 餘玩味旣重, 鑽鑽累年, 捃拾古今, 搜檢經論, 撰其文玄, 勒成三軸."

『승만경』은 비록 편폭은 짧으나 그 안에 담긴 내용은 매우 풍부하다. 『승만보굴』은 『승만경』에 대한 주석서로서, 여기에는 각종 경론과 기존 다양한 주석서들에 대해서도 풍부한 방증과 인용을 진행하였다. 이로 인해 『승만보굴』은 단순한 『승만경』 주석서로 간주하면 안 되며, 다양한 대승경론에 대한 주석서로 봐야 한다. 이를 통해서 각 장의 "내의"를 풀이하는 부분은 지극히 중요함을 알 수 있다. 혜원의 『승만경의기』에 비해 『승만보굴』은 "來意", "次第"뿐만 아니라 다음과 같은 주석법을 사용하였다.

> 첫째는 구쇄상생鉤鎖相生, 둘째는 장단차제章段次第, 셋째는 적기전후適機前後, 넷째는 호상섭互相攝, 다섯째는 이언무언以言無言, 여섯째는 여행설如行說이다.[15]

'구쇄상생鉤鎖相生'은 본 경전의 내용이 쇠고랑과 자물통이 서로 연결되어 이어지는 모습과 같다는 형상적 비유이다. 길장이 말한 '구쇄상생'은 다음과 같다.

> 一, 서전위덕書傳威德하고 면도묘신面覩妙身하니, 앞서 부처님을 찬탄하고 발심하며 원을 구하는 것이다.(歎佛眞實功德第一)
>
> 二, 부처님을 찬탄하는 것은 이미 보리심을 발한 것이니, 다음으로 보살행을 수행하는 것을 밝힌다. 보살의 행은 악을 끊음을 근본으로 삼으니, 다음으로 십대수十大受를 받는 것을 밝힌다.(十受章第二)

---

15) 『승만보굴』(T37, 13a).

三, 십수十受에서 선을 끊음止善을 논하니, 다음으로 선을 실천하는 것을 밝히는 것은, 대원大願을 일으키기 때문이다.(三大願章第三)

四, 십수가 끝남에도 정법을 잃지 않았다고 하면서도 삼원三願에서도 아직 정법을 섭수하고 호지하는 것을 밝히지 않았다. 지금 섭수정법을 상세히 해석하여 앞서의 원행願行을 이루고자 하니, 다음으로 섭수정법을 밝힌다.(攝受正法章第四)

五, 섭수정법은 비록 일승이지만 이름을 바꿔 뜻을 드러내고(轉名示義), 섭수가 하나로부터 많은 것을 생하게 한다는 것을 밝히고, 일승은 많은 것을 포섭하고 하나로 돌아간다는 것을 밝히기 위해 다음으로 일승을 밝힌다.(一乘章第五)

六, 일승이 궁극적인 것이므로 궁극에 제諦가 이루어진다. 다음으로 무변성제無邊聖諦를 밝힌다.(無邊聖諦章第六)

七, 무변성제는 여래장을 설하는 것이기 때문에, 다음으로 여래장을 밝힌다.(如來藏章第七)

八, 여래장이 드러나면 법신을 이루기 때문에, 다음으로 법신을 밝힌다.(法身章第八)

九, 법신은 여래장을 떠나지 않고, 부처는 감추어지는 것이 진실이고, 감추는 것은 공空이라는 것을 알고 있다. 공의空義로써 진실을 감추고 덮으니, 다음으로 그 뜻을 밝힌다.(空義隱覆眞實章第九)

十, 덮이는 것所覆은 곧 일제이니, 다음으로 일제를 밝힌다.(一諦章第十)

十一, 여기서의 일제는 의존하고 기댈 수 있으니, 이로 인해 일의一依를 밝힌다.(一依章第十一)

十二, 앞의 일의一依를 잇는다는 것은, 곧 여래장에 의지하면 생사가 있다는 것은 진실이요, 여래장에 의지하지 않고 생사가 있다고 하는 것은 전도라고 이름한다. 그러므로 전도진실장이 있는 것이다.(顚倒眞實章第十二)

十三, 생사가 여래장에 의존함에 의존되는 것은 깊은 것[深]이다. 지금 이 뜻을 밝히고자 하니, 자성청정 하지만 번뇌에 감춰지고 덮어진 것이다.(自性清淨章第十三)

十四, 부처를 찬탄하는 것으로부터 시작하여 자성청정에서 마치니, 이와 같은 법을 믿는다면, 불업佛業을 널리 퍼트릴 수 있고, 부처의 진자眞子가 될 수 있기 때문에 진자장이 있는 것이다.(眞子章第十四)

十五, 만일 이러한 법을 믿지 않는다면, 그 자는 곧 항복시켜야 하는 외도의 종자이자 법을 지키지 않는 악인이기 때문에, 승만사자후장이 있는 것이다.(勝鬘師子吼章第十五)[16]

이와 같이 『승만경』 앞뒤장의 연결 관계를 더욱 명확하게 정리함으로써 『승만경』을 구성하는 15장의 내용은 각기 독립된 것이 아닌 유기적인 연관성을 지닌다는 사실을 보여주었다. 후지에다 아키라는 '내의'와 '구쇄상생'의 뜻은 완전히 같으며 길장이 『승만보굴』에서 동시에 두 가지 용어를 사용한 것은 명확한 중복이라고 지적한 바 있다[17]. 하지만 필자의 위와 같은 분석을 통해서 볼 수 있듯이, '구쇄상생'과 '내의'는 동의어가 아님을 볼 수 있다. 또한 '장단차제章段次第'의 구분은 혜원의 '해차제解次第'와 차이가 있으나, 이를 이해하는 사고방식은 기본적으로 일치한다고 할 수 있다. '적기전후適機前後'에

---

16) 『승만보굴』(T37, 13a-b).
17) 藤枝晃, 「解說勝鬘經義疏」, 『聖德太子集』(岩波書店, 1975), pp.501~502.

관해서도 다음과 같은 설명이 있다.

> 제삼 '적기전후문適機前後門'이라는 것은 근성이 다르고 법은 고정된 모습이 없기 때문에 여내의 선교방편도 하나가 아니다. 그러므로 교문도 고정된 앞뒤가 없다는 것이다. 만약 사제를 들고 깨달음을 얻는다면 앞서 밝힌 사제이며, 만약 일승을 들고 수지하려면 뒤에 언급한 일승인 것이다. 나머지 장도 유사하다. 이는 마치 육바라밀과 같아 보시에서부터 반야로, 반야에서 보시로 움직이는 것이다. 차제는 상생하니, 연설할 방향이 없는 건 지금도 마찬가지다.[18]

길장은 비록 『승만경』에 내포된 점차적으로 층층이 진전하는 사상을 발견했지만 여기서 멈추지 않았다. 그는 붓다의 일대언교一代言教가 모두 대기對機라는 설법을 통해 중생은 "근성이 다르고, 법에는 고정된 모습이 없다."라고 지적하고, 그러므로 중생을 교화하는 데에 있어 『승만경』의 차제를 엄격하게 지켜서 진행할 필요가 없다고 여겼다. '호상섭互相攝'에 대해서도 다음과 같이 말하였다.

> 제사 '상섭문相攝門'을 밝힌 것은, 만약 일승으로 의를 밝힌다면, 일제는 일승이 아닌 게 없게 되므로, 전체 15장은 모두 일승이 되는 것이다. 만약 사제로 의를 밝힌다면, 15장 전체는 사제가 아닌 것이 없게 된다. 그러므로 『화엄경』의 "하나 가운데 무량을 알고, 무량 가운데 하나를 알아, 전전하여 생기는 것은 실제가 아니니 지혜로운 자는 두려움이 없네.(一中解無量, 無量中

---

18) 『승만보굴』(T37, 13c).

解一. 輾轉生非實, 智者無所畏)"와 같은 것이다. 단지 제반 부처 보살의 요약하는 뜻(約義)이 달라 설법에도 변화가 있으니, 15장으로 경을 나눈 것이다.[19]

길장은 여기서 이미 『승만경』의 각 장을 다방면으로 체계적이고 철저하게 이해하고 있었다. 그는 '일승'과 '사제'는 실질적인 차이가 없기 때문에 모두 경전 전체를 통섭할 수 있으며, 다만 모든 부처와 보살의 설법이 각기 다르기 때문에 15장으로 나뉘어져 있다고 여겼다. 이후 그는 『화엄경』 속 문수사리의 게송을 인용하여 자신의 관점이 정확함을 증명하고자 하였다. 이를 통해 길장의 『화엄경』에 대한 추종을 볼 수 있다. "이언무언以言無言"에 대해서도 길장은 다음과 같은 견해를 밝혔다.

> 제오 '언무언言無言'이라는 것은, 무언이 언이 되니, 언이 15장이 있는 것이다. 언이 무언이 되면 한 글자도 내뱉지 않는다. 이는 마치 하늘에 나무를 심었음에도 아름다운 과실이 완연하고, 빈 곳에서 비단을 짰는데도 문양과 색채가 아름다운 것과 같다. 조공肇公이 말하길 "석가는 마가다국에서 문을 닫았고, 정명은 비야리성에서 입을 다물었다. 수보리는 말없는 말을 외쳐서 도를 드러냈고, 제석과 범왕은 들음 없이 듣고 꽃비를 내렸다.(釋迦掩室於摩竭, 淨名杜口於毘耶, 須菩提無言而顯道, 釋梵絶聽以雨華)"라 하였으니, 이 말에 유의한다면 소참小參의 성지聖旨가 될 것이다. 문자에만 집착하고 견지하는 것은 허망한 담론에 다름 아니다.[20]

---

19) 『승만보굴』(T37, 14a).
20) 『승만보굴』(T37, 14a06-12).

이것은 길장이 '중도의 유무'를 통해 '일'과 '십오'에 대해 진행한 해석이다. '일'과 '십오'의 차이와 연관성에 대해 이해한다면 성지聖旨에 대한 약간의 깨달음도 얻을 수 있을 것이다. 만약 단지 문자에만 집착한다면, 이는 허망에 집착하는 것과 같다. 바꿔 말하면, 오로지 중도를 견지하고 말을 끊고 상을 떠나야 양 극단을 떠나 대오각성할 수 있다는 것이다. 마지막 '여행설如行說'은 승만은 행하는 대로 말하는데, 중생은 말하는 대로 행동한다는 뜻이며 중생을 일깨우는 말이다. 여기서 추가로 논의하지는 않기로 한다.

이상의 분석을 통해 길장의 『승만경』 해석은 사실 층층이 나아가는 논리 주선主線이 그 안을 관통하고 있음을 알 수 있다. 즉 '내의'에서 '구쇄상생'까지, 다시 '장단차제'에서 '적기전후', '호상섭'까지, 마지막으로 '언무언'의 경지까지 올라가는 입장에서 길장은 비록 앞의 해석방법이 중요하다고 인정은 하고 있으나, 단지 이러한 방법, 문자, 명상名相에만 집착한다면 이는 결국 허망한 담론이라고 지적하고 있음을 알 수 있다. 이를 통해 그가 '내의'를 무소득중도無所得中道의 경지로 끌어올렸음을 알 수 있다.

4. 결론

절대 다수의 주석가들은 『승만경』의 장절 순서를 바탕으로 각 단어, 문장, 구절, 장 순으로 전체 경전을 주석하여, 각 장 경문의 어휘 의미, 교의, 경문의 대의 등을 풀이한다. 하지만 각 주석서의 주석방법의 상세함과 간략함이 각기 다르고, 각자의 특색이 있다. 초기 『승만경』 주석서는 단지 각 장을 독립적인 주제로 삼아 풀이하였고, 경전을 하나의 유기적인 전체로 간주하지 않았다. 조법사 『소』 이후부터 『승만경』 주석서는 점차 전체 경전 속의 연결 관계를 중시하게 되었고, '내의'를 통해 전후 각 장을 연결시키기 시작하였다. 혜원의 『승만경의기』에 이르러 '해차제'를 통해 '내의'를 보조 설명하였다. 다시 길장의 『승만보굴』에 이르러 더 이상 기존의 각 장의 연결 관계를 간략하게 논한 것에 만족하지 않고, '무소득중도' 관념을 바탕으로 단지 문자에 집착하게 되면 허망된 담론에 지나지 않는다는 점을 강조하였다. 불과 100여 년의 시간 동안 『승만경』 주석학의 발전과 변화는 놀람과 감탄을 일게 한다.

중국 봉건사회에서 유교경전은 항상 나라를 다스리는 사상적 지침이었기 때문에 이와 관련된 주석은 점차 '주석학', '의소학'으로 발전할 수 있었다. 이와는 대조적으로 불교경전 역시 방대한 양을 자랑하며, 역대로 많은 주석서가 있어 왔음에도 위와 유사한 학문분야가 형성되지는 않았다. 사실 불교경전 주석서 역시 선현들의 지혜의 결정체로서, 그들의 경전에 대한 이해와 전승을 보여주고 있는 중요한 분야인 것이다. 또한 비록 외래종교이긴 하지만 불교는 중국에 전파된 후 점차 중국의 본토사상, 특히 유교사상과 점차 융합되어 이미 중국문화를 구성하는 하나의 중요한 요소로 자리 잡았다. 따라서 주석학의 발전 맥락을 전면적으로 이해하려면, 필연적으로 불교경전 주석서는 아직 개척되지 않은 이와 같은 보고에 대해 전면적인 탐구 작업이 시작되어야 한다. 단지 유교경전 주석서를 통해서만 진행되는 주석학

연구는 결국 편파적일 수밖에 없기 때문이다.

(번역: 홍성초)

제2장

중국 사상이 보이는 경전과 돈황사본의 역할

1) 돈황본 『불모경佛母經』과
석가금관출현도釋迦金棺出現圖에 관하여
― 관계자료의 소개를 중심으로 ―

가와사키 미치코(川崎ミチコ)

2) 중국초기불교의 상속사상相續思想
― 上博3317호, 伯2908호와 伯3291호를 중심으로 ―

스징펑(史經鵬)

3) 북주北周 도안道安의 『이교론二敎論』과
당唐 법림法琳의 『변정론辯正論』의 영향 관계

신사임(辛師任)

돈황본 『불모경佛母經』과 석가금관출현도釋迦金棺出現圖에 대하여
―관계자료의 소개를 중심으로―

가와사키 미치코(川崎 ミチコ)

1) 시작하며

먼저 본고의 논의 대상인 『불모경佛母經』에 대해 『돈황학대사전敦煌學大事典』의 해설을 요약적으로 제시하고, 다시 졸고 및 그 후 수집된 『불모경』을 아울러 『불모경』의 전체상을 밝히고자 한다.

『돈황학대사전』(732右)에는

> 佛母經 : 우측의 명칭은 『대반열반경불모품大般涅槃經佛母品』・『대반열반경불위마야부인설게품경大般涅槃經佛爲摩耶夫人說偈品經』이다. 작자 미상의 중국인 찬술경전이다. 이 경은 중국인이 『마하마야경摩訶摩耶經』 권하下에 쓰여 있는 "불임열반모자상견佛臨涅槃母子相見"을 소재로 사용하여 중국 전통의 효도와 인도불교의 무상無常 사상을 융합하여 찬술된 경전이다. 이 경전에는 이본異本이 수 점 존재한다. 그리고 이본은 네 가지 계통으로 나눌 수

있다.

(1) S5581(전후 모두 완전, 47행)・S3306(전후 모두 완전, 34행)・S2084(전후 모두 완전, 30행)・S1371(전후 모두 완전, 32행)・北鳥90(앞부분 결락 뒷부분 보존, 27행) : 『불모경』 혹은 『대반열반경불모품』이라는 표제이다.

(2) 北官97(앞부분 결락 뒷부분 보존, 44행)・北霜82(앞부분 결락 뒷부분 보존, 44행)・北羽15(앞부분 결락 뒷부분 보존, 36행)・北文99(앞부분 결락 뒷부분 보존, 31행)・S6960(앞부분 결락 뒷부분 보존, 37행) : 『불모경』 혹은 『대반열반경불모품』이라는 표제이다.

(3) 北月43(앞부분 결락 뒷부분 보존, 49행) : 『대반열반경불모품』이라는 표제이다.

(4) 北歲11(전후 모두 완전, 36행) : 『대반열반경불위마야부인설게품경』이라는 표제이다.

이 네 종류의 이본異本의 문자에는 상당한 차이가 존재한다. 그런데, 그 소재, 구성, 사상내용은 모두 동일하다. 그 내용은 다음과 같다. 석가모니가 열반에 들어갈 때, 급히 우바리憂波離를 도리천忉利天으로 보내어 석가모니의 어머니 마야부인에게 전하였다. 마야부인은 그 소식을 듣기 전에 이미 여섯 가지 악몽을 꾸어 나쁜 소식이 있을 것임을 알았고, 연락을 받고 지상으로 내려왔다. 석가모니는 이미 관에 들어가 만날 수 없었다. 마야부인은 관에 들러붙듯이 그 주변을 돌며 슬픔에 목놓아 울었다. 그러자 석가는 스스로 금관金棺에서 나와 마야부인을 위해 무상게無常偈를 설하였다. 어머니 마야부인은 그것을 기쁘게 생각하여 도리천으로 돌아갔다. 그 때, 천지가 진동하고 눈물이 비처럼 흘렀다. 각 문헌의 구분은 여섯 가지 악몽의 기술, 세세한 묘사 및 석가가 설한 게송의 부분이 중요하다. 역대 경록이나 대장경에는 이 경전이 수록되어 있지 않다. 다만 이후 일본에서 간행된 『대정신수대장경大正新修大藏經』 제85권에는 수록되어 있다. 그것도 겨우 한 종류의 이본 S2084이며, 원본에는 결락이 있지만 다른 이본에 의해 보충이 가능하다.

이 다음에는 P2055권말의 제기題記에 대해 14행에 걸쳐 해설되어 있다(『불모경』의 해설은 전부 40행이다). 이 P2055권말의 제기에 대해서는 졸고 「敦煌文獻に見る人々の《死後の世界》への思いについて―『佛說地藏菩薩經』・『佛說十王經』・『津藝193＋岡44＋伯2055』寫本紹介を中心として―」(『東洋大學中國哲學文學科紀要』, 제18호, 2010년 3월)를 참조하길 바라며, 여기에서는 생략한다.

다음으로 졸고 「『佛母經』について」(『東洋學論叢』, 제12호, 1987년 3월)에서는

불모경이란 어떠한 경전인가. 이미 도출되었던 결론을 먼저 말하면, 현재 확인 가능한 한 돈황문서에서만 그 명칭이 나타나며, 『대정신수대장경』 제85권 고일부古逸部에 그 녹문錄文이 수록되어 있을 뿐이다. 따라서 그 전체 내용은 명확하지 않았다. 지금 『불서해설사전佛書解說辭典』의 불모경에 대한 내용을 확인해보자.

불모경佛母經 ② 1권 ③ 현존・T85・No.2919, 1463・⑥ 슈타인 장래 돈황본 중 하나(A). 뒷부분이 결락된 단편(B)이지만, 위경僞經으로 인정되어야 한다. 현존 부분(C)에는 부처가 열반에 들 때에 우바리가 하늘로 올라가 부처의 어머니에게 고하고, 부처의 어머니는 꿈에서 들은 바가

있어, 부처의 어머니가 사라수沙羅樹 사이에 내려와 통곡하며 '반게半偈의 법조차 남기지 않는가'라고 한탄하자, 부처가 금관에서 나와 어머니를 위해 제행무상게諸行無常偈를 설하였다. ⑨ 돈황본(대영박물관 S2084)

이상이 『불서해설사전』의 기술로 이 설명에는 몇 가지 보충해야 할 점이 있다. 그런데 그것은 이 사전이 출판된 당시 자료라고 할 수 있는 돈황 출토자료가 지금만큼 자유롭게 입수 및 이용가능하지 않았다는 점에서 어쩔 수 없는 사정이 있었을 것이다.

먼저 (A)에 대해 논의한다. 현재 확인 가능한 것은 슈타인이 가져간 斯2084뿐 아니라 다음과 같다. 斯1371·斯3306·斯5177·斯5576·斯5581·斯6960·伯4576·伯2055·散279·散391. 이러한 돈황사본에 대해서는 별개의 장에서 상세히 다루도록 한다. 다음으로 (B)에 대해, 해당 斯2084는 "뒷부분이 결락된 단편"이 아니며 수제首題는 "佛母經", 미제尾題는 "大般涅槃經佛母經"으로, 앞부분과 뒷부분이 완비된 완전사본이다. 따라서 (C)의 표현은 적절하다 할 수 없다고 생각한다.

이상이 『불모경』에 대한 종래의 지식이다. 이 글에서는 몇 가지 자료를 활용해 『불모경』의 개요를 조금 더 명백하게 하고자 한다. 그런데, 졸고가 나온 지 2018년 올해로 31년이 된다. 그간의 자료영인본의 출판과 숱한 연구서의 출판에 비추어 보았을 때도 보충해야 할 점이 많다.

이에 본고는 그 "보충"에 중점을 두고 자료를 소개하는 것을 주목적으로 한다.

2) 『불모경』에 대하여

다음으로 『불모경』이라는 경전에 대해 설명한다.

이미 "시작하며"에서 『불서해설사전』 및 『돈황학대사전』에 개재된 『불모경』에 대한 설명을 소개하였는데, 모두 그 기술이 이루어진 지 상당한 시간이 흘렀다. 또한 그 후 목록과 영인본의 보급에 따라 돈황문헌에 대한 정보량이 늘어났기에 이 장에서는 가필과 수정을 행한다.

우선 현재 돈황사본 중 『불모경』이라 할 수 있는 사본을 아래에 열거한다.

S는 슈타인이 가져간 돈황사본, P는 펠리오가 가져간 돈황사본, 北은 중국 국가도서관 소장 돈황사본이며 ( ) 안의 한자는 천위안陳垣의 『돈황겁여록敦煌劫餘錄』을 정리할 때 사용된 천자문이다. 孟은 러시아 상트 페테르부르크 연구소 소장 돈황문서에 대한 멘시코프(Menshikov) 목록을 가리킨다. 秘笈은 일본의 다케다(武田) 재단 쿄우쇼오쿠(杏雨書屋) 소장 돈황사본을 가리킨다.

(1) S0153V. : "佛母經"의 세 글자 뿐.
(2) S1371 : 수제首題는 "佛母經"·미제尾題는 "佛母經一卷"
(3) S2084a : 수제는 "佛母經"·미제는 "大般涅槃經佛母經"
(4) S3306 : 수제는 "佛母經"·미제는 "佛母經一卷"
(5) S5215 : 앞부분 결락·미제는 "大般涅槃經佛母品"

(6) S5581c : 수제는 "佛說佛母經一卷"·미제는 "佛說佛母經一卷"

(7) S5677b : 수제는 "佛母經一卷"

(8) S5865 : 수제는 "大般涅槃經佛母品第"

(9) S6367a : 수제는 "大般涅槃經佛母品"

(10) S6960a : 앞부분 결락·미제는 "佛說佛母經"

(11) P2055b : 수제는 "大般涅槃摩耶夫人品經"·미제는 "佛母經"

(12) P2160 : 앞부분 결락·미제는 "摩訶摩耶經卷上"

(13) P3136a : "佛母經"·불경의 앞에 백묘白描의 불모상佛母像 있음.

(14) P3919aa : 전후 모두 완전. "大般涅槃經佛母品"

(15) P4576 : 미제는 "佛母經一卷"

(16) P4654 : "佛母經"

(17) P4799 : "佛母經", 잔존 부분 뒷부분 6행.

(18) 北6621(雨90)미제는 "佛說摩耶經一卷"

(19) 北6622(夜10)미제는 "大般涅槃經佛母品"

(20) 北6623(字65)미제는 "佛說摩耶經一卷"

(21) 北6624(官97)미제는 "大般涅槃經佛母品"

(22) 北6625(霜82)미제는 "大般涅槃經佛母品"

(23) 北6626(羽15)미제는 "佛母經"

(24) 北6627(文99)미제는 "佛說佛母經"

(25) 北6628(月43)미제는 "大般涅槃經佛母品"

(26) 北6629(歲11)수제는 "大般涅槃經佛爲摩耶夫人說偈品經"

(27) 北6630(鳥90)미제는 "大般涅槃經佛母品"

(28) 北8211(霜81)수제는 "佛母經一卷"

(29) 감숙성甘肅省 박물관 소장 돈황사본 : 甘博96

(30) 상해上海 박물관 소장 돈황사본 : 上博48-14

(31) 孟1295 : 앞부분 보존 뒷부분 결락・수제는 "大般涅槃經佛母品"

(32) 孟1296 : 앞부분 보존 뒷부분 결락・수제는 "大般涅槃經佛母品"

(33) 孟1297 : 앞부분 결락 뒷부분 보존・미제는 "佛母經一卷". 본 사본은 孟1295・孟1296과는 그 내용에 큰 차이가 있다.

(34) 日本・武田財團杏雨書屋所藏敦煌寫本 : 秘笈93(李・散0392) 佛母經

(35) 日本・武田財團杏雨書屋所藏敦煌寫本 : 秘笈226(李・散0392) 佛母經

(36) 日本・武田財團杏雨書屋所藏敦煌寫本 : 秘笈293(李・散0454) 大般涅槃經佛母品

(37) 『정창원문서正倉院文書』에 기록되어 있는 "佛母經" 목록상에서 확인된 것으로, 제19권 No.51에 "佛母經"이라는 경전명이 기술되어 있다.

이상 도합 37건의 "불모경" 사본이 존재한다.

또한 『돈황학대사전』의 기술과 같이 『불모경』 사본은 그 내용 구성 등에 의해 네 가지로 분류할 수 있다. 이것을 『장외불교문헌藏外佛教文獻』 제1집(pp.374~391)에서 리지닝(李際寧) 씨가 실증적인 형태로 정

리(교감・분류)한 『불모경』은 네 계통을 각각

    [녹문錄文 1] : 大般涅槃摩耶夫人品經・경안국사京安國寺 대덕 안안법사 역.

    [녹문 2] : 大般涅槃經佛母品

    [녹문 3] : 大般涅槃經佛母品 – 이것은 [녹문 2]의 기술과는 다른 부분이 있다.

    [녹문 4] : 大般涅槃經佛爲摩耶夫人說偈品經

이라는 방식으로 나누고, 각각에 해당하는 사본을 사용하여 교감을 행하고 정본定本을 작성하였다. 그 내용에 대해서는 『장외불교문헌』 제1집을 참조하길 바란다.

3) 부처가 열반에 든다(불입열반:佛入涅槃)는 사실을 도리천의 불모佛母 마야부인에게 고지하기 위해 떠난 인물에 대해

여기에서는 『불모경』・『마하마야경摩訶摩耶經』・『伯2055』・『금석물어今昔物語』를 활용하여 각각의 기술에서 "불입열반" 전후의 정황을 고찰해보고자 한다. 필자는 일찍이 이 네 자료의 해당 부분을 "불입열반" "천상계에서의 예지몽" "불모마야佛母摩耶에게 고지함" "마야부인의 강하降下" "부처가 금관에서 나와 마야부인을 위해 게송을 설함" "모자母子의 만남" "불모가 도리천으로 돌아감" 등등의 아홉 가지 장면으로 나누어 논한 바 있다. 본고에서도 이러한 아홉 분류를 사용한다.

먼저 석가가 열반에 들 때인 첫째 장면에 대해 논한다.

『마하마야경』과 『금석물어』에는 서로 직접 대응하는 부분은 존재하지 않지만 『불모경』에는 아난과 가섭이 석가의 곁에 있지 않았고, 그 때문에 "너희와는 만나지 못했다"는 전언을 남겼다. 또 『伯2055』에는 아난과 가섭이 곁에 있었는지의 여부는 분명하지 않지만, 석가는 두 사람에 대해 아난에게는 "일체경서一切經書"를, 가섭에게는 "계율문장戒律文章"을 남겼다. 바로 '유품'이다. 그 후에 대해 『불모경』, 『伯2055』 모두 도리천에 머물고 있는 어머니에게 "석가입열반釋迦入涅槃"의 사실을 고하고 "어머니의 강하"와 "삼보에 대한 예경"을 바란다는 뜻을 전할 것을 우바리에게 의뢰하고 있다.

두 번째 장면은 천상계에서 불모 마야부인의 모습이 묘사되고 있다. 『마하마야경』에는 천상계의 5대 악몽에 의해 다섯 가지 쇠약한 모습이 나타났다고 쓰여 있으며, 『불모경』에는 여섯 가지 악몽, 『伯2055』에는 여섯 가지 상서롭지 못한 꿈(六種不詳之夢)이라고 기재되어 있다. 그런데, 『금석물어』에는 이 장면 또한 대응하는 기술이 없다.

다음으로 세 자료에서 마야부인이 꾼 석가입멸의 징조로 묘사된 '악몽'에 대해 대조표를 작성해 보았다.

	『마하마야경』	『불모경』	『伯2055』
①	수미산이 무너지고 사해의 물이 마름 (須彌山崩四海水渴)	수미산이 무너짐 (須彌山崩)	맹렬한 불이 내 마음을 태움 (猛火來燒我心)
②	온갖 나찰이 손에 칼을 들고 일체중생의 눈을 다투어 도려낼 때, 검은 바람이 불자 모든 나찰이 다 설산으로 치달려 돌아감 (有諸羅利手執利刀競 挑一切衆生之眼時有黑 風吹諸羅利皆悉奔馳歸 於雪山)	사해가 말라 붙음 (四海枯渴)	양쪽의 젖이 저절로 나옴 (兩乳自然流出)
③	욕계와 색계의 천신들이 홀연히 보물을 잃어버리고, 관에서 저절로 보석이 떨어지며, 본래 자리에 편안하지 못하고, 몸에 광명이 없는 것이 묵덩이와 같음 (欲色界諸天忽失寶 冠自絶瓔珞不安本座身 無光明猶如聚墨)	5월에 서리 내림 (五月降霜)	수미산이 무너짐 (須彌山崩)
④	여의주왕이 깃발 위에 있으며 항상 진귀한 보물을 일체에 두루 넉넉하게 비처럼 내리는데, 입으로 불을 토하는 네 마리 독룡이 저 깃발을 불어 날리고 여의주를 삼켰으며, 맹렬한 악풍이 불어 깊은 연못에 잠기게 함 (如意珠王在高幢 上恒雨珍寶周給一切 有四毒龍口中吐火吹 倒彼幢吸如意珠猛疾惡 風吹沒深淵)	보당(寶幢)이 부러지고 번화(幡花)가 무너짐 (寶幢截折幡花崩倒)	대해가 말라 붙음 (大海枯渴)

⑤	다섯 마리의 사자가 공중에서 내려와 마하마야의 젖가슴을 물고 왼쪽 옆구리로 들어오니 몸과 마음이 마치 도검에 베인 것처럼 아픔 (有五師子從空來下噛摩訶摩耶乳入於左脇身心疼痛如被刀劍)	맹렬한 불이 내 몸을 태움 (大火來燒我身)	마갈대어(摩竭大魚)가 중생을 삼킴 (摩竭大魚吞噉衆生)
⑥	해당내용 없음	양쪽의 젖이 저절로 나옴 (兩乳自然流出)	야차와 나찰이 인간의 정기를 빨아먹음 (夜叉羅刹吸人精氣)

이상이 세 자료에 나타난 '악몽'의 일람이다. 세 문헌에 공통되는 악몽은 "수미산이 무너짐"과 "사해(四海, 伯2055에는 大海)가 말라붙음"이다.

세 번째 장면에는 『불모경』과 『伯2055』에 우바리가 도리천의 불모 마야부인을 방문하여 "불입열반"을 전달한 일이 기술되어 있다. 또한 『마하마야경』은 5대 악몽을 꾼 마야부인이 아들 석가의 입열반을 예지하였다고 기술하고 있다. 『금석물어』에는 이 장면에도 대응하는 기술이 없다.

네 번째 장면에는 도리천의 불모 마야부인에게 "석가입열반釋迦入涅槃"을 전달한 인물의 이름이 쓰여 있다.

『마하마야경』에는 "아나율阿那律", 『불모경』과 『伯2055』에는 "우바리", 『금석물어』에는 "아난"으로 되어 있다.

다섯 번째 장면에는 도리천에서 석가의 입멸을 들은 불모 마야부인이 받은 격렬한 충격과 기절한 마야부인을 돌보는 천녀의 모습이 묘사되어 있다.

여섯 번째 장면에는 『마하마야경』・『불모경』・『伯2055』・『금석물어』 모두에서 불모 마야부인이 지상의 석가에게 강림하였을 때 이미 장례가 끝나고 불모가 아들 석가가 생전에 사용했던 승의僧衣・발우鉢盂・석장錫杖만을 보고만 있었다고 기술되어 있다.

일곱 번째 장면에는 불모 마야부인이 어머니로서 아들 석가의 입명을 슬퍼하고 탄식하는 모습이 묘사되어 있다.

『마하마야경』에서는 오른손에 유품을 들고 왼손으로 머리를 치며 몸을 땅에 내던지는 모습이 태산이 무너지는 것 같다고 하고 있으며, 마야부인뿐만 아니라 팔부八部・사중四衆 모두 비탄하며 눈물 흘리고, 그 눈물이 제석의 힘으로 강줄기가 되었다고 한다.

『불모경』에서는 십대제자도 목놓아 울고 불모 마야부인은 관 주위를 세 번 돌며 아들 석가에게 "아들이여, 아들이여, 어미를 위해 반게半偈의 법을 남겨주오"라고 간원했다고 기록한다.

『伯2055』에서는 불모 마야부인이 관 주위를 세 번 돌며 아들 석가에게 "싯달타여, 싯달타여, 어미를 위해 반 구절의 게를 남겨주오"라 말하고 다시 "싯달타여, 아프진 않느냐? 괴롭진 않느냐?"라고 물어보았다. 이 부분은 다른 본에는 나타나지 않으며 상당히 세속적인 회화로 되어 있다고 생각되는 부분이다.

『금석물어』에서는 "나는 과거 무량겁부터 계속 그대(아들 석가)와 모자지간으로 일찍이 떨어진 적이 없었는데, 지금 네가 입멸하여 버렸으니 더 이상 만날 수가 없구나. 슬프도다"라 기록되어 있다.

여덟 번째 장면에는 불모 마야부인의 비탄하며 슬피 우는 것을 들은 석가가 납관되어 있던 '관'에서 나와 어머니를 위해 설법하는 모습이 기록되어 있다. 바로 "석가가 금관에서 나와 마야부인을 위해 게송을 설함(釋迦金棺出現爲母說法)"의 장면이다.

『마하마야경』에서는,

> 그때 세존께서는 큰 신력으로 관의 덮개가 저절로 열리게 하시고, 다시 관에서 합장하고 일어남이 마치 사자왕이 처음 굴에서 나올 때의 맹렬한 기세와 같았다. 몸의 털구멍에서 천 개의 광명을 놓고 하나하나의 광명 중 천 명의 화불化佛이 모두 마야부인을 향해 합장하며 부드러운 범음으로 아뢰기를 "어머니께서 멀리서 이 염부제로 내려오셨으니 모든 행이 법답습니다. 원컨대 슬피 울지 마소서"라 하고 곧 어머니를 위해 게를 설하여 말하였다.
> 일체의 복전福田 중 부처가 복전의 제일이라
> 일체의 여인 중 옥녀보玉女寶가 제일이라
> 지금 나 낳아주신 어머니 매우 뛰어나 비할 데 없으니
> 능히 삼세에 불·법·승의 보물을 낳으셨네

> 그러므로 나 관에서 일어나 합장하고 환희하며 찬탄하니
> 태어나게 해주신 은혜에 보답하여 나의 효와 사모의 감정을 보임이라
> 모든 부처님이 멸도하시더라도 불·법·승은 상주하니
> 원컨대 어머니는 근심하지 마시고 위없는 행을 관찰하소서[1]

이라 되어 있다. 『불모경』에서는

> 그때 세존께서는 어머니의 곡성을 듣고 신력으로 금관은곽金棺銀槨을 저절로 열고 부드러운 비단이 저절로 떨어지며 마침내 일곱 다라수 사이에 몸을 일으키셨다. 이 황금빛의 몸이 '보배연화'에 앉아 어머니를 위하여 설법하시니, 말씀하시길 "어머니, 어머니, 일체의 중생은 결국 무너지고, 일체의 삼림은 결국 꺾이고 부러지며, 일체의 강하는 결국 마르고 은애로운 어머니와 자식도 결국 이별하오." 이 말을 하시고 다시 사라졌다.[2]

이라 되어 있으며, 『금석물어』에는 "이때에 부처가 신력으로 관의 덮개가 저절로 열리게 하여 관 가운데에서 일어나 마야부인에게 합장

---

1) 『마하마야경』(T12, 1012a) "爾時世尊以大神力故令諸棺蓋皆自開發便從棺中合掌而起如師子王初出窟時奮迅之勢身毛孔中放千光明一一光明有千化佛悉皆合掌向摩訶摩耶以梵軟音問訊母言遠屈來下此閻浮提諸行法爾願勿啼泣卽便爲母而說偈言
一切福田中 佛福田爲最 一切諸女中 玉女寶爲最 今我所生母 超勝無倫比
能生於三世 佛法僧之寶 故我從棺起 合掌歡喜歎 用報所生恩 示我孝戀情
諸佛雖滅度 法僧寶常住 願母莫憂愁 諦觀無上行
2) 『불모경』 "爾時世尊聞母喚聲以神力故金棺銀槨鏗然自開妙兜羅錦颯然而下遂涌身在七多羅樹間此麗黃金色身坐寶蓮華爲母說法喚言慈母慈母一切衆生會有崩絶一切藂林會有摧折一切江河會有枯渴母子恩愛會有離別說斯語已還復沒矣." (역자주: T85의 불모경 원문이 아님.)

하셨다. 신체의 모공에서 천 개의 광명을 내놓으셨다. 그 빛 가운데에 천 개의 화불化佛이 앉아 계셨다. 부처가 범음을 내어 어머니에게 말씀드리길 '제행諸行은 모두 이와 같습니다. 바라노니 내가 멸도에 드는 일을 비탄하며 눈물 흘리지 마소서'"라 되어 있다.

이상의 기술에서 두 가지 주목해야 할 점이 있다. 하나는 석가가 어머니를 위해 설했다고 하는 '게偈'에 대한 것이다.

『불모경』에는 "세간의 고는 공이고 제행은 무상하니 이 생멸법이 완전히 소멸하여 적멸한 것이 락이다[3]"로, 『伯2055』에는 "일체의 중생은 결국 무너지고, 일체의 삼림은 결국 꺾이고 부러지며, 일체의 강하는 결국 마르고 은애로운 어머니와 자식은 결국 이별한다[4]"이라 되어 있다. 또한 그 순서는 다르지만 『불모경』의 권말末에 이 네 구절 중 세 구가 동일하게 "일체의 강하는 결국 마르고, 일체의 숲은 결국 꺾이고 부러지며 일체의 은애는 결국 이별한다[5]"라 서술되어 있다.

『불모경』이나 『伯2055』와는 달리 『마하마야경』에는 석가가 관에서 나온 후에 두 번 게를 설하였다고 하는데, 『불모경』에서 설한 게와 동일한 내용이 두 번째 게 중 후반 네 구 "일체행은 무상하니 이 생멸법에 있는 것이다. 생멸이 이미 멸하였으니 적멸함이 최고의 낙樂이다[6]"이다.

---

3) 『불모경』(T85, 1463b) "世間苦空・諸行無常・是生滅法・消滅滅已・寂滅爲樂."
4) 『伯2055』 "一切衆生會有崩絶・一切藂林會有摧折・一切江河會有枯渴・母子恩愛會有離別."
5) 『불모경』 "一切江河會有枯渴・一切藂林會有摧折・一切恩愛會有離別."(역자 주: T85의 불모경 원문이 아님)
6) 『마하마야경』(T12, 1013b) "一切行無常・在是生滅法・生滅既滅已・寂滅爲最

『금석물어』에는 "제행諸行은 모두 이와 같으니, 나의 멸도를 비탄하며 울지 마소서"라 기록되어 있다.

두 번째는 '관'에서 출현할 때의 상황, 즉 석가의 상태, 모습이다.

『마하마야경』에는 석가가 큰 신력으로 관의 덮개를 열고 관에서 합장한 모습으로 일어나 사자분신獅子奮迅의 기세로 관 밖으로 나왔다. 그 신체의 모공에서 무수한 광명이 나오고 그 하나 하나의 광명에는 무수한 화불化佛이 있으며, 그 화불들은 모두 마야부인에게 합장하였다고 한다.

『불모경』에서는 모친의 음성을 들은 석가가 스스로 금관을 열고 천엽연화대千葉蓮華台 위에 앉아 어머니를 위해 설법하였다 한다.

『伯2055』에는 어머니의 음성을 들은 석가가 신력을 사용하여 금관은곽을 열어, 황금빛으로 빛나는 몸으로 보배연화 위에 앉아 어머니를 위해 설법하였다고 한다.

『금석물어』에는 부처가 신력을 사용하여 관의 덮개가 저절로 열리게 하고, 관에서 일어나 합장하고 마야부인을 만났다. 그 신체의 모공에서 무수한 광명을 놓았고, 그 광명 중에는 무수한 부처가 앉아 있었다고 한다.

이상 열거한 점을 "금관출현위모설법도金棺出現爲母說法圖"나 "열반도涅槃圖" 등을 볼 때 '기준(物差し)'으로 사용한다면 각각이 전거로 삼고 있는 '경전'을 이해할 수 있지 않을까.

아홉 번째 장면은 아들 석가의 설법을 들은 불모 마야가 아들을

樂."

만난 것을 기뻐하고, 또한 자신을 위해 게를 설해 준 것을 진심으로 즐거워하며 도리천으로 돌아가는 것이 서술되어 있다.

『마하마야경』에는 불모 마야부인에게 게를 다 설한 후, 아난이 석가에게 "눈물을 흘리며 슬피 울다 억지로 참고 다시 합장하여 부처님께 아뢰었다. '후세에 중생이 반드시 저에게 물을 것이오니, 〈세존께서 열반에 드시고자 할 때 또한 무엇을 설하였는가〉라 한다면 어떻게 답해야 하오리까[7]'"라 묻자, 이에 대해 석가는 "부처님께서 아난에게 말씀하셨다. 너는 마땅히 답하여라, 세존이 이미 열반에 든 후, 마하마야께서 하늘에서 내려와 금관이 있는 곳에 이르셨다. 이 때 여래께서는 후세의 불효하는 중생을 위하여 사자분신과 같은 기세로 금관에서 나오셨다. 몸의 모공 중에 천 개의 광명을 놓고 하나 하나의 광명에는 천 명의 화불化佛이 있었는데 모두 마하마야를 향해 합장하고 또한 함께 위와 같은 게송들을 설하였다[8]"이라 답한다. 또한 아난이 "이 경의 이름은 무엇이며 어떻게 지녀야 합니까"라 묻자, 석가는 아난에게 "내가 예전에 도리천상에서 어머니를 위해 설법하고 또한 마야부인 스스로도 설하셨다. 지금 다시 이 어머니와 아들이 만났으니 너는 후세의 중생들을 위해 이 경을 순차적으로 연설하라. 『마하마야경』이라 이름하고 또한 『불승도리천위모설법경』이라 이름하며 또한 『불임열반모자상견경』이라 이름한다. 이와 같지 지녀라[9]"

---

7) 『마하마야경』(T12, 1013a) "垂淚嗚咽, 强自抑忍. 卽便合掌而白佛言. 後世衆生必當問我. 世尊臨欲般涅槃時. 復何所說云何答之."
8) 『마하마야경』(T12, 1013a) "佛告阿難. 汝當答言. 世尊已入般涅槃後. 摩訶摩耶從天來下至金棺所. 爾時如來爲後不孝諸衆生故. 從金棺出如師子王奮迅之勢. 身毛孔中放千光明. 一一光明有千化佛. 悉皆合掌向摩訶摩耶. 幷又說於如上諸偈."

고 답한다. 이 때 세존께서 이 말씀을 마치시고 어머니와 작별했다. 그리고 5언 10구의 게를 남긴 것이다.

이 열 개 구 중에 일곱 번째부터 열 번째까지의 네 구가 전술한 『불모경』의 게와 같은 내용을 가지고 있다.

여기에서 제시한 아난과 석가의 문답은 『불모경』이나 『伯2055』에는 없는 부분이다.

이 대화에서 주목해야할 점은 석가가 관에서 나온 것이 단순히 어머니를 다시 뵙고 그녀를 위해 게를 설하는 것을 목적으로 한 것이 아니라, 석가 스스로가 아난에게 말한 것처럼 "후세에 불효하는 여러 중생을 위해 이미 납관되어 있던 관에서 나오셨다"고 한 것이다.

또 하나, 석가 스스로가 경전의 명칭을 지었다는 기술도 주목해야 할 것이다. 『마하마야경』, 『불승도리천위모설법경』, 『불임열반모자상견경』이라 한다는 기술이다.

또한 『마하마야경』에는 앞서 언급한 5자 10구의 게 다음에 관의 덮개가 닫히고, 대천세계가 진동하고, 마야부인을 시작으로 모두가 슬피 울고 괴로워하는 모습이 기록되어 있다. 그리고 마하마야부인이 아들 석가의 입멸 당시의 모습을 아난에게 묻는 내용이 있다.

『불모경』과 『伯2055』은 모두 불모 마야가 기쁜 마음을 지니고 도리천으로 돌아갔다고 기록되어 있으며, 『금석물어』에는 아난과의 문답에 대해 "그 때에 아난은 부처가 이와 같이 관에서 나오셨음을 보고 부처께 '만약 후세에 어떤 중생이 〈부처가 열반에 드셨을 때 무엇

---

9) 『마하마야경』(T12, 1013b) "我於昔日忉利天上爲母說. 及摩訶摩耶夫人自有所說. 今復在此母子相見. 汝可爲後世諸衆生輩. 次第演說此經. 名曰摩訶摩耶經. 又名佛昇忉利天爲母說法經. 又名佛臨涅槃母子相見經. 如是奉持."

을 설하셨는가〉라 묻는다면 어찌 답하오리까'라고 여쭈었다. 부처께서 아난에게 말씀하시길 '너는 〈부처가 열반에 드셨을 때 마야부인이 도리천에서 내려오심에 부처께서 금관에서 나오시어 어머니께 합장 드리고, 어머니와 후세의 중생을 위해 게를 설하였다고〉 답함이 가하리라.' 이것을 『불임모자상견경佛臨母子相見經』이라 이름한다. 이 일을 다 설한 후, 모자는 헤어졌다. 이때에 관의 덮개가 본래와 같이 닫혔다고 전해진다."라 기술되어 있다.

이상 세 종류의 자료를 중심으로 석가와 어머니 마야부인의 관계를 살펴보았다. 이 '모자母子'의 관계는 중국 고래로 지속되어 온 '효孝'를 최고 도덕으로 삼는 유교적 사유 그 자체라고 해도 좋을 것이다. 따라서 이러한 문헌들은 '효' 관념 그 자체를 반영한 중국인 사회에 있어 아무런 거부감 없이 쉽게 수용될 수 있는 '불교경전'이었을 것이다.

『마하마야경』의 기술 중에는 이미 언급한 것처럼 석가가 아난에게 "후세의 불효하는 중생을 위해 이 『마하마야경』이 있는 것이다"라고 언급한 내용이 있을 정도이다.

『불모경』이나 『伯2055』에는 또한 세속적인 발상과 표현이 나타난다.

필자는 본고의 소재인 세 종류의 자료, 즉 『마하마야경』·『불모경』·『伯2055』가 모두 중국에서 찬술되었다고 생각한다(『마하마야경』에 관해서는 『대정신수대장경』 제55권 수록된 역대의 불교경전목록 : 『출삼장기집出三藏記集』·『역대삼보기歷代三寶紀』·법경法經 등의 『중경목록衆經目錄』·언종

彦悰 등의 『중경목록』・정태靜泰 등의 『중경목록』・『대당내전록大唐內典錄』・『속대당내전록續大唐內典錄』・『고금역경도기古今譯經圖紀』・『대주간행중경목록大周刊定衆經目錄』・『개원석교록開元釋教錄』・『개원석교록약출開元釋教錄略出』・『정원신정석교목록貞元新定釋教目錄』・『동역전등목록東域傳燈目錄』 등을 참조). 또한 이들 경전들이 지어지고 서사되었다는 점에서 볼 때, 돈황문헌 중 『불모경』 사본은 30점이지만 『마하마야경』이라는 명칭의 사본은 한 줌도 되지 않는다. 그런데 이와는 반대로 『정창원문서』에서 『불모경』은 한 점이지만, 『마하마야경』은 40점이 넘는 상황이다. 이것은 무엇을 의미하는 것인가.

돈황문헌의 상황을 생각해 본다면, 역대 중국의 다양한 '불교경전목록'에 기록된 것은 『마하마야경』이지만, 돈황이라는 한정된 지역에서는 『마하마야경』보다 훨씬 구체성을 갖춘 『불모경』 쪽이 수용되기 쉬웠을 것이다. 즉, 돈황이라는 지역에서 일상적으로 효를 최고 도덕으로 여겼고, 생전의 효 윤리뿐 아니라 사후의 효 또한 중요하다고 생각한 것이 상태화된 결과가 아닐까. 현존하는 『시왕경十王經』・『부모은중경』・『십은덕十恩德』 등의 사본류를 통해서도 분명히 알 수 있는 것이라 생각한다.

4) 마치며

금번 본고에서 논한 것은 아래의 두 가지이다.
(1) 『불모경』이라는 경전은 그 내용적 측면에서 네 가지 계통으로

나눌 수 있지만, 궁극적으로 말하고자 하는 것은 동일하다. 그러므로 "불입열반"을 도리천의 불모 마야부인에게 알리러 간 인물은 '우바리'이며, 당연히 지상에 강하할 때에 인도한 이도 동일인이다. 본고의 대조표에서 알 수 있는 것처럼 『마하마야경』에서는 '아나율'이, 『금석물어』에서는 '아난'이 그 역할을 하고 있다. 이와 같이 인물을 특정함에 따라, 완전히 밝힐 수 있는 것은 아니지만, '열반도' 혹은 '석가팔상도'가 어떠한 경전을 전거로 그려진 것인지를 파악하는 것이 가능하다.

예를 들어 나라(奈良) 소유지(宗祐寺)의 열반도에는 "우바리가 도리천에 올라가 마야에게 보고하다(波離昇忉利天報告摩耶)"라는 단책短册형태의 기술이 있다고 한다[10]. 또 같은 책 57쪽에는 교토(京都) 코쇼지(興聖寺)의 열반도에도 단책 형태의 묵서墨書로 도리천에서 내려 온 불모 마야부인과 시녀를 인도하는 인물을 '아나율'로 칭하고 있다고 한다.

(2) 『정창원문서』에서 『불모경』을 서사했다는 기록은 어떻게 이해해야 할 것인가. 『마하마야경』에 관해서는 『오와리 자료 칠사 일체경 목록(尾張資料七寺一切經目錄)』(七寺保存會, 1968)에 두 점, 『조에쓰 교육대학 소장 황벽철안판 일체경 목록(上越敎育大學所藏黃檗鐵眼版一切經目錄)』(上越敎育大學附屬圖書館, 1988)에 한 점, 『정창원문서』에 41점(별개로 『마하마야경의소摩訶摩耶經義疏』는 두 점)이 있다. 『정창원문서』에 41점이 기재되어 있는 것은 상당히 많다는 생각이 드는 동시에, 효 관념을 중심으로 하는 유교적 불교에 대해서도 생각해 볼 수 있다.

(번역: 이상민)

---

10) 中野玄三, 「涅槃圖」 『日本の美術』 268, 至文堂, 1968, p.37.

중국 초기 불교의 상속사상相續思想
― 上博3317, P2908 및 P3291을 중심으로

스징펑(史經鵬)

들어가는 말

불교사상사에서 매우 중요한 위치를 차지하고 있는 상속사상相續思想은 불교의 인생관, 업보윤회관 및 해탈론과 밀접하게 관련을 맺고 있으며, 불교의 각 발전 단계에서 서로 다른 형태로 표현되었다. 중국 초기 불교의 발전과정에서 경론이 한역되고 사상이 유행함에 따라, 상속사상도 끊임없이 발전하면서 당시 불교사상 발전의 복잡한 면모를 반영하였다. 필자가 아는 바로는 현존하는 남북조 시기의 돈황유서敦煌遺書 중에서, 上博3317, P2908 및 P3291에 모두 상속에 대해서 전문적으로 논하는 부분이 있다. 이러한 돈황유서를 분석하고, 아울러 이를 장내藏內의 불교문헌과 결합함으로써, 중국 초기 불교에서의 상속사상의 발전 형태에 대해 비교적 분명하게 밝힐 수 있기를 희망한다.

1.

예컨대 독자부犢子部의 불가설아不可說我, 경량부[經量本] 계통[計]의 일미온一味蘊이나 분별설分別說 계통의 일심상속一心相續처럼, 부파불교에서 업보윤회의 주체에 대해 심층적으로 분석하기 시작함에 따라 상속사상도 바로 그러한 과정에서 구체화되면서 발전해왔다. 또한 불교가 중국에 전래된 후에는 윤회와 해탈의 문제를 둘러싸고 서로 다른 상속사상이 발전해 나갔다.

불교가 처음 중국에 전래된 후 일부의 불교학자들은 윤회관과 중국 고유의 혼신불멸사상魂神不滅思想을 연결시켜, 영원불멸한 개체인 혼신이 윤회, 더 나아가 해탈의 주체라고까지 인식하게 되었다. 예를 들어 중국 초기 불교 상황을 기록한 모자牟子의 『이혹론理惑論』에서는 다음과 같이 말하였다.

> 혼신은 진실로 불멸하고, 몸은 저절로 썩어 문드러질 뿐이다. 비유하자면 몸은 오곡의 뿌리와 잎과 같고, 혼신은 오곡의 씨앗과 열매와 같다. 씨앗과 열매에 어찌 끝이 있겠는가, 다만 몸만이 사라진다고 말할 수 있을 뿐이다.[1]

동진東晉 시대 여산혜원廬山慧遠은 「사문불경왕자론沙門不敬王者論」

---

1) 『弘明集』 권1(T52, p.3b) "魂神固不滅矣, 但身自朽爛耳. 身譬如五穀之根葉, 魂神如五穀之種實. 根葉生必當死. 種實豈有終已, 得道身滅耳."

• 「형진신불멸形盡神不滅」에서 역시 다음과 같이 말하였다.

> 무릇 신神이라는 것은 무엇인가? 정밀함이 지극해지면 영묘한 존재로 여겨진다. (신이라 함은) 원만하게 응하지만 주인되는 존재가 없으며, 영묘함이 다하지만 이름이 없으면서, 다만 사물에 감응하여 움직이게 되니, 상수에 가탁하여 현행하게 된다假數而行. 사물에 감응하지만 사물이 아니며, 그러므로 사물이 변화하더라도 멸하지 않는다. 상수에 가탁해도 상수가 아니니, 그러므로 상수가 다하여도 끝나지 않는다. …… 감정은 대상과 함께 합치되는 도가 있고, 정신에는 그윽하게 움직이는 공功이 있다. …… 그윽하게 전해지는 공은 세상에 숨어 들리지 않는다.[2]

이 가운데 사람의 영혼, 혹은 정신이 아득하게 전해지며 사라지지 않아서 윤회와 해탈의 주체가 된다는 것은 바로 문자 그대로의 의미가 있다. 이것이 바로 중국 사상사에서 유명한 신불멸론神不滅論인 것이다. 혼신이 아득하게 전해져 사라지지 않는다는 표현에서 드러나는 연속성은 중국불교의 상속사상의 등장을 알리는 전주곡이라 할 수 있다. 이 당시 중국의 불교학자들은 상속의 개념을 중시하거나, 이를 사용하지도 않았기 때문에, 관련된 개념으로 주로 사용된 것이 불멸 · 명이冥移 · 명전 등이었다. 한편 불교의 입장에서 이러한 신불멸론을 검토해 봤을 때, 이는 일반론적인 의미를 지니고 있을 뿐으로, 불

---

2) 『弘明集』 권5(T52, p.31c) 이하 인용문은 교기校記에 근거하여 수정을 가하였다. "夫神者何耶? 精極而爲靈者也. …… 圓應無主, 妙盡無名, 感物而動, 假數而行. 感物而非物, 故物化而不滅; 假數而非數, 故數盡而不窮. …… 情有會物之道, 神有冥移之功. …… 冥傳之功. 沒世靡聞."

교의 중도사상中道思想에는 부합하지 않는 것이라 할 수 있다.

이후 402년 구마라집鳩摩羅什이 관중에 들어와서 정확한 대승반야의 성공사상性空思想을 전역하였다. 구마라집과 그의 제자가 과거의 각종 실체론사상實體論思想에 대하여 비판함에 따라 이러한 일반적인 성격의 신불멸론도 일시에 기세를 잃게 되었다. 그러나 다른 한편으로는, 반야성공사상의 영향을 받은 중국불교학자들이 불교수행의 주체성에 대해 집중적으로 관심을 기울이기 시작하였다. 예를 들어, 승예법사叡法師는 『유의론喩疑論』에서, 만약 주체가 성공性空하여 실체가 없다고 한다면, 주체가 공덕을 담아 낼 수 있는지를 어떻게 설명할 것인지에 대해 의문을 표하였다. 즉 주체가 만약 공덕을 쌓아 수행하여 해탈할 수 있다면, 그 중의 범성주체凡聖主體의 동일성은 어떻게 설명할 것인가? 그리고 만약 주체가 공덕을 쌓지 못한다면, 해탈하여 성불하는 것은 어떻게 설명할 수 있단 말인가?[3]

2.

중화전자불전中華電子佛典(CBETA, 2016)을 검색해 보면, 상속이라는 단어는 이미 오吳의 지겸支謙(223~253)의 역경에서 출현했는데, 다만 이 단어가 대량으로 사용된 것은 동진과 유송劉宋 교체기의 승가제바僧伽提婆 · 구마라집 등이 경론을 번역하면서부터 이후 연용되어 온 것이다. 이때부터 중국 초기 불교의 상속사상이 다른 형태로 발전해

---

3) 『出三藏記集』(T55, p.42a)

나갔다.

 현존하는 자료에 따르면, 상속사상을 가장 이른 시기에 강조했던 사람은 아마도 구마라집의 제자이자, 남본南本 『대반열반경大般涅槃經』을 수정 보완했던 혜관慧觀일 것이다. 『명승전초名僧傳抄』에 기재된 혜관의 『점오론漸悟論』에는 "삼승점해실상사三乘漸解實相事" 다음에 "무신아사無神我事"라는 한 단락이 더 있다. 『명승전名僧傳』의 제13 목록에 있는 모든 인물의 전기를 확인해 보니, 어느 누구도 이와 관련해 논했다는 기록이 없다. 또한 이 논은 시작 부분에서 "우문무신아又問無神我"라 하였는데, 앞 문장의 "삼승점해실상사三乘漸解實相事"와 이어지는 것처럼 보이므로 혜관이 쓴 것이라 보는 것이 타당하다. 이 문장에서는 불성에 대해 다음과 같이 말하였다.

  답한다. "외도는 신아에 대해 삿되고 망령된 견해를 내어 무상을 상으로 보는 것이다. 이것이 사견이 아니면 무엇이겠는가? 불법에서는 제일의 공을 불성으로 삼고, 부처를 진실한 아로 삼아 상주이고 변하지 않는 것이다. 이것은 정견이 아니면 무엇이겠는가?" 묻는다. "왜 불성을 아라고 말하는가?" 답한다. "불성이 아라고 말하는 이유는 모든 중생이 성불의 진실한 성질, 항상 존재하는 성질을 가지고 있고, 스스로 간직하고 있으므로 진실한 아라고 칭한다." 묻는다. "만약에 외도의 신아에 대한 삿되고 망령된 견해를 삿되고 망령되며 전도한 것으로 보면 중생에게 신이 있는가, 없는가? 신이 없으면 아마 범행 닦는 것은 헛된 수행이 될 것이며 선을 닦고 악을 짓는 과보는 누가 받겠는가?" 답한다. "중생에게 항상 존재하는 신이 없지만 선악의 마음이 있다. 선악의 마음은 갖가지 행위의 지배자이다. 천국과 지옥 모두가 마음을 근본으로 한다. 인과의 상속이 이에 따라 생긴 것이다. 그래서 이는 영원하지만 고정되지 않게 존재하고, 사라지지만 단절되지 않은 것이고, 이는 이른바 중도라는 것이다. …… 답한다. "당신이 '미래의 마음은 과거 선악의 업을 짓지 않는다고 하는데, 왜 무고한 자는 과거 선악의 과보를 받게 되는 것인가?'라고 힐난하였다. 나는 당신의 힐난을 거듭 생각했는데, 이는 독특한 관점을 밝힌 것이라고 말할 수 있다. 보응의 도리는 불가사의한 것이다. 만약 십주보살이라면 대략 이해할 수 있지만 천박한 범부들이 어찌 관심을 갖게 될 수 있겠는가! 일단 견문에 의거하여 이해하고, 스스로의 뜻에 따라 함부로 말하지 말자.『경』에서 말하기를 '오도에서 생을 받는데 마음이 그 근본이다.' 무상의 마음에 모든 염두가 항상 변한다는 것이다. 아란 것은 고금의 차이가 있다. 전념의 마음이 후념의 마음에 의지할 필요가 없지만 후념의 마음은 전념의 마음에 의하여 일어나는 것이다. 이로써 생사가 다할 수 없고, 과보가 단절할 수 없다."[4]

이 문장의 주지는 외도의 신아와 불교의 불성아佛性我의 차이를 구

---

4) 『名僧傳抄』권10(X77, p.354a-b; Z 2B:7, pp.8d-9a; R134, p.16b-17a.) 答曰: "外道妄見神我, 無常以爲常, 非邪而何! 佛法以第一義空爲佛性. 以佛爲眞我, 常住而不變, 非正而何!" 問曰: "何故謂佛性爲我?" 答曰: "所以謂佛性爲我者, 一切衆生, 皆有成佛之眞性. 常存之性, 唯自己之所實. 故謂之爲我." 問曰: "若外道妄見神我, 以爲邪倒者, 未知衆生爲有神耶? 爲無神耶? 無神者恐空修梵行, 修善造惡誰受報應?" 答曰: "衆生雖無常住之神, 而有善惡之心. 善惡之心, 爲萬行之主. 天堂地獄, 以心爲本; 因果相續, 由斯以生, 故常而不存, 滅而不絶, 所謂中道者也." …… 答曰: "難云'未來之心, 不造過去善惡之業, 何得橫受過去善惡之報?' 三複來難, 可謂發明奇唱. 夫報應之道, 不可思議. 十住菩薩如能? 佛, 豈凡夫未學所可? 懷! 且依文句, 忌言之也.『經』云'五道受生, 以心爲本'. 無常心者, 念念常遷. 我有古今之異, 前心不待後心, 而後心因前而有. 生死以之無窮, 果報以之不絶."

분해 내는 것으로, 이를 통해 이것이 430년 대본大本 『열반경』의 남전南傳 이후 작성되었음을 알 수 있다. 이 중에서 논에서 언급한 심·인과·상속·중도·불성 등의 관계를 주의해서 살펴 볼 필요가 있다.

첫째, 위의 문장의 심心은 더 이상 글자 그대로의 의미를 지니는 것이 아니다. 즉 외도의 항상 그대로 있는 신아가 아닌 중생이 수행하는 주체이자 근본이다.

둘째, 비록 문장에서는 인과의 상속을 직접적으로 언급했지만, 인과는 심을 근본으로 하고, 심은 한 순간도 머무르지 않고, 계속 쉬지 않고 흘러가서, 전심前心으로 인해 후심後心이 생겨난다고 하였으므로, 이는 심상속心相續 사상을 간접적으로 표현한 것이다.

셋째, 심상속의 존재는 항상되면서도 존재하지 않고常而不有 사라져도 끊어지지 않는 중도를 구체적으로 드러낸다.

넷째, 이 '무신아사無神我事'는 비록 첫 번째 뜻인 공을 불성이라고 언급했지만, 중도와 불성의 관계에 대해서는 말하지 않았고, 다만 혜관의 신분으로 봤을 때, 그가 『열반경』의 '중도를 불성이라고 이름한다[中道者名爲佛性]'[5]라는 명제를 부정하지 않았을 것은 분명하다. 이와 같이 이 문장에서는 심의 상속성이 불성을 구체적으로 드러냈다는 관점을 간접적으로 보여주고 있다고 할 수 있다.

이를 통해 혜관은 심·인과·상속·중도·불성 등 사이의 직·간접적인 관계를 통해 일종의 중생수행의 모델을 구축했다는 것을 알 수 있다. 그 중에서 상속을 중도 및 불성의 진리와 연결시켰는데, 이러한 형태가 이후 상속사상의 탄생에 매우 중대한 영향을 미쳤다.

---

5) 『大般涅槃經』 권27(北本)(T12, p.523b; 『大般涅槃經』 권25(南本)(T12, p.767c.)

이와는 달리 남북조 시대에는 상속가相續假라는 개념도 출현했는데, 이는 당시 성실사의 삼가三假 혹은 사가四假 사상 중 하나였다.[6] 『성실론』에서 "또한 세제世諦이기 때문에 중도가 될 수 있다. 그 이유는 무엇인가? 오음은 상속하여 생겨나기 때문에 끊어지지 않고, 순간순간 사라지기 때문에 항상되지 않는다. 이러한 단상斷常에서 벗어나는 것을 중도라고 부른다. …… 이 몸의 오음이 상속하면 텅 비어 아무것도 없게 된다."[7]라고 하였는데 성실사는 이것에 근거하여 상속가의 개념을 총결하여 세제제법가유世諦諸法假有의 성질에 대해 설명하였다.[8] 게다가 성실사들의 상속에 대한 이해에는 차이가 있는데, 예를 들어 길장吉藏은 『중관론소中觀論疏』에 다음과 같이 기록하였다.

> 성실사가 풀이한 상속에는 2가지가 있는데, 첫 번째는 접속接續이며 두 번째는 보속補續이다. 접속에는 세 가지 설명이 있다. 첫째, 개선은 "전념이 멸하고 멸하지 않음에 응하여 후념이 일어난다. 전념에 이어서 임시이지만 하나의 뜻을 지으므로 (상)속이라고 이름한다."라고 하였다. 장엄은 "전념이 바뀌어 후념이 되는데 이것은 일어난 후념이 전념과 접속하는 것이 마치 표상[想]이 느낌[受]이 되는 것과 같다. 그러므로 수와 상이 이어진다고 말

---

6) 또 다른 기록에 따르면, 성실사成實師는 삼가三假 혹은 사가四假의 관점이 있다. 唐 圓測, 『仁王經疏』 권1, "『成實論』宗, 因生·緣成·相續三假也."(T33, p.367b.) 唐 普光, 『俱舍論記』 권29, "若依『成實論』, 總有四假. 一·相續假, 如身·語業以色·聲成. 一念·聲不成身·語業, 要色·聲相續方成身·語業. 二·相待假, 如長. 短等相待故立. 三·緣成假, 如攬五蘊成人, 攬四境成乳等. 四·因生假, 一切有爲法從因所生, 皆無自性."(T41, p.441a-b.)
7) 『成實論』 권11(T32, p.327b-c.) "又以世諦故得成中道. 所以者何? 五陰相續生故不斷, 念念滅故不常, 離此斷常名爲中道 …… 是身五陰相續, 空無所有."
8) 『大乘玄論』 권2(T45, p.25c-26a.)

한다. 다만 실제상으로는 별도의 수로부터 상이 이어지는 것은 없다."라고 하였다. 다음으로 염사琰師는 "상이 일어나 수와 멀리멀리 상관하여 하나의 뜻을 이루기 때문에 이어짐[續]이라고 할 따름이다."라 하였다. 다음으로 보속가補續假는 광택光宅이 사용하였는데, 이전에 말하기를 "장엄은 권하가, 개선은 등담가, 광택은 수제보적가"라 하였다. 이 중에서 삼가의 뜻이 통하고, 별도로 개선의 것과 매우 같다. 앞에서 멸하고 뒤에서 생겨나는 까닭으로 같지 않으며, 상속하여 전작轉作하는 까닭으로 다르지 않다.[9]

이를 통해 개선지장・장엄승민・광택법운・혜염慧琰 등의 성실사들 사이에 상속사상의 구체적인 부분에서는 다른 점이 있기는 하지만, '중생상속'의 문제를 설명함에 있어서는 공통점을 보이고 있고,[10] 또한 각 가의 해석은 심식心識의 상속성에 중점을 두었다. 만약 이러한 측면에서 중생수행의 문제에 대해 더 고찰한다면, 범부와 성인의 수행주체의 상속성과 일치성의 문제가 출현하게 된다. 본문에서는 주로 P3291・P2908・上博3317에 등장하는 상속사상을 고찰하려고 하는데, 즉 불성・열반 등의 개념과 결합시킴으로써 중생수행성불의 문제를 설명하고자 한다. 이는 이미 『성실론』 본문 자체의 함의를 넘어선

---

9) 『中觀論疏』 卷7(T42, p.105b) 「成實師釋相續有二家: 一接續, 二補續. 接續有三釋. 一開善云: "前念應滅不滅, 後念起, 續於前念, 作假一義, 故名爲續." 莊嚴云: "轉前念爲後念, 謂作後念起續前耳, 如想轉作受, 故言受與想續, 實無別受以續想也." 次琰師云: "想起懸與受作一義故云續耳." 次補續假, 是光宅用. 舊云: "莊嚴是卷荷假, 開善燈擔假, 光宅是水淒補續假." 此中通是三家義, 別正同開善, 前滅後生故不一, 相續轉作故不異.」
10) 상속의 문제, 특히 광택법운光宅法雲의 '보속補續' 사상의 해석에 대해서는 張雪松, 「空與因果連續性-簡析光宅法雲的相續思想」, 『哲學門』(總第 35輯) 第18권 第1冊, 北京大學出版社, 2017, pp.17~28을 참고.

더욱 복잡하고 다양한 상속사상을 드러내는 것이다.

3.

우선 이 3건의 돈황유서 사이의 시간 관계를 추정해 보도록 하겠다. P3291에 있는 '불성' 부분은 P2908의 '경해불성의經解佛性義' 부분에서 서술한 사종불성론四種佛性論, 즉 성공性空・중생衆生・신려神慮・당상當常과 같지만, 후자가 간략하고 전자가 상세하다. 그러나 사종불성론에 대해 두 문서에서 취한 태도는 다르다. P2908에서는 다만 '일인해一人解'의 방식으로 4종에 대한 관점을 나열했을 뿐, 이에 대해 평가하지 않았으나, P3291에서는 앞부분의 3종의 불성의에 대해 일일이 비판하였고, 최종적으로 '금시인해今時人解'로 귀결된 당상불성의當常佛性義에 대해서는 비판을 가하지 않았다. 이는 P3291의 저자가 당상불성當常佛性의 관점에 찬성했음을 보여준다. 이를 통해 P3291이 P2908보다 앞서 형성되었다고 추측하는 것이 타당할 것이다.

上博3217은 비구혜습比丘慧襲이 대통大統 11년(545년)에 초사한 『법화경문외의法華經文外義』이다. '상속일相續一'이 상 혹은 무상인지, 열반과 속續・가假의 관계 등을 논함에 있어, P2908의 상속사상과 비교해 보면 『법화경문외의』에서는 '거듭 또한 하나의 해석이 있다[複又一解]', '다시 하나의 해석이 있다[更有一解]'라는 표현을 활용하면서 더욱 다원적인 해석을 제시하였다. 이를 통해 P2908의 형성 시대가 아마도 『법화경문외의』보다 빠르다고 추측해 볼 수 있다.

아래의 문장을 통해 P3291의 상속사상을 살펴보도록 해보겠다. 이 문장에서는 신려불성의神慮佛性義를 다음과 같이 기술하였다.

> 세번째의 견해. 신려를 불성으로 삼는다. …… 만약 아직 신려와 같지 않아, 인위일 때도 여慮이고, 과위에 있을 때도 여이다. 여와 여가 서로 연결되어 인의 여는 과의 여로 전화하게 되고, 무명의 여가 대명종지의 여로 변하게 된다. 그밖에 따로 두 번째의 여가 없고, 시작과 끝이 상속하여 하나의 여로 관통한다.[11]

즉 신려 혹은 심은 정인불성正因佛性으로, 중생이 수행해서 성불하는 과정에 계속 존재하며, 상속하여 하나가 된다. 신려 그 자체에는 세 가지의 성질이 있으니, 바로 비시본무금유이유환무非是本無今有已有還無·고상속固相續·불위비지지소역탈不爲非知之所易奪이다. 이른바 '불위비지지소역탈不爲非知之所易奪'이라 함은 신려가 오직 유정중생의 소유라는 것을 가리키는 것이다. 중생의 신려와 번뇌는 다르다. 번뇌는 본래 없다가 지금 있는 것이며, 이전에 있었다가 다시없는 것이지만, 신려는 무명과 대명종지大明種智를 관통하는 것이다. 그러므로 신려는 진실로 상속이 있어서 중생이 수행하는 주체가 되는 일치성을 보증하게 되는 것이다.

P3291에서 신려의 성질이 무상한지 아니면 상한지에 대해 두 가지로 해석하고 있다. 첫 번째 해석에서 신려는 무상·무명하지만, 무상

---

11) 第三解: 用神慮爲佛性. …… 未若神慮, 因中亦是慮, 果中亦是慮, 慮慮相當, 轉因中慮作果中慮, 變無明慮作大明慮, 更無二慮, 始末相續, 通爲一慮.

・무명한 신려가 인위因位에 위치하기 때문에, 결국에는 정인불성이 되어 중생이 상주과위常住果位의 해탈을 획득하는 것을 보증할 수 있다. 무상과상無常果常은 세상의 보편적 도리이기 때문에 신려불성은 바로 이러한 이치에 부합한다.

두 번째는 등법사燈法師의 해석으로, 그는 "신려는 상이므로, 그러므로 성性을 얻을 수 있으니, 이것이 상속상이다.(神慮是常, 故得爲性, 是相續常)"라고 이해하였다. 이를 통해 신려 그 자체가 상의 범주에 들어갈 수 있을 뿐만 아니라, 신려의 상속성도 일종의 '상'으로 인정되어, 이러한 상속상에 의지하여, 범부가 수행하여 부처의 상주과위까지 도달할 수 있게 된다. 그러나 사실 상속상의 개념은 이미 예전에 출현한 것이다. 도생道生(대략365~434)보다 약간 늦은 시기에 활동했던 승량僧亮[12]은 『대반열반경집해大般涅槃經集解』에서 이미 상속상을 사용하여 불성과 십이인연十二因緣 등을 묘사하였다.[13] 따라서 등법사가 남조 불교사상의 영향을 받아 상속상을 이용하여 신려를 설명했다고 보는 것이 타당하다.

이 밖에도 P.3291의 '중생불성의衆生佛性義'와 '당상불성의當常佛性義'에서 모두 '중생은 붓다가 되고, 붓다는 중생을 잇는다.[衆生作佛, 佛續衆生]'는 관점을 제시하고 있다. 이를 통해 중생과 부처 사이의 주체의 상속성과 일치성이 당시에 널리 인정되던 원리라는 것을 알 수 있다. 비록 P.3291에는 상속사상만을 전문적으로 논술하는 부분이 없

---

12) 후세 코가쿠(布施浩岳)는 僧亮이 『高僧傳』 권7의 京師 北多寶寺에 기거했던 '道亮'일 것이라 추정하였다.(布施浩岳, 『涅槃宗の硏究』後篇, 東京叢文閣, 1942, pp.232~240.)
13) 『大般涅槃經集解』 권63(T37, p.574a); 『大般涅槃經集解』 권65(T37, p.578b).

지만, 각종 불성의에 대해 논할 때 이미 주체의 상속성 및 상속의 상, 혹은 무상의 문제에 대해 언급하기 시작하였으니, 이는 상속사상이 당시 사람들의 주목을 받기 시작했음을 보여주는 것이라 하겠다.

4.

P2908의 앞머리의 '전도의顚倒義' 부분에서는 성문聲聞의 상속상 개념을 언급하고 있다. 이는 성문이 고·공·무상·부정不淨의 사상으로 불과佛果의 상常을 유추하고 있음을 가리키는데, 이것이 바로 성문의 전도된 사상이다. 이러한 개념은 이미 승량僧亮에게서 출현하였다.[14]

성문상속상과는 달리, P2908에서는 전문적으로 '상속의相續義'를 언급하기 시작했는데, 상속이 중도·불성과 결합하고 난 뒤의 의미에 대해 좀 더 상세하게 검토하고 있다. P2908에서는 '상속의'를 두 부분으로 나눠 열거했고, 두 번째 부분에서 첫 번째 부분에 대해 좀 더 심도 있게 논하였다.[15]

우선 P2908의 '상속의(1)'의 부분에서 '상속중도相續中道'의 개념을 제시하였다.

> 이제 상속중도를 해설함에 있어, 중생과 불성은 처음부터 끝까지 다르지

---

14) 『大般涅槃經集解』 권16(T37, p.444a.) "聲聞相續常, 是和合常也."
15) 池田將則整理, 『敎理集成文獻』(P2908)(青木隆 等編, 『藏外地論宗文獻集成』, 韓國金剛大學佛敎文化硏究所, 2012, p.112. 所收)

않으니, 상속으로 판단할 수 있다. 만약 법이 결정적으로 같으면 역시 상속의 뜻이 없고, 만약 법이 결정적으로 달라도 또한 상속의 뜻은 없다.[16]

이를 통해 혜관慧觀이 상속으로써 구체화된 중도의 관점이 더 나아가 '상속중도'의 개념을 직접적으로 형성했음을 알 수 있다. 더 나아가 말한다면, 이른바 상속이라는 것은 『열반경』의 '일체중생개유불성' 사상의 기초 위에서, 무명의 중생이 계속해서 수행하면서 성불에 이르는 과정을 가리키는 것이라 할 수 있다. P3291과 비교해 보면, 이는 상속사상이 불성론의 전개와 더불어, 그 자체로도 독립적으로 발전했음을 구체적으로 보여주는 것이라 하겠다.

다음으로 P3291에서는 두 종류의 상속의 방식을 소개하고 있다. 첫 번째는 상작상속相作相續으로 현유現有와 당유當有의 각도에서 중생이 수행하여 성불하는 것이 처음부터 끝까지 동일하다는 '통위일자通爲一者'[17]의 문제를 논의하였다. 두 번째는 체보상속剃補相續으로, 즉 금강심金剛心 다음에 비록 대명종지大明種智가 되지만, 금강심이 대명종지를 낳은 것이 아니라, 금강심이 없어진 후에 종지가 뒤이어 현전하는 것이고, 또한 전심을 단절한 것이 아니므로, 따라서 비상작상속非相作相續이라 부르는데, 즉 대명종지가 금강심을 체보剃補하여 상속이 생겨난 것이다. 이렇게 두 종류로 구분한 것은 '자者'와 '심心'의 서로 다른 상속 방식을 강조한 것이다.

따라서 '상속의(1)'의 맨 마지막에서 상속의 주체가 '자'와 '심'이

---

16) 池田將則整理, 『敎理集成文獻』(P2908), p.133. "今解相續中道, 衆生與佛性始終不異, 得辨相續. 若法定一, 亦無續義, 若法定異, 亦無續義."
17) 앞의 책, p.133.

라는 두 개의 관점을 논하였다. 이른바 '자'는 바로 수행자 전체를 말한 것으로, 범부와 부처는 상속하여 하나가 되며, 이를 통칭하여 '자'라고 하는 것이다. 이른바 '심'은 '자'를 구성하는 색과 심을 구분한 것으로, 이 중에서 심이 주도하므로, 따라서 심에는 상속의 성질이 있고, 심의 무명의 여慮가 대명의 여로 변화할 수가 있으니, 결론적으로 무명과 대명大明을 관통하는 것이 다만 한 개의 여라는 것으로, 이것이 바로 심상속에 대한 이해인 것이다.

'상속의(2)'[18]에서는 앞에서 서술한 관점을 기초로 하여 상속과 상무상常無常 · 이제二諦 · 가실假實 · 전전轉 · 변變의 관계에 대해 심층적으로 논의하였다.

우선 '상속의(2)'에서는 기본적으로 상속의 주체를 '자'와 '심'으로 칭하는 (1)의 관점을 받아들였으며, 아울러 이 둘을 종합하여 '자려통망者慮通望', '자려관통者慮灌通', '자려상속'의 표현방식을 사용하였다. 이외에도 문장 내에서 더 나아가 생인生因 · 습인習因으로 '자상속者相續'과 '심상속心相續'의 차이를 분명하게 밝혔다.

> 또 묻는다. "만약 두 단계의 주체를 상대하여 말해야만 상속이 있다고 하면 이것은 생인에서 상속의 뜻을 밝히는 것인가? 아니면 습인에서 상속의 의미를 밝히는 것인가?" 또 답한다. "인에서의 주체는 비색비심을 본질로 한다. 그 성질은 과보의 법이고 습인의 뜻이 없다. 다른 습인을 계승하는 의미에서 주체(者)를 습이라고 부를 수 있지만 주체의 성질은 습이 아니다." 또 묻기를 "그렇다면 주체가 다른 상속을 계승하는 의미에서 속이라

---

18) 池田將則 標點, '相續義(三)', 앞의 책, p.169.

고 칭할 수 있지만 주체 자체에 있어서 속이 없다." 뜻을 풀이한다. "앞에 구체적이고 완비된 해석과 같이 속의 뜻은 아래와 위를 관통한다. 그래서 두 단계의 주체를 상대하여 말할 때 상속이 있다. 습인은 그저 마음을 근거하여 말하는 것이니 주체 상에서는 습이라고 할 수가 없다. 생은 유라고 칭할 수 있다. 그래서 생인으로 속의 뜻을 밝힌다고 넓게 말할 수 있다. 만약 무명의 식려로 속의 의미를 변명하자면 이는 습인에 의하여 속을 설명하는 것이다."[19]

이른바 생인·습인은 즉 『성실론』에서 말한 "생인이라는 것은, 만약 법이 발생할 때 이와 더불어 인이 될 수 있으니, 마치 업이 보인報因이 되는 것과 같다.[20] 습인이라는 것은, 마치 탐욕에 익숙해지면 탐욕이 증가하는 것과 같다."고 한 것으로, '자'에는 출생의 의미가 있고, 따라서 생인 가운데서 그 상속을 분별하며, 습인은 다만 심의 습속작용習續作用일 뿐으로, 만약 습속이 탐욕하면 탐욕이 더욱 증가하게 된다. 만약 무명식려無明識慮의 상속을 강조한다면, 습인의 상속이라 말할 수 있을 것이다. 이외에도 인위의 수행자는 비색비심을 체로 삼는다고 했는데, 이는 아마도 저자가 『성실론』의 영향을 받았음을

---

19) 池田將則整理, 『教理集成文獻』(p.2908), p.172. 인용문은 저본에 근거하여 수정함. 이하 같음. 又問: "若以二者相望, 得有相續時, 爲是生因中辨續, 爲是習因中明續?" 又答: "因中者, 以非色非心爲體, 體是報法, 無有習因之義, 乃可稟他習因, 名者爲習, 者體非習." 又問: "若爾者, 亦可稟他續故名續, 者上無續." 解意: "備如向解, 續義通上下, 是故二者相望, 得有續義. 習因本惟據心道故, 者上不得論習, 乃可生名爲有義, 是寬得就生因中辨續; 若就無明識慮辨續時, 此就習中明續."

20) 『成實論』 권2(T32, pp.252c-253a) "生因者, 若法生時能與作因, 如業爲報因; 習因者, 如習貪欲, 貪欲增長."

보여주는 것이다. 『성실론』에서는 비색비심법에 '무작업無作業·가명인假名人'[21]이 있다고 여겼다. P2908의 저자는 아마도 가명인을 바로 인위의 수행자의 체라고 여긴 것으로 보인다.

그 다음으로, 자려의 '상속위일相續爲一'의 상 혹은 무상의 문제에 대해서 본문에서는 "상과 무상이 비록 나뉘지만, 일의로 관통한다."[22]라고 언급하였다. 즉 상속성의 측면에서 보면, 무상의 수행자는 결국에는 상주불천常住不遷하는 부처가 되며, 평범하고 미세한 심식은 원만과지圓滿果地를 두루 비추는 지智가 될 수 있는 것이다. 그 다음으로 만약 이러한 '상속일'이 인과·상무상常無常을 관통灌通한다고 봤을 때, 그렇다면 이것과 진속이제는 어떤 관계에 있는 것인가?

> 또 묻는다. "만약 일의 의미는 인과를 관통한다고 생각하면 상과 무상 이외에 세 번째 법이 일어난다는 것이다. 그렇다면 이런 일의 의미는 이제의 범위 내에 통섭하지 못하게 된다. 이제의 범위에 통섭하지 못하면 마땅히 제삼제가 일어나야 할 것이다." 답한다. "그렇지 않다. 만약 이제 이외에 다른 일제가 있다면 당신이 앞에서 한 힐난과 같게 된다. 내가 설명하고자 하는 이 일은 따로 본체가 없다. 그저 이제를 일제로 말하는 것이므로 어찌 세 번째 법이 일어날 수 있겠는가?" 또 묻는다. "만약 따로 세 번째 법이 일어난 일이 없다면 범부에게 이제가 있다고 보는 것은 진리를 체득한 것이다. 지혜로운 자는 밝게 통달하지만 그저 외연에 근거하여 해석할 뿐이다." 답한다. "그렇지 않다. 범부는 정식이 어두워 고정적인 실질을 허

---

21) 『大乘義章』 권2(T44, p.496c) 또는 岡本一平, 「三聚法の形成と變容『大乘義章』を中心として」, 『東洋學研究』 제52호를 참조.
22) 池田將則整理, 『敎理集成文獻』(P2908), p.170. "常無常雖分, 一義灌通."

망하게 집착한다. 일제를 고정적인 일제라고 집착하고, 이제를 고정적인 이제로 집착한다. 이는 일제와 이제의 도리에 어긋나는 것이다. 따라서 그들은 일제, 이제로 이해하지만 일제, 이제를 여실히 이해한 것이 아니다. 그래서 범부가 진리에 대한 이해를 체득하지 못한다. (내가 밝히고자 하는 것은) 성인의 지혜에 밝게 통달하여 그 마음이 아무 거리낌 없이 현묘하게 깨달아서 언제나 이제로 일제를 이해하고, 일제로 이제를 이해하는 것이다. 그래서 항상 처음부터 끝까지 관통하는 것에 일제를 말하고, 구체적이고 다양한 분별에 대해 이제를 말한다. 그러므로 성인은 일제를 연으로 하여 허망한 생각의 과실이 없고, 외경에 방향을 잃어버린 죄과가 없다."[23]

'상속일'이 진속이제 이외의 삼제三諦에 속하냐는 질문에 대해, 저자는 진속이제는 별도로 일법一法을 세우는 것은 불가능하니, 이 '상속일'이 바로 진속이제를 관통하는 일제一諦라고 한다. 범부는 비록 이제로써 제법을 구분하지만, 무명의 미혹으로 인하여, 일제 또는 이제에 집착하게 되어, 정확하게 진리를 깨달을 수가 없다. 그러나 성인에게는 대명성지大明聖智가 있고 집착은 없기 때문에, 이제를 연으로 삼아 상속일제를 이해할 수 있고, 또한 상속일제로써 이제를 이해할 수가 있으며, 나눠지기도 하고 합쳐지기도 하면서 조용하고 자재

---

23) 앞의 책, p.170. 又問: "若當一義灌通因果者, 便是常無常外別有第三法起. 若爾者, 此之一義, 二諦不攝, 若不攝, 應有第三諦起." 答則: "不然. 若當二外別有一, 如向難, 欲明此一更不別有體. 說二以爲一, 云何得有第三法起." 又問: "若更無第三法起者, 是爲凡夫謂二, 應是會理; 智者了達, 但應望緣." 答則: "不然. 凡夫暗情, 妄執定實, 執一定一, 執二爲定二, 乖於一二, 是以雖作一二解, 亦不如一二而知, 故凡夫非是會理之解. 欲明聖智明練, 虛心玄會, 終日緣二以爲一, 終日緣一爲二, 是以一邊恒據始終論, 二邊就曲分而語. 是以聖人緣一, 無妄念之過. 失境之愆."

하여 과실이 없다고 하였다.

또한 이 '상속일'이 인과·상무상·진속이제를 관통한다고 하면, 그 가假와 실實의 성질은 어떻게 정의할 수 있는가?

또 묻는다. "저는 일의 뜻은 인과를 관통하고 성인의 마음이 이를 연으로 하여 조작이 없고, 삿되고 망령된 연의 과실이 없는 것을 알았다. 이 일은 가인지 실인지를 아직 모른다." 답한다. "가가 아니다. 가가 아닌 것을 아는 이유는 이는 체가 성립한 것이 있으면 그 성립한 체가 가라고 말할 수 있다. 내가 말하고자 하는 이 일은 이로 구성된 것이 아니므로 가가 아니다." 또 묻는다. "만약 일의 뜻이 가가 아니라면 속도 아니어야 한다. 속인 바에야 왜 가가 아닌가?" 답한다. "그렇지 않다. 속은 끊어지지 않음을 그 뜻으로 삼고 있는데, 가는 겹겹의 허망을 그 의미로 삼는다. 따라서 이 속은 일이고 가가 아니다." 또 묻는다. "이 속은 일이고, 가가 아닌 것을 알았다. 그렇지만 이 속은 동시에 논하는 것인가? 아니면 전후로 논하는 것인가?" 답한다. "상과 무상은 동시에 존재하지 않는다. 그러니 상속은 전후로 논하는 것이다." 또 묻는다. "상과 무상이 상속한다면 마땅히 서로 의지하는 것이겠는가?" 답한다. "그렇지 않다. 항상 존재하는 현묘한 과보는 의지하는 사물에서 벗어난다. 어찌 서로 의지한다고 하겠는가!" 또 묻는다. "그렇다면 의지하는 사물에서 벗어난다면 마땅히 속이라고 설하지 않아야 한다." 답한다. "다른 사물의 뒤에서 접속하여 일어난 것이니 속이라고 칭한다." 또 묻는다. "그렇다고 하면 다른 사물의 뒤에 대신 보충해서 일어나는 것이므로 마땅히 대라고 하여야 한다." 답한다. "그렇지 않다. 단절하지 않음으로 속을 이해한다. 속의 뜻은 인과를 관통한다. 무릇 상대한 것이라면 그 본질이 부족한 것이 있어서 서로 의지가 필요하다. 내가 설명하고자 하는 항상 존재하는 과보는 원만한 공덕을 갖추고 있는데, 어찌 의지할 상대가 필요하다고 하겠는가?" 또 다른 이해(가 있다.) "의지할 상대는 동시에 존재하는 사물이 있어서 상대가 있다. 어떻게 아는가? 예를 들면 긴 것과 짧은 것이 동시에 존재한다면 상대라고 할 수 있다. 파란 것과 노란 것도 이렇다. 내가 설명하고자 하는 상과 무상은 동시에 존재할 수가 없다. 따라서 상속이라고 할 수 있지만 상대하지는 못한다."[24]

이 문장에는 두 개의 주목할 점이 있다. 첫째, 저자는 '상속일'이 가가 아니라고 분명하게 주장했는데, 이는 이 일법이 상속 과정 중에서 합성할 체가 없기 때문이다. 그러나 질문자의 마음에 '상속가' 사상이 존재하는 것이 매우 분명한데, 바로 상속을 해석제법가명解釋諸法假名의 개념으로 이해하기 때문에, 그는 계속하여 상속과 가의 관계에 대해서 물었다. 그러자 저자는 상속에는 끊어짐이 없다는 의미가 내포되어 있으나, 가에는 허황되어 실제가 아니라는 의미가 있어, 이

---

24) 池田將則整理, 『敎理集成文獻』(p2908), p.171. 又問: "得知一義灌通因果, 聖人心緣, 無爲無妄, 緣之咨者, 猶未識此一爲當是假, 爲當是實?" 答言: "非假. 所以得知, 若有體成, 所成可得言假, 欲明此一不爲二所成, 故非假." 又問: "若一義非爲是假者, 亦應非續. 旣云是續, 胡爲非假." 又答: "不然. 續以不斷爲義, 假以重虛爲義, 是故此續一而非假." 又問: "得知此續一而非假, 未識此續爲復同時論續, 爲是前後論也?" 答言: "常無常不竝, 是故相續, 要是前後." 又問: "常無常旣得相續, 亦應相待?" 答則: "不然. 常住妙果, 出待之法, 云何相待!" 又問: "若爾, 出待之法, 亦不應明續." 答意: "續他後起, 名之爲續." 又問: "若爾, 掃他後起, 亦應是待." 答則: "不然. 不斷解續, 續義亙通因果. 凡爲相待, 本要是不足, 故須相待. 欲明常住, 萬德滿足, 云何有待!" 又一解: 待本要是同時有, 得論相待. 何以得知? 如長短同時, 得有相待, 青黃亦然. 欲明常無常不得同時, 辨相續故, 不得相待也.

처럼 이 둘에 내포된 의미가 다르므로 '상속일'은 가가 아니라고 대답하였다.

둘째, 질문자는 어떻게 할 수 없는 상속가로써 저자를 당황하게 만든 후에, 상대가相待假로써 '상속일'의 성질을 분석하려고 시도하였다. 저자는 두 방향에서 이 설에 대해 비판하였는데, 첫째는 '상속일'의 상주불과는 상대조건의 법을 넘어선 것으로, 상대로써 그것을 논할 수 없다고 하였다. 둘째는 상대는 바로 제법의 동시성을 말한 것으로, 예를 들어 장단은 동시에 상대하지만 상속은 전후로 시간에 걸쳐지는 성질을 지니게 되기 때문에, 상대의 성질과 다르게 된다고 하였다.

종합해 보면 P2908의 저자는 상속위일相續爲一의 법이 실법實法이 된다고 여겼기 때문에, 이 문장에서 계속하여 "중생이 도를 닦아 덕으로 나아가면 저 당유를 만나서 일실성이 된다."[25], "실성을 상속한다相續實性"[26]고 말한 것이다. 다시 말하자면, 중생은 수행의 상속을 통해 성불하고, 인과 과, 무상과 상, 속제와 진제를 관통하게 되니, 궁극적으로 말하면 그 상속의 성질은 상주과위常住果位의 실재성實在性 위에서 정의된 것이라 할 수 있다. 저자는 상속의 함의를 분석할 때, 중생은 오직 금강심金剛心의 단계에 이르러서 지혜로 불성을 조건할 때에만, 상속의 의의를 분명하게 드러낼 수 있다고 하였다.

이는 '상속상'을 분석하는 과정에서도 구체화되었다. 자가 합성合成 · 정체整體를 의미하면서 상속 중에서 '자상속者相續'이라는 한 측

---

25) 池田將則整理,『敎理集成文獻』(P2908), p.133. "衆生修道進德, 會彼當有, 爲一實性."
26) 앞의 책, P.170.

면을 세우게 된 이유는, 무상의 수행자가 색·심·무작으로부터 하나의 정체를 합성했기 때문이 아니라, 수행자가 성불한 후에 획득한 상주진실의 체가 매우 많은 의의를 지니고 있고, 이러한 의의가 하나의 정체 속에 통일이 되었기 때문으로, 이러한 정체를 '자者'라고 부르는 것이다.

마지막으로 P2908에서는 전轉·변變·속續의 관계에 대해서도 언급하고 있는데, 저자는 일관되게 '상속일'의 입장을 견지하고 있으며, 상속의 과정에서 변에 대해 분석하였다. 두 번째로는 불과佛果의 신통자재·무방응화無方應化로써 전·변·속이 동일 주체의 다른 작용에 속한다는 것을 분석하였다.

앞서 설명한 것을 종합해 보면, P2908의 저자는 상속사상을 더욱 중시하여, 상속사상을 불성론에서 독립시켜 중생수행성불 과정 중의 주체의 상속성과 일치성을 상세하게 해설하였고, 아울러 상속과 무상과 상, 진속이제 등의 중요한 성불개념의 관계를 분석함으로써, 상속을 둘러싸고 하나의 완정한 이론체계를 세우려고 시도하였다

5.

그 다음으로 上博3317의 『법화경문외의』에서는 문답의 형식으로 '상속의'에 대해 전문적으로 논의하고 있다. 이 문장과 P2908에는 매우 근본적인 공통점이 있는데, 바로 이 둘은 모두 상속은 유일유이有一有異하고, 중생이 상속일 중에서 수행하여 성불한다는 것을 강조했

다는 것이다. 이는 상속사상의 기초이다. 간단하게 말하면, 『법화경문외의』의 상속의는 다음의 몇 가지를 다루고 있다. 즉 상속의 정의, 상속일의 상 또는 무상, 상속일과 이제, 상속일려相續一慮가 밝힌 시일시이륷一是二, 열반과 속 및 가와의 관계, 상작相作과 상속, 자와 심 등이 그것이다.

먼저 『법화경문외의』에서는 상속의에 대해 다음과 같이 두 가지로 정의하였다.

> 또 묻는다. "상속의 뜻이 무엇인가?" 또 답한다. "다른 해석이 있다. 한 가지의 해석. 전념이 능히 후념을 감응하여 일어난다. 전념이 후념의 인이므로 속이라고 칭할 수가 없다. 후념이 반드시 전념을 받아 나아간다. 후념과 전념이 격절되지 않으므로 후념에게는 속이라고 칭할 수 있다." 또 묻는다. "전념은 능히 후념을 감응하여 일어난다. 전념은 후념으로 변할 수 있고, 후념은 반드시 전념을 받아 나아간다. 후념이 전념으로 변할 수 있는 것인가?" 또 한 가지 해석. "전념은 능히 후념을 감응하여 일어난다. 전념은 후념으로 변할 수 있다. 후념은 주된 것이고, 전념을 받아 나아갈 수 있지만 전념으로 변할 수가 없다. 어떻게 아는가? 금강심이 종지를 감응하여 생하는데, 종지에게 인이 될 수 있으므로 종지로 변할 수 있다. 종지는 금강심을 받아 나아간다. 금강심으로 변할 수가 없다. 왜냐하면 금강심은 인이고, 무상이며, 원만하지 않은 것이다. 종지는 과이고, 항상하며, 원만하고 구족한 것이다. 금강심은 무상이고, 원만하고 구족한 것이 아니어서 항상 변할 수 있다. 종지는 항상하고 원만하고 구족한 것이어서 무상하고 원만하고 구족하지 않은 것으로 고쳐질 수가 없다." 또 다른 해석도 있다. "전

넘은 후념을 감응하여 일어나니 후념은 반드시 전념을 받아 나아간다. 전념과 후념은 상속하여, 중간에 부단절이란 명칭을 얻게 된다. 이러한 일은 전후 양단을 관통함으로써 얻은 것이다."[27]

즉 두 가지 상속의가 각각 강조하고 있는 부분은 다르다. 첫 번째 상속의는 전후의 인과과정 중에서, 비록 전념이 후념의 인因이 되지만, 후념, 즉 과위果位야말로 상속이 성립할 수 있는 관건이 된다는 것이다. 게다가 후념의 과위와 전념은 단절되지 않았기 때문에, 후념이 전념을 향해 나아갈 수 있으므로, 전념에 응화應和·순응할 수 있다는 것이다. 두 번째 상속의는 상속의 성립에는 반드시 전념 후념이 종합해야만 한다고 주장하였다. 이러한 두 가지 상속의는 모두 인과관계 위에서 설명한 것으로, 인은 무상하지만 과는 상하며, 인은 능히 과에 감응할 수 있고, 과는 능히 인으로 나아갈 수 있지만, 과는 인이 될 수 없다.

그 다음으로 『법화경문외의』에서는 또한 상속일이 상인지 무상인지에 대한 문제를 논의하였다.

또 묻는다. "상과 무상, 명과 무명을 총람하여 상속의 일이 성립된다. 이

---

27) 『法華經文外義』 권1(ZW02, p.295a.) 又問: "相續義云何?" 又答: "解義不同. 一解: 前能感後, 前與後作因, 不得續名; 後必赴前, 後不絶前, 後念上得其續名也." 又問: "前能感後, 前得作後. 後必赴前, 後得作前以不?" 又解: "前能感後, 前得作後. 後者正者, 正得赴前, 不得作前也. 何以得知? 金剛心感種智, 得與種智作因, 故得作種智. 種智赴金剛, 不得作金剛也. 所以如此, 金剛是因, 無常不滿; 種智是果, 常而滿足. 正以無常不滿足, 故得作常; 種智常而滿足, 故不得作無常不滿足也. 複又一解: 前能感後, 後必赴前. 前後相續, 中間得不絶之名. 此一桓就兩頭得名也."

러한 일은 상인가? 무상인가? 명인가? 무명인가?" 답한다. "이러한 일은 상이라고 부를 수 없고, 무상이라고 부를 수 없다. 명이라고 칭할 수도 없고, 무명이라고 칭할 수도 없다. 어떻게 아는가? 상을 총람하여 성립된 것이어서 무상이라고 부를 수가 없다. 무상을 총람하여 성립되어서 상이라고 부를 수 없다. 대명에 의해서 성립되기 때문에 무명이라고 칭할 수 없다. 무명에 의하여 성립되기 때문에 명이 될 수가 없다." …… 다른 한 가지 해석. "이러한 일은 상이라고 부를 수도 있고, 무상이라고 부를 수도 있다. 어떻게 아는가? 왜냐하면 이는 상을 총람하여 성립되기 때문에 후념을 따라 상이라고 부른다. 무상으로 성립되어서 전념을 따라 이름하여 무상이라고 부른다. 무명과 명도 이와 같이 이해한다. 이것은 상과 무상을 총람하여 상속의 일이 성립되는 것을 질문한 것이다."[28]

위의 문장에는 두 가지 해석이 제시되어 있다. 첫 번째는 상속일을 상과 무상, 명明과 무명으로 설명할 수 없다는 것이다. 두 번째는 첫 번째와 정반대로, 상속일이 전후로 다르다는 관점에서 설명한 것으로, 상·명으로 칭할 수 있고 또한 무상·무명으로도 칭할 수 있다고 하였다. P2908은 『법화경문외의』보다 비교적 간단하며, 『법화경문외의』의 구분 방식을 사용하지 않았고, 상속일의 정체성을 더욱 강조

---

28) 『法華經文外義』 권1(ZW02, pp.295a-296a.) 又問: "攬常無常·明無明, 成相續一. 問此一爲是常·爲無常也? 爲是明·爲無明也?" 又解: "此一不得名常, 不得名無常; 不得名明, 不得名作無明. 正得名非常非無常·非明非無明. 何以得知? 攬常成故, 不得名無常; 攬無常成故, 不得名常. 爲大明成故, 不得名無明; 爲無明成故, 不得爲明也." …… 更有一解: "此一亦得名常, 亦得名無常. 何以得知? 攬常成故, 從後作名, 名爲常也; 爲無常成故, 從前作名, 名爲無常也. 明無明亦如此解. 此問攬常無常, 成相續一."

한 것으로 보인다.

또한 『법화경문외의』에서는 더 나아가 상속일과 이제의 관계에 대해 논의하였다.

> 묻는다. "이러한 일은 이제로 판별하려면 어느 제에 통솔되는가?" 또 해석한다. "이제로 통솔할 바가 아니다. 어떻게 아는가? 횡으로 말하자면 이제로 판별하여 이제만 있고, 일제가 없다. 일제로 관통하면 처음부터 끝까지 일제만 있고 이제가 없다. 그러니 경에서 '상속 일실제'를 말한다고 하였다. 이들이 드러내는 뜻은 각각 다르므로 무슨 상관이 있어서 어느 제로 통솔하냐고 묻겠는가?" 또 한 가지 해석. "이러한 일은 이제로 통솔한다. 어떻게 아는가? 이제로 분별하여 판단하면 후념을 따라 말하므로 제일의제로 통솔한다. 전념을 따르기 때문에 세제로 통섭한다."[29]

위의 문장에서는 상속일과 이제의 관계에 대해 두 가지로 해석하였다. 첫 번째는 상속일이 인과의 처음과 끝을 관통하기 때문에, 이제로써 분별할 수 없고, '상속일실제相續一實諦'로 봐야만 한다고 여겼다. 이 개념은 『범망경梵網經』의 "업도業道가 인연중도를 상속하는 것을 실제實諦라 부른다. 가명제법아인주假名諸法我人主를 세제라 칭한다."[30]라는 부분의 영향을 받았을 가능성이 있다. 상속의 진실성을 강

---

29) 『法華經文外義』 권1(ZW02, p.296a.) 問: "此一, 二諦作判, 落在何諦所攝?" 又解: "二諦所不攝. 何以得知? 橫截而言, 二諦往判, 唯二無一; 以一諦往? 始終相續, 唯一無二也, 故經言 '相續一實諦'. 明義各異, 何相關也, 問何諦所攝也!" 複有一解: "此一爲二諦所攝也. 何以得知? 以二諦往分, 從後故爲第一義諦所攝, 從前故世諦所攝."
30) 『梵網經』 권1(T24, p.999c) "業道相續因緣中道, 名爲實諦; 假名諸法我人主者,

조하고 있는 점은 P2908과 같다.

그러나 『법화경문외의』에서는 또한 다른 해석도 제시하였는데, 전인무상前因無常·후과상주後果常住의 관점에서 상속일을 제일의제와 세속제로 분별하여 칭할 수 있다는 것이다. 이처럼 『법화경문외의』에서는 P2908보다 비교적 더 다원적인 이해 방식을 보여주고 있다.

그리고 상속일의 여가 비추는 경계가 하나인지 둘인지에 대한 문제에 대해 마찬가지로 아래와 같이 두 가지로 설명하고 있다.

> 또 묻는다. "이러한 상속일의 여慮는 어떤 경계를 관조하여 일어나는가?" 또 답한다. "두 가지 해석이 있다. 한 가지 해석에 따르면 한 가지 경계를 관조하여 생기한다. 어떻게 아는가? 전경의 상과 무상이 상속하여 하나의 여가 된다. 관조할 수 있는 그 이외의 경계는 어디 있겠는가? 그러므로 '조일경'이라고 말할 수 있다." 한 가지 해석에 의해 말한다. "상과 무상의 두 가지 제의 진리를 의지할 수 있다. 어떻게 아는가? 금강심은 인위의 마음이다. 원만하지 않지만 항상 이제의 이치에 반연하여 생긴다. 하물며 과위의 마음은 원만구족한데 어찌 관조하지 않겠는가? 이런 해석은 응당히 후념을 따라 그 상속의 명칭을 얻은 것이다."[31]

첫째, 심려가 비추는 경계에는 유상과 무상의 성질이 있지만, 심려

名爲世諦."
31) 『法華經文外義』 권1(ZW02, p.296a.) 又問: "此相續一慮, 照何境而起?" 又答: "解有二種." 一解言: "照一境而起. 何以得知? 前境常無常, 相續一慮, 那得有別境可照也? 以是義故, 得言'照一境'也." 複有一解: "亦得緣常無常, 二諦理也. 何以得知? 金剛是因心不滿, 由常緣二諦理起, 豈況果心滿足而不照也! 此解當就後念上得續名也."

는 상속하여 하나가 되므로, '하나의 경계를 비춘다[照一境]'고 할 수 있다고 설명했다. 두 번째는 심려가 이제의 진리 대상[理境]을 비춘다는 것이다. 인위의 금강심이 모두 이제의 이치를 관조하여 발생하는 것으로, 그처럼 수행을 상속하여 과위에 이른 종지는 상주만족하고, 이제의 진리 경계를 관조하는 것이다. 이러한 이해방식은 후념의 각도에서 상속을 이해한 것으로, 앞선 문장의 상속의에 대한 첫 번째 정의에 부합하는 것이다.

『법회경문외의』에서는 열반과 속·가의 관계에 대해 다음과 같이 상세하게 나누어 설명하였다.

> 또 묻는다. "중생이 부처가 되는데, 부처가 중생을 받아 나아간다. 그러면 열반은 가인가?"
>
> 또 답한다. "여러 논사의 해석이 다르다. 한 가지 해석. 열반은 상속이고, 가가 아니다." 또 묻는다. "열반은 속에 안치할 수 있는데, 왜 가에 안치하지 못하는가?" 또 답한다. "속의 명칭이 상과 같다. 어떻게 아는가? 상이 부단절을 그 뜻으로 삼는데, 속의 뜻도 부단절이다. 양자의 명칭이 일치하므로 과위 상속의 명칭을 안치할 수 있다. 가의 의미는 상과 어긋난다. 어떻게 아는가? 열반은 진실이고, 모든 허망과 거짓을 절대적으로 초월한다. 이에 비해 가는 허위적이고 부적절하다. 두 가지의 뜻이 서로 어긋나므로 가에 안치할 수가 없다." 또 한 가지 해석. "금강심 이전은 속이면서 가이다. 금강심 이후는 속이지만 가가 아니다. 어떻게 아는가? 금강심은 종지의 인으로서 전념을 받아 나아가 후념을 감응하여 일어난다. 그래서 속이고 가이다. 그러나 종지는 전념을 받아 나아가고, 후념을 감응하여 일어나

는 뜻이 없으므로 속이지만 가가 아니라고 한다." 또 한 가지 해석. "열반은 상속상대가라고 말할 수 있고, 그 앞 단계의 인생인성가가 아니다. 중생이 수행하여 성불하는데, 부처는 중생을 받아 나아갈 수 있으므로 상속가이다. 경에서 '마음이 있으므로 당래(미래) 성불의 성질을 가지고 있다.'고 하였다. 이는 어찌 성품이 마음에 의지하는 것이 아니겠는가? 여래장이 있으므로 생사가 상속하여 단절하지 않는다. 이는 생사가 여래장에 의지하는 것이다. 이는 상대가이다. 그래서 열반은 속이면서 가이다."[32]

질문자는 중생과 부처의 상속성이 열반과위涅槃果位인지 가인지에 대해 질문하였는데, P2908의 질문자와 마찬가지로, 마음속에 '상속가' 사상이 있음을 알 수 있다. 저자는 이에 대해 세 가지로 설명하였다. 첫 번째는 열반은 진실상주의 법이며, 허망하여 속이는 것이 아니라고 하였다. 속과 상에는 모두 끊이지 않는다는 의미가 있는데, 이 둘의 이름이 서로 합치되어, 따라서 열반을 속이라 칭할 수 있다는 것이다. 그러나 가는 거짓되어 진실이 아니니, 열반상주의 뜻과 부합하지 않아, 열반은 가로 칭할 수 없다는 것이다. 이를 통해 열반·속·상·실實이 모두 상호 합치되는 개념임을 알 수 있고, 위에서 서술

---

32) 『法華經文外義』 권1(ZW02, p.297a.) 又問: "衆生作佛, 佛續衆生者, 涅槃是假以不?" 又答: "諸師解義不同. 一解: 涅槃是續而非假也." 又問: "涅槃所以得置於續, 何故不得安假也?" 又解: "續名與常相順. 何以得知? 常以不斷爲義, 續義復是不斷. 二名相順, 是以果頭得安續名也. 假義與常相違. 何以得知? 涅槃是實, 絶於假? 假是虛僞不實. 二義相背, 故不得安假也." 更有一解: "金剛以還, 是續而是假; 金剛以後, 是續而非假. 何以得知? 金剛心與種智爲因, 有赴前而感後, 故是續而是假也; 種智但有赴前而無感後之義, 是以續而非假也." 複有一解: "涅槃得言是相續相待假, 而非下地因生因成也. 衆生修行作佛, 佛得續衆生, 故是相續假也. 經言 '有心, 故所以有其當性', 此詎不性待於心也. 有如來藏故, 生死相續不斷, 此生死待如來藏也. 此是相待假也. 是以涅槃是續而是假也."

한 '상속일실제相續一實諦'라는 명제를 통해 보면, 비록 P2908에서는 속과 실의 문제에 대해서만 논의하기는 했지만, 이러한 이해 방식과 P2908의 입장이 일치한다는 것이 쉽게 드러난다.

그런데 이 이외에도 『법화경문외의』에서는 두 가지 해석을 더 제시하고 있다. 두 번째는 금강심을 경계로 삼아, 서로 다른 수행 단계를 속 또는 가의 성질로 구분한 것이다. 금강심 이하의 단계가 속과 가인데, 금강심은 여전히 인위에 위치하고 있기 때문에, 더욱 이른 단계에 순응할 수가 있으며, 과위의 종지가 감응하여 나타날 수가 있다. 그러나 금강심 이후의 과위는 속이지 가는 아니다. 일체종지는 다만 앞의 단계에 순응할 필요가 있을 뿐, 결코 뒤의 단계의 인이 될 수가 없기 때문이다. 이러한 이해 방식은 P2908에 이에 상응하는 내용이 구체화되어, "만약 무여열반이 몸과 지혜를 이은 뒤에 생겨나는 것이라면, 이는 세제이니, 속이고 또한 가이다. 만약 부처와 중생에 대해 논한다면, 속이며 가가 아니다"[33]라고 하였다. 즉 두 번째 설명은 첫 번째 설명을 좀 더 강화시킨 것이라 할 수 있을 것이다.

세 번째 설명은 성실사의 이른바 '사가四假', 즉 상속·상대·인생因生·인성因成의 개념을 빌려 온 것이다. 즉 범부와 성인의 수행하는 상속과정은 상속가로, 아울러 『열반경』을 인용하여 당과불성當果佛性은 중생심에 의지하여 발생한 것이기 때문에 이것이 상대가相待假라는 것이다. 이 때문에 열반은 속이면서 또한 가가 되는 것이다. 이러한 설명은 저자가 질문자의 마음속에 있는 상속가 개념에 순응하여

---

33) 池田將則整理, 『教理集成文獻』(P2908), p.173. "如無餘涅槃續身智後起, 此是世諦, 亦續亦假; 若論佛與衆生, 續而非假也."

제시한 것이라 할 수 있을 것이다. 그러나 이렇게 되자 열반은, 체가 끊어지고 모든 것을 부정하는 불교학의 상식에 위배되기 때문에, 질문자는 이에 대해 다시금 질문하게 되었다.

  또 묻는다. "열반의 본체는 모든 부정적인 묘사를 철저히 초월하는데, 어찌 가라고 하는가?"
  또 답한다. "열반이 철저히 초월한다는 것은 이전 단계의 형상과 본질을 철저히 초월하고, 이전 단계의 가를 철저히 초월하고, 이전 단계의 부정 칭위를 철저히 초월하며, 이전 단계의 긍정적인 칭위를 초월하는 것이다. 금강심 이후(원문에서 還, 오자이다. 後여야 한다.) 온갖 긍정적인 칭위가 이를 표현할 수 없고, 모든 부정적인 칭위도 이를 표현하지 못한다. 그 본체는 곧 최대의 형상이다. 그 본체는 곧 최대의 부정적인 칭위이며, 최대의 긍정적인 칭위이다. 그 본체는 금강심 이전 단계의 생사성질을 가진 긍정적인 칭위가 아니어서 비非라고 칭한다. 그 본체는 금강심 이전단계의 생사성질을 가진 부정적인 칭위를 철저히 초월하므로 시是라고 칭한다." 또 묻는다 "만약 열반이 가라면 무상이어야 한다." 또 답한다. "반드시 무상일 필요는 없다. 어떻게 아는가? 예를 들면 허공 중의 번뇌가 다 끊어지는 것이다. 이것은 상대가이고 무상이 아니다. 열반은 가의 중도의 극치이고, 무상이 아니다."[34]

---

34) 『法華經文外義』 권1(ZW02, p.297a.) 又問: "涅槃體絶百非, 云何是假也?" 又答: "涅槃絶者, 絶於下地之相體, 絶下地之假也, 絶下地之非, 絶下地之是. 金剛以還, 百是不能是, 百非不能非. 體正是大相也. 體正是大非, 是大是也. 體非金剛以還生死之是, 故稱爲非; 體絶金剛已還生死之非, 故稱爲是也." 又問: "涅槃若是假, 應是無常?" 又答: "何必是無常也. 何以得知? 如虛空結盡, 是相待假, 而非是無常. 涅槃假之中極, 非是無常也."

저자는 우선 인위와 과위의 시비를 구분하였고, 나아가 열반이 대비대시大非大是하여 열반 이하의 단계의 모든 생사의 시비를 단절하였다고 주장하였다. 그런 후에, 열반과 가 및 무상의 관계에 대해서, 저자는 열반은 허공과 마찬가지로, 그 중에서 번뇌가 모두 사라진다고 하였는데, 번뇌멸진과 비교했을 때, 열반은 상대가라 하였다. 이러한 이해 방식은 일반적인 장단의 상대가와는 다른데, 이러한 관점은 저자 스스로가 의미를 확장시킨 것이다. 다음 문장에서는 또한 열반이 가의 중극中極이라 말하였는데, 이는 마치 열반의 가가 중도를 구체적으로 드러내었기 때문에 무상이 아니라 여긴 것처럼 보인다. 이러한 점은 상속중도의 관점에서 보면 이해할 수 있다.

또한 『법화경문외의』에서 상속과 상작相作의 관계를 논한 부분은 P2908과 역시 비슷한 점이 있다.

> 또 묻는다. "명확한 이해는 이미 일어나고, 무명을 끊은 것이니 어떤 이유로 상호 작용할 수 있는가?" 답한다. "이해가 일어나 미혹이 사라지지만 원칙적으로 상호작용을 할 수가 없다. 그러나 명확한 이해가 일어나는 것은 무명이 사라진 이후이므로 이를 작용이라고 칭한다."
>
> 또 한 가지 해석. "밝음과 어둠이 서로 연결되어 상호작용할 수 없다. 상속의 길에 있어서 원래 무명에 따라 성립된 것이 오늘날에 과위의 대명지에 따라 성립된 것이 된다. 주체의 명호는 상통하여 상호작용할 수 있다. 그래서 경에서 '원래의 사슴왕이 오늘날에 내 몸이네'라고 한다. 긴 시간으로 말하자면 원래의 사슴왕이 현재 오늘날에 부처로 변했다는 것이다."[35]

---

35) 『法華經文外義』 권1(ZW02, p.298a.) 인용문은 저본에 근거하여 수정하였다. 이

위의 문장에는 명해明解와 무명의 관계에 대해 두 가지 상작의 방식이 기록되어 있다. 첫 번째는, 명해와 무명은 그 성질이 근본적으로 다른 것으로, 원칙적으로 상호간에 작용할 수 없고, 다만 명해가 무명 이후에 상속하여 발생한 것이기 때문에, 이로 인해 '상작相作'이라 칭할 수 있다는 것이다. 두 번째는 수행자 상속의 각도에서 봤을 때, 범성주체가 일치한다고 여기기 때문에 상작한다는 것이다. 이 둘의 내용으로 보면, 이는 P2908의 '상속의(1)'에서 언급한 체보상속과 상작상속을 가리키는 것이 분명하다. 그러나 『법화경문외의』의 저자와 P2908의 저자의 입장은 분명히 다르다. 후자는 '자'와 '심'이라는 두 개의 각도에서 두 개의 상속을 구분하는 방식을 사용했으나, 전자는 '자'와 '심'을 회통시킨 상속위일相續爲一을 중시하여, '상작'이라 통칭한 것이다.

마지막으로, 상작상속에 대해 더 나아가 논의하면서, 『법화경문외의』에서는 '자'와 '심'의 구별에 대해 언급하였다.

> 또 묻는다. "금강심 이전의 단계는 마음과 떨어져 있다. 금강심 이후의 단계는 마음과 상즉한다. 왜 비심이 마음과 접속하는가? 만약 비심이 마음을 접속할 수 있으면 금강심 이전의 단계에서 색도 응당 마음을 접속할 수 있다. 만약 색이 마음에 접속할 수 없다면, 금강심 이전의 단계에서 비색비심의 물질이 과위의 마음에 접속할 수가 없다." 또 한 가지 해석. "금강심

하 동일. 又問: "明解既起, 斷去無明, 云何得相作也?" 又解: "解起惑喪, 理不相作. 但明解之生, 沒他無明心後起, 道言'作'也." 更有一解: "明暗相連, 不得相作. 就相續道中, 本時無明所成者, 今作果頭大明所成者也. 者名是通, 得相作也. 故經言'本時鹿王, 今則我身'是也. 就寬時中, 本時鹿王成者, 今作佛者."

이전 단계에 주체는 두 가지가 있다. 마음과 상즉하는 주체가 있고, 마음과 떨어져 있는 주체가 있다. 현재 말하는 '속'은 마음과 상즉하는 주체이고, 과위에 상속하는 주체다. 마음과 떨어져 있는 주체는 금강심 이전의 단계이고, 다 사라져 단멸하였으며 과위에 통하지 않는다. 주체의 명호는 서로 통하고 여慮도 통한다. 그러므로 서로 상호작용을 할 수 있다. 상과 무상의 단계, 명와 무명의 단계가 다 다르고, 상호작용을 할 수가 없다."[36]

여기에서 저자가 여전히 '자상속'과 '심상속'이 모두 상작이라는 입장을 견지하고 있음을 확인해 볼 수 있다. 질문자도 금강심을 경계로 수행자를 전후의 두 계의 단계로 구분하였는데, 금강심 이전과 최종 과위의 심분리心分離의 수행자, 금강 이후와 최종 과위 심상즉心相卽의 수행자로 구분하였다. 저자는 색·비색비심非色非心이 어떻게 과위에 연결되는지에 대해 두 가지로 해석하였다. 첫 번째는 '자'와 '심'의 다름을 간략하게 구분하였는데, 그러나 P.2908에서처럼 '자체者體'가 온갖 뜻을 모두 갖추고 있다고 언급하지는 않고 있다. 이는 저자가 이러한 문답의 방식에서는 굳이 일일이 말하지 않더라도 그 의미가 통한다고 생각했기 때문일 수도 있다.

두 번째 해석에서는 더 나아가 금강심 이전의 수행자를 즉심자卽心者와 이심자離心者라로 구분하였다. 이심자는 수행이 금강심에 이

---

36) 『法華經文外義』 권1(ZW02, p.298a.) 又問: "金剛已還, 離心之者; 金剛已後, 卽心之者. 云何非心得續於心? 若非心得續於心, 金剛已還, 色亦應得續於心. 若色不得續心, 金剛已還, 非色非心者, 不得續於果頭心也." 又解: "者義非心義, 所以得相續也." 更有一解: "金剛以還, 有二種之者, 有卽心者, 有離心者. 今言'續'者, 卽心者, 續於果頭者; 離心者, 齊金剛已還, 謝滅不通果頭也. 者名是通, 慮亦是通, 得相作也. 常無常時·明無明別, 不得相作也."

르렀으나 불과위佛果位와 상통할 수 없는 수행자이다. 즉심자는 상속하여 불과위의 심에 도달할 수 있는 수행자로, 즉심자만이 상속한다고 칭할 수 있다. 이러한 상황에서 자와 여는 모두 인위와 과위를 관통하여, 따라서 상작상속이라 하는 것이다. 바로 이러한 점에서 보면, 이는 불과위에서 중생을 본 것이며, '붓다는 중생을 상속한다佛續衆生'의 각도에서 상속성을 강조한 것으로 만약 수행자가 중도에 포기한다면 상속이라 칭할 수 없다.

종합하면 『법화경문외의』와 P2908은 상속사상에 있어서 공통점과 차이점이 있다는 것을 알 수 있다.

공통점은 다음과 같다. ① 모두 상속의 유일유이有一有異함을 강조하여, 중생이 상속일相續一 중에서 수행하여 성불한다고 봤다. ② 상속의 진실성을 제시하였다. ③ 상속 혹은 열반은 진실하고 가가 아니다. ④ 상속을 '자상속'과 '심상속'으로 구분하였다.

차이점은 다음과 같다. ① 『법화경문외의』에서는 두 종류의 상속의를 제시하였는데, 후념이 과위로써 상속의 핵심이 되는 것과 전념과 후념이 종합하여 상속하는 것이다. 그러나 P2908에서는 다만 전자를 강조했다. ② P2908에서는 전·변·속의 관계를 해석하였다. ③ 『법화경문외의』에서는 상속일려가 비추는 경계의 문제를 논의하였다. ④ P2908은 체보상속과 상작상속을 구분한 후에, '자려상속'의 문제에 대해 논하였으나, 『법화경문외의』에서는 상작상속을 '자려상'에 융합하는 문제를 논하였으므로, 입장이 다르다. ⑤ P2908은 상속과 상무상·진속이제·가실假實 등의 문제를 설명하면서, 내용이 비교적 간결하고 입장도 분명했다. 그러나 『법화경문외의』는 이러한 것에 대해 P2908의 관점을 서술했을 뿐만 아니라, 더 다양한 해석을 제시하였다.

이를 통해 비록 P2908과 『법화경문외의』가 각자의 독특한 사상을 구분하여 설명했지만, 『법화경문외의』가 P2908보다 상속사상을 더 복잡하고 다원적으로 논의할 수 있는데, 이는 아마도 P2908이 『법화경문외의』보다 일찍 형성되었기 때문일 것이다.

6.

본문에서는 P3291 · P2908 · 上博3317의 『법화경문외의』를 중심으로, 장내藏內의 문헌과 결합하여, 중국 초기 불교의 상속사상의 발전에 대해 초보적으로 탐구하였다.

우선 상속성은 불교사상에서 매우 중요한 것으로, 불교의 인생관, 업보윤회관과 해탈론과 밀접하게 관련된 개념이다. 불교가 중국에 처음 전래되었을 때, 상속사상과 중국전통이 상호 결합하여, 신불멸론神不滅論을 형성하였다. 그러나 이는 불교의 중도입장에서는 일정 정도 벗어난 것으로, 중국 초기 불교 상속사상의 전주곡이라 말할 수 있을 것이다.

또한 상속사상이 중국 불교학자의 주의를 끈 것은 아마도 『성실론』에 포함된 상속가 사상과 관련이 있다고 할 수 있지만, 이것이 정말로 남북조 불교 사상의 주류로 진입한 것은 불성론과 더불어 발전하면서부터이다. 이러한 점은 P3291 · P2908 · 『법화경문외의』에서 강조한 "중생은 붓다가 되고, 붓다는 중생을 상속한다.[衆生作佛・佛續衆生]"의 명제에서 상속사상에 포함된 불성론의 기초를 확인해 볼 수 있다. 또한 남북조시대의 불성론 중 하나인 "명전불후의冥傳不朽義"[37]가 직접적으로 상속을 정인불성으로 이해하였다는 점을 통해서도 확인해 볼 수 있다.

앞의 문장에서 서술한 것을 종합해 보면, 중국 초기 불교사에서의 상속사상은 서로 다른 발전단계를 거쳤음을 알 수 있다. 상속사상은 맨 처음에는 신불멸론에 가탁하여 상속중도相續中道의 개념에 도달하였고, 이후에는 적극적으로 정통 불교 이론과 결합하여 발전하였다. 『성실론』의 상속가 사상에서 시작하여 불성론과 결합하는 단계를 거쳐, 상속상相續常의 특징이 갑자기 등장하였다가, 불성론에서 벗어나서 독립적인 논제가 되면서, 의미가 확장되어 상속실성의 개념이 발생하였다. 이처럼 중국 초기 불교의 상속사상은 중도・불성・상무상・진속이제・열반 등의 개념과 끊임없이 상호작용하여 복잡하고 다양한 이론적 특징을 지니게 되었다.

그런데 상속사상이 중국의 초기 불교에 이와 같이 중요한 영향을 미쳤음에도 불구하고 어떤 이유로 시간이 지나면서 그 존재가 희미해졌는지 의문이 든다. 좀 과감하게 추측해 본다면 아마도 다음과 같은 몇 개의 원인 때문이 아닌가 생각된다. 첫째, 애초에 상속사상에 대한 내용은 경전에 산발적으로 남아 있었을 뿐, 본문에서 언급한 각 방면의 내용의 대부분은 중국의 불교학자가 구축해 낸 것이지 직접

---

37) 『大乘四論玄義』 권7(X46, p.601c; Z 1:74, p.46d; R74, p.92b.) "第五中寺小安法師雲: 心上有冥轉不朽之義, 爲正因體. 此意神識有冥傳用, 如心有異變相, 至佛, 亦簡異木石等."

적으로 경증經證한 것이 아니다. 둘째, 비록 상속사상의 근원 중 하나인 『성실론』이 남북조 시기에 한때 성행하기는 했지만, 삼론三論 등의 대승불교 사조가 흥기함에 따라 『성실론』 및 그 내부의 상속사상에는 점점 더 부정적인 의미가 발생하게 되었다. 셋째, 유식사상이 전역傳譯되면서, 팔식八識 중 상속식相續識의 개념이 점차로 사람들에게 받아들여졌으나, 이후 성행한 여래장사상 혹은 유식사상에서는 상속식이 해탈론에 있어서 모두 근본적인 지위를 갖추지 못했기 때문일 것이다. 아마도 위에서 언급한 이유의 영향으로 상속사상이 점차 역사의 무대에서 사라지게 되었을 것이다.

(번역: 문미정, 구려사)

북주北周 도안道安의 『이교론二教論』과 당唐 법림法琳의 『변정론辯正論』의 영향 관계

신사임(辛師任)

Ⅰ. 들어가는 말

본고는 북주北周 무제武帝 천화天和 5년(570, 혹은 천화 6년)에 저술된 도안道安의 『이교론二教論』과 당唐 고조高祖 무덕武德 9년(626)부터 여러 해에 걸쳐 저술된 것으로 보이는 법림(法琳, 572-640)의 『변정론』 사이의 영향 관계에 주목하고 있다. 본고에서 다루고 있는 두 문헌인 『이교론』과 『변정론』은 각각 두 종류의 돈황사본, 즉 Pelliot chinois 2587, Pelliot chinois 3742, Pelliot chinois 3617, Pelliot chinois 3766이 남아있다. 특히, Pelliot chinois 2587의 사본 말미에는 『이교론』을 저술한 배경과 목적 등이 필사되어 있어, 『이교론』을 연구하는데 귀중한 정보를 제공하고 있다.

양 문헌은 모두 불교에 대한 비난과 폐불廢佛 혹은 억불抑佛이라는 정치적 배경 아래, 불교를 옹호하기 위한 목적으로 저술된 호교護

敎 문헌이다. 전자는 남북조시기의 마지막 호교 문헌으로 북주 무제의 폐불(574년)에 반대하여 저술되었고, 후자는 당 고조의 삼교차서三敎次序 문제와 도사 이중경李仲卿과 유진희劉進喜가 당 고조에게 올린 『십이구미론十異九迷論』과 『현정론顯正論』에 대한 반론[1] 등의 목적으로 저술되었다. 이처럼 두 호교 문헌은 유사한 정치적 배경과 종교정책 아래 저술되었음을 알 수 있다. 본고는 다른 시기, 유사한 배경에서 저술된 두 호교문헌이 어떤 부분에서 관계가 있는지를 검토함으로써 동진말부터 남북조시기 활발하게 저술된 호교문헌 전통이 어떻게 계승되고 있는지를 추측하기 위한 하나의 시론이라 할 수 있다.

호교문헌은 불교가 중국이라는 새로운 토양에 정착하는 과정에서 중국의 전통사상 및 문화와 충돌하면서 등장하게 된다. 특히, 남조에서는 사족士族 집단에 의해 집중적으로 저술되기 시작하여 불교의 인과응보因果應報, 신멸·신불멸(神滅·神不滅) 논쟁, 사문단복沙門袒服과 예경禮敬 등 유교의 전통 및 사상과 충돌하거나, 또는 『이하론夷夏論』 등 도교와 갈등을 겪는다. 이러한 일련의 논쟁은 『홍명집弘明集』을 통해 확인할 수 있으며, 국내외 선행연구도 충분하다.[2]

〈본 논문은 필자가 홀로 『변정론』을 강독하면서 석사학위논문에서 다루었던 『이교론』과 매우 유사하다는 어렴풋한 인상을 갖고 있던 중에, 금강대학교 불교문화연구소의 제안을 받고 본격적으로 시작하게 되었습니다. 돈황사본에 익숙치 않았던 필자에게 많은 도움을 주신 이케다 마사노리 선생님께 진심으로 감사드리며, 지난 삼국공동학술대회에서 몇 가지 훌륭한 제안을 주신 최연식 선생님과 나우권 선생님께도 지면을 통해 감사인사를 전합니다.〉

1) 본문에서 밝히고 있듯이, 『변정론』 8권 12편은 한 가지 목적으로 저술된 것이 아니라, 다른 시기 3가지 혹은 그 이상의 목적으로 저술된 몇 편의 논문을 제자 진자량陳子良이 묶어서 서문序文을 붙이고 주해注解한 것이다.
2) 남조 호교문헌 및 유불도에 대한 연구에서 중요한 선행연구는 아래와 같다. 牧田諦亮, 『弘明集研究』 遺文篇 譯註篇上下, 京都大學人文科學研究所, 1975;

한편, 본고에서 다룰 두 문헌 가운데 하나인 『이교론』은 상대적으로 연구성과가 많지는 않지만 근년 일본 『대승불전大乘佛典』 시리즈[3]에서 현대일본어 번역과 주석을 제공하고 있으며, 다른 하나인 『변정론』은 『이교론』과 비교할 때 보다 많은 연구성과가 있다.[4] 이러한 선행연구 가운데 『이교론』과 『변정론』의 영향 관계에 대한 연구는 필자가 아는 한 존재하지 않는다.

호교문헌에 관하여 좀 더 살펴보면, 호교문헌의 출현은 2세기(혹은 3세기)로 추정되는 『모자이혹론牟子理惑論』으로 소급될 수 있으며, 그 후 동진東晉 혜원(慧遠, 334~416)의 『형진신불멸론形盡神不滅論』, 송宋 종병(宗炳, 375~443)의 『명불론明佛論』, 양梁 소침(蕭琛, 478~525)의 『난신멸론難神滅論』과 심약(沈約, 441~513)의 『신불멸론神不滅論』 등으로 이어진다.[5] 이러한 흐름은 신멸神滅을 주장하는 중국 전통사상과 신불멸神不

常盤大定, 『支那に於ける佛教と儒教道教』, 東洋文庫, 1966; 道端良秀, 『佛教と儒教倫理: 中國佛教における孝の問題』, 平樂寺書店, 1968; 吉川 忠夫, 『六朝精神史研究』, 同朋舍, 1984; 久保田量遠, 『中國儒道佛三教史論』, 國書刊行會, 1986. 더불어 중국에서도 주목할 만한 성과가 몇 편 있다. 洪修平, 『中國佛教與儒道思想』, 宗敎文化出版社, 2004; 彭自强, 『佛敎與儒道的沖突與融合』, 巴楚書社, 2000.
3) 吉川忠夫, 1988, pp.157~211.
4) 일본학계의 연구 방향은 크게 두 가지로 구분할 수 있다. 하나는 『변정론』이 신란(親鸞, 1173~1262)의 저술 및 사상에 미친 영향에 관한 연구이고, 대표적으로 藤原 智, 「親鸞の『辯正論』引用の一側面」『宗敎研究』 89卷, 2016; 藤原 智, 「親鸞の末法觀と『辯正論』」『印度學佛敎學研究』 64卷, 2015; 西 義人, 「親鸞の『辯正論』引用意圖に關する一試論」『印度學佛敎學研究』 52卷, 2003; 林智康, 「『教行信證』と『辯正論』」『印度學佛敎學研究』 45卷, 1997; 藤場俊基, 「『顯淨土眞實教行證文類』所引の『辯正論』諸本校訂」『大谷學報』 69卷, 1989 등이 있다. 다른 하나는 법림과 법림의 저술에 관한 연구이고, 대표적으로는 中西久味, 「法琳雜記」『比較宗敎思想硏究』 第2輯, 2002; 中西久味, 「法琳雜記續」『比較宗敎思想硏究』 第4輯, 2004; 三輪晴雄, 「唐護法沙門法琳について」『印度學佛敎學研究』 22卷, 1974 등이 있다.

滅을 주장하는 불교측의 기나긴 논쟁의 역사로, 이것은 양무제梁武帝의 『입신명성불의기立神明成佛義記』를 끝으로 일단락된다. 남조 호교문헌의 핵심 주제였던 신불멸론은 윤회의 주체로서 형이상학적 실재인 신神을 상정하였는데, 이처럼 "신神을 법신과 같은 것으로 자리매김하는 것은 이후에 나타나는 『불성론』과의 연계를 가능케 하는 것"이라고 볼 수 있으며, 이후 "여래장 사상의 수용과 전개에서 나타나듯이 구체적인 실재를 상정하는 입장을 유지하게 된 원인"[6]으로 이어진다. 수・당 이후 "신불멸"에 관한 단편적 호교문헌은 더 이상 출현하지 않는다.[7]

반면, 북조 호교문헌에서는 신멸・신불멸에 대하여 간헐적으로 언급할 뿐, 단편적인 텍스트로 저술되지는 않았다. 북조는 남조의 호교문헌 전통과 다른 측면에서 중국전통 사상과 충돌하게 된다. 북위北魏 태무제太武帝의 법난(446년)은 "비한족계 종족의 중국화"라는 정치적 목적에서 발생한 사건으로 불교와 도교의 선후를 두고 투쟁하였고,[8] 또 북위 효명제孝明帝 때도 붓다와 노자의 선후 문제를 두고 논쟁(520년)이 있었다.[9] 이러한 흐름은 북주로 이어져 무제는 폐불(574년)을 단행하기에 앞서 삼교논형三敎論衡을 하게 된다. 이때 등장한 『소도론』, 『이교론』을 통해 북조 호교문헌의 특징과 성격을 엿볼 수 있

---

5) 그 밖에 인과응보, 사문불경왕자론, 사문단복론 등에 관한 논쟁도 있었으며, 이것은 久保田量遠의 『中國儒道佛三敎史論』(1986)에 자세히 기술되어 있다.
6) 박해당朴海鐺, 1998, pp.115~6.
7) 伊藤隆壽(1986, 218)는 梁武帝의 「神明成佛義」 이후 神滅・神不滅에 관한 단편적인 텍스트는 더 이상 등장하지 않았으며, 이후 神不滅을 주장하는 호교전통은 『大乘起信論』으로 이어졌을 것이라고 주장하고 있다.
8) Kenneth, Chen. 박해당朴海鐺 역, 1991, p.170.
9) Kenneth, Chen. 박해당朴海鐺 역, 1991, p.205.

다. 수隋 나라에서는 삼교의 첨예한 논쟁은 없었으며 이사겸(李士謙, 523~588)과 왕통(王通, 580~617)은 삼교정립三敎鼎立의 입장에서 삼교합일을 주장하고 있다. 반면, 당나라에서는 태사령太史令이었던 부혁傅奕이 고조에게 국가적, 경제적, 교리적 측면에서 불교를 비난하는 "폐불11조廢佛十一詔"를 올렸고 이로 인해 불도논쟁佛道之爭은 재점화되었다.

이상에서 개괄적으로 살펴본 것과 같이 남조와 북조의 호교문헌은 저술된 배경과 목적, 내용과 주제가 완전히 다름을 알 수 있다. 당 초기 출현한 호교문헌들은 남조와 같은 철학적 담론이나 유교사상과의 마찰이 아닌, 왕조의 정치적 배경 아래 삼교의 선후 문제를 논하면서 등장했다는 점에서 북조 호교문헌의 성격과 유사한 점이 보인다.

따라서 앞서 밝혔듯이, 남조의 호교문헌은 정치적 목적이나 배경에서 출현한 것이 아니라 삼교간의 교리적 충돌에서 등장하였고, 이러한 흐름은 『대승기신론』 등 여래장사상의 조류 속으로 이어졌을 가능성이 있다고 보고 있다. 반면, 북조의 호교문헌은 정치적 배경과 종교정책 등으로 인해 등장하게 되는데, 이러한 북조 호교문헌의 특징이 당 고조의 삼교차서三敎次序 문제와 관련하여 등장한 호교문헌에 영향을 미친 것이 아닐까, 조심스럽게 추론해본다. 이러한 가설을 증명하기 위하여, 본고는 『변정론』의 주요 특징들이 『이교론』에서 어떻게 나타나고 있는지를 역추적하는 방식으로 양 문헌의 영향 관계를 살펴보았다.

II. 『이교론』과 『변정론』의 서지정보와 성립배경

1) 『이교론』과 『변정론』의 서지정보

(1) 현존하는 자료 현황

『변정론』은 전체 8권, 12편으로 구성되어 있으며, 그 중 권6은 「十喩篇第五」「九箴篇第六」「氣爲道本篇第七」이며 도선의 『광홍명집』 권13에 별도로 수록되어 있다. 현재 『변정론』(8권)은 『北宋版』 1078明, 『南宋版』 1094明, 『元版』 1089明, 『明北藏』 1494日, 『淸藏』 1517奄, 『大正藏』권52 2110, 『高麗藏』 1076旣, 『天海版』 1079明, 『指要錄』 1037旣, 『法寶標目』 1065旣, 『至元法寶勘同總錄』 1554邉, 『明南藏』 1474陪에 입장되어 있다.[10] 일본에 현존하는 8종류의 일체경 가운데 『聖語藏』에는 존재하지 않으며 金剛寺, 七寺(전부), 石山寺(전부), 興聖寺, 西方寺, 新宮寺, 松尾社에는 일부 혹은 전부 남아있다.[11]

『이교론』은 전체 12편으로, 도선道宣의 『광홍명집廣弘明集』 권8에 수록되어 있다. 현재 『광홍명집』은 『大正藏』권52 2103, 『高麗藏』 1081, 『北宋版』 1083典亦聚, 『明北藏』 1474家-兵, 『淸藏』 1473高-輦에 입장되어 있으며, 그 밖에도 『縮刷大藏經』 露5-6, 『卍字藏經』 28 2-3, 『天海版』 1084典亦聚, 『指要錄』 1042典-群, 『法寶標目』 1070典-群, 『至元

---

10) 小野玄妙(1933, 『佛書解說大辭典』卷9, p.378)을 참조하였으며, 高麗藏의 경우 "1083旣"라고 쓰여있으나, "1076旣"으로 고쳐 인용하였다.
11) 『日本現存八種一切經對照目錄』, 2006.

法寶勘同總錄』1559韓―刑,『明南藏』1480肥―策,『南條目錄』1481에도 수록되어 있다.[12] 일본에 현존하는 8종류의 일체경 가운데『광홍명집』권8「이교론」은 聖語藏, 金剛寺, 西方寺에는 존재하지 않고, 七寺, 石山寺, 興聖寺, 新宮寺, 松尾社에는 완전한 형태로 남아있다.『광홍명집』권13에 별도로 수록된「십유구잠편」은 聖語藏, 七寺, 石山寺, 新宮寺에는 존재하지 않고 金剛寺, 興聖寺, 西方寺(일부), 松尾社에는 일부 혹은 전부 남아있다.[13]

(2) 돈황사본

돈황사본에 남아있는 호교문헌으로는『이교론』(Pelliot chinois 2587 ; Pelliot chinois 3742),『변정론』(Pelliot chinois 3617 ; Pelliot chinois 3766),『파사론』(Pelliot chinois 4032),『견정론甄正論』(Pelliot chinois 2694v)[14] 이 있다.[15]『이교론』은 북주, 나머지 세 종류는 당唐나라 호교문헌이다. 이 가운데 P4032는 1호만 남아있고, P2694v는『변중변론辯中邊論』(P2694)의 뒷면에 남아있어 글자가 번지거나 겹친 부분이 많다. 반면, 앞의 네 개『이교론』과『변정론』의 돈황사본은 전체가 남아있는 것은 아니지만 남아있는 사본은 상태가 양호하여 자료적 가치가 충분하다.『이교론』의 돈황사본 P2587[16]과 P3742[17]는 모두 정확한 필사 시

---

12) 小野玄妙(1933,『佛書解說大辭典』卷3, p.372)을 참조하였으며, 高麗藏의 경우 "1088典―群"라고 쓰여있으나, "1081"로 고쳐 인용하였다.
13)『日本現存八種一切經對照目錄』, 2006.
14) P2694는 唐 玄奘역「辨中邊論」의 초본抄本이다.
15)『敦煌遺書總目索引』, 1983;『敦煌遺書總目索引新編』, 2000.
16) "International Dunhuang Project"http://idp.bl.uk에서는 본문에서 다루는 4개의 돈황사본 모두가 이미지로 열람할 수 있다. 또한 Dunhuang and other Central Asian manuscripts, Vol.16, 1994.에서 사진으로 확인할 수 있다.

기를 알 수 있는 정보를 제공하지는 않지만, 사본의 자형을 보면 대략 8~10세기로 당나라 이후 필사본으로 추정된다. P3742는「孔老非佛篇第七」의 중간부분부터 시작해서「釋異道流篇第八」「服法非老篇第九」「明典眞僞篇第十」의 중간부분까지(T52, 139b28-141b25) 비교적 연속적으로 남아있으며,「服法非老篇第九」의 경우 세주細註 부분은 누락된 채 필사되어 있다. 전체 126행이며 각 행마다 5자에서 많게는 20자까지 쓰고 있다. P2587은 1행부터 27행까지는「服法非老篇第九」에 속하는 잔권으로, 1행부터 15행(T52, 140a24-b20)과 16행부터 27행(T52, 140c12-141a6)은 내용이 연결되지 않으며 중간에 이어붙인 흔적이 있다. 28행부터 64행까지(T52, 143a17-c12)는 앞부분이 누락된「依法除疑篇第十二」의 잔권殘卷으로, 27행과 28행 사이에는 종이 크기가 다른 두 필사본을 이어붙인 흔적이 선명히 남아있다. 특이한 점은「依法除疑篇第十二」를 필사한 후, 10행으로 쓰인 "대승사 비구승 도안이 황제 대단월께 아룁니다.(大乘寺比丘僧安白□帝大檀越)"라는 상표문上表文을 남겨『이교론』의 저술 배경에 대해 밝히고 있어 귀중한 자료라 할 수 있다. P2587은 전체 74행이며 각 행마다 8자에서 많게는 29자까지 쓰여 있다.「服法非老篇第九」의 경우 P2587과 P3742에 모두 필사되어 있는데, 두 사본을 비교해보면 P3742는 의도적으로 세주細註를 빼고 문장을 축약하여 배열한 흔적이 보이고, P2587보다 오・탈자가 적으며 글자 크기도 일정하고 글씨도 더욱 선명하고 단정하다.

　　『변정론』의 돈황사본 P3617[18]과 P3766[19]은 모두 정확한 필사 시기

---

17) *Dunhuang and other Central Asian manuscripts*, Vol.27, 1994.
18) *Dunhuang and other Central Asian manuscripts*, Vol.26, 1994.
19) *Dunhuang and other Central Asian manuscripts*, Vol.27, 1994.

를 알 수 있는 정보를 제공하지는 않지만, 사본의 자형을 보면 대략 8~10세기로 당나라 이후 필사본으로 추정된다. P3766은 『변정론』권5 「佛道先後篇第三」[20])과 「釋李師資篇第四」(T52, 520c27-524c20)에 대한 필사본이고, 마지막에 "아래는 제6권이다(已下第六卷)"라고 필사되어 있지만 제6권에 해당하는 「十喩篇第五」「九箴篇第六」의 필사본은 현존하지 않는다. P3766의 후면(P3617vº)에는 재문齋文이 필사되어 있으며, P3766은 전체 238행으로 각 행마다 적게는 9자에서 많게는 25자까지 쓰여 있다. P3617은 『변정론』권6에 해당하지만 실제로는 『광홍명집』권13에 수록된 「십유구잠편」(T52, 177c5-180b14)의 잔권이다. P3617은 『변정론』권6 「十喩篇第五」의 세주細註 등이 누락된 채 필사되어 있는데, 이것은 『광홍명집』에 수록된 「십유구잠편」 계통과 대체적으로 일치하기 때문이다. P3617은 전체 198행이며 각 행마다 적게는 6자에서 많게는 24자까지 쓰여 있다. 1행부터 20행까지(177c5-178a2)는 사본 아랫부분이 손상되어 확인할 수 없지만, 21행부터는 비교적 온전한 형태로 남아있다.

 이상에서 설명한 각각의 돈황사본을 『대정장』과 대조하여 〈표1〉로 정리하였다.

---

20) 「佛道先後篇第三」이라는 제목에 이어서 "重 勝"이라고 쓰여있는데, 필자의 역량이 부족하여 무엇을 의미하는지 알 수 없었다.

『二敎論』	P3742	P2587	『辯正論』	P3766	P3617
歸宗顯本篇 第一	×	×	三敎治道篇 第一(卷一卷二)	×	×
儒道昇降篇 第二	×	×	十代奉佛篇 第二(卷三卷四)	×	×
君爲敎主篇 第三	×	×	佛道先後篇 第三(卷五)	1-110행	×
詰驗形神篇 第四	×	×	釋李師資篇 第四(卷五)	111-238	×
仙異涅槃篇 第五	×	×	十喩篇 第五(卷六) (『廣弘明集』卷13, 177c5-180b14)	×	1-198행
道仙優劣篇 第六	×	×	九箴篇 第六(卷六)	×	×
孔老非佛篇 第七	1-7행	×	氣爲道本篇 第七(卷七)	×	×
釋異道流篇 第八	8-28	×	信毀交報篇 第八(卷七)	×	×
服法非老篇 第九	29-112	1-15행 16-27	品藻衆書篇 第九(卷七)	×	×
明典眞僞篇 第十	113-126	×	出道僞謬篇 第十(卷八)	×	×
敎指通局篇 第十一	×	×	歷世相承篇 第十一(卷八)	×	×
依法除疑篇 第十二 "上表文"	×	28-64 65-74	歸心有地篇 第十二(卷八)	×	×

〈표1〉 돈황사본과 『大正藏』 대조

2) 『이교론』과 『변정론』의 성립배경

　도안道安의 『이교론』은 도선(道宣, 596~667)의 『광홍명집』(T52)에 수록되어 입장되었다. 『이교론』의 저술 배경과 당시 북주의 삼교논쟁[21]에 관해서는 비교적 여러 사료를 통해 확인할 수 있다.[22] 『續高僧傳』에 따르면, 무제(武帝, 560~578)는 초기에 "자주 어가에 올라 스스로 도안을 예배하였고(頻御彫輦, 躬禮安焉)", "칙령을 내려 대중흥사에 머물게 하고, 특별히 남다른 예우를 하였다(勅住大中興寺, 別加殊禮)"라고 기록되어 있는 것으로 보아 불교에 호의적인 태도를 가졌던 것으로 보인다. 그러나 위원숭衛元嵩의 상소로 인하여, 무제는 "천화 4년(569) 기축년 3월 15일에 이르러 칙령을 내려 유덕한 승려, 이름난 선비와 도사 문무백관 2천여 명을 정전에 모이게 하고 황제가 자리에 앉아 삼교의 우열과 존폐에 대해 의논하게 하였다".[23] 그리고 "천화 5년 견란이 『소도론笑道論』 세 권을 지어 올렸고" 도교 측에서는 『소도론』이 도법을 손상시켰다고 비방하자 "황제가 친히 그것을 받들어 원래 의도와 맞지 않는다며 전정에서 태워 버렸다."[24] 그 후 "9월 도

---

21) 塚本善隆(1974, pp.550~569)는 天和 4년(569) 3번 삼교논쟁을 거행했다고 주장하지만, 野村耀昌(1976, pp.145~166)은 天和 4년부터 建德 3년에 이르기까지, 天和 年間에 5번 建德年間에 3번의 삼교논쟁이 있었다고 주장하고, 鎌田茂雄(1986, pp.449~479)은 野村耀昌의 주장에 동의하고 있다.
22) 『廣弘明集』, 『續高僧傳』, 『集古今佛道論衡』, 『歷代三寶記』, 『周書·武帝紀 上』, 『佛祖統紀』, 『北史·周本記』 등이 있다.
23) "天和四年歲在丑三月十五日, 勅召有德衆僧名儒道士文武百官二千餘人昇正殿, 帝御坐, 量述三教優劣廢立."(『集古今佛道論衡』卷2, T52, 372a11-14)
24) 『소도론』과 『이교론』의 저술연대는 사료에서 일치하고 있지 않지만, 본고는 『광홍명집』을 따랐다.

안은 이에 분개하여 『이교론』 12편을 지었다"[25]

이상의 여러 자료가 말해주듯이 『이교론』은 남조 호교문헌과 달리 정치적 배경 아래 불교의 존폐 위기에서 저술되었고, 그러한 성립 배경은 『이교론』의 형식과 내용을 결정짓는 중요한 요인이 되었을 것으로 보인다. 더불어 돈황사본 P2587은 『이교론』의 저술배경에 관한 새로운 정보를 제공하고 있다. P2587은 『이교론』 「依法除疑篇第十二」를 필사하고 이어서 미문美文을 남겼는데, 미문에는 무제에 대한 경의와 폐불론에 대한 비판 등을 기록하고 있다. 본고에서는 이것을 「上表文」이라고 이름 붙이고, 그것을 활자화하여 아래와 같이 번역하였다.

[65]大乘寺比丘僧安白[66]□[26]帝大檀越.

盖聞山岳極大, 不壓微塵之點, 溟海至廣, [67]豈憚涓流之歸.

伏惟皇帝聰聖玄覽, 膺[27]曆受圖, 德覆[68]八荒, 智周萬品, 撫六合而洞重玄, 開兩儀而新造化. 言尚其[69]辭, 因感通而設教, 動尚其變, 乘大和而易俗. 弘秘典於未[70]聞, 啓靈管以通照, 振四藏之頹綱, 維九流之絶紐.

上宣儷[71]室, 闢不諱之門, 下廓靈臺, 納芻[28]堯之語, 遂使 狂夫野[72]議, 輒

- "天和四年歲在巳丑三月十五日. …… 至四月初, 又依前集令極言陳理, 又勅司隷大夫甄鸞, 詳佛道二教定其深淺, 鸞乃上笑道論三卷."(『集古今佛道論衡』卷2, T52, 372a11-8)
- "天和五年鸞乃上笑道論三卷, 用笑三洞之名. 至五月十日, 帝大集群臣詳鸞上論, 以爲傷蠹道法, 帝躬受之, 不愜本圖, 卽於殿庭焚蕩. 時道安法師, 又上二教論, 云內教外教也."(『廣弘明集』卷8, T52 136a29-b4)
25) "九月道安慨之, 乃作二教論十二篇."(『釋氏通鑑』卷6, X76, 61b11)
26) □는 "皇"으로 추측함.
27) P3742, 93-4행 "膺曆受圖"
28) □는 芻으로 문맥상 "芻"로 판단함.

獻簡言, 露潤遊埃, 望神嵩壑.

敬竭愚庸, 寄[73]興賓主, 纂二敎論一十兩篇. 辭雖鄙陋[29], 頗依典籍, □[30][74] 已申聞, 請垂照覽.輕陳旺□, ……

대승사 비구 승려 [도]안이 황제 대단월께 아룁니다.

무릇 듣기로, 산악이 지극히 크더라도 아주 작은 티끌을 막지 않으며, 망망한 바다가 지극히 넓더라도 어찌 작은 시냇물이 모여드는 것을 두려워하겠는가, 라고 합니다.

삼가 생각하건데 황제께서는 총명한 성인으로 현묘하게 두루 보시며, 역수曆數에 응하여 도참(圖讖: 미래의 길흉에 관한 예언이나 그러한 내용을 적은 책)을 받으시고, 덕은 팔황(八荒: 온 세상)을 덮으시고, 지혜는 만품(萬品: 온갖 것들)을 두루 살피시고, 육합六合을 어루만져 중현重玄에 통달하셨으며, 두 뜻을 열어 조화(造化: 우주의 이치)를 새롭게 하셨습니다. 말은 그 글자를 드높여 감통함으로써 가르침을 세우고, 움직임은 그 변화를 드높여 크게 화합함으로써 풍속을 바꿉니다. 심오한 경전을 아직 듣지 못한 자에게 널리 알리고, 영관(靈管: 비취로 만든 보석으로 밝음의 힘을 상징함)을 열어 통하여 관조하니, 사장四藏의 무너진 벼리綱를 바로잡고 구류의 끊어진 매듭紐을 맵니다.

[그러나 황제께서] 위로는 구실(衢室: 임금이 백성들에게 의견을 묻는 장소)을 널리 펴서 불휘(不諱: 거리낌 없는)의 문을 열고, 아래로는 영대(靈臺: 임금이 사방을 둘러보던 누각)를 넓혀서 추요芻蕘한 의견을 받아들여, 마침내 미천한 자들까지도 마음대로 의논하고 마음대로 조잡한 말을 올리게 하였으니, 이슬한 방울의 습기와 떠다니는 먼지가 높은 산과 깊은 골짜기에 견주어 보태

---

29) =鄙陋
30) □는 "謹"으로 추측함.

지게 되었습니다.

    [그래서 저는] 삼가 [저의] 어리석은 능력을 다하여 빈쥐의 문답 형식에 가탁해서 『이교론』 12편을 편찬했습니다. 언사가 비록 비루하지만 나름대로 전적典籍에 의거하였으니, 삼가 이것을(已=以) 아뢰니 살펴 주시기를 바랍니다. [제가 경솔히 왕□(旺□)을 아뢰었으니, ……

이상, P2587의 「상표문」을 통해 폐불이라는 위기에서 『이교론』이 저술되었음을 다시 한 번 확인할 수 있었다.

법림의 『변정론』은 당나라 초기 호교문헌으로 저술의 목적과 배경에 대하여 여러 문헌에서 기록이 남아있다.[31] 기록에 따르면, "이후 무덕 4년(621) 가을 9월, 예전에 도사였던 태사령太史令 부혁傅奕이라는 자가 있었는데, 선조는 황건의 무리로 자신이 배운 바에 따라 '불법을 폐지해야 한다는 11조항'을 올렸고"[32], 법림은 이듬해 무덕 5년(622) "계속되는 부혁의 광언狂言으로 『파사론破邪論』 2권을 지었다."[33] 또 "무덕武德 9년(626) 청허관淸虛觀의 도사 이중경과 유진희는 불법을 시기하여 항상 비방을 하였는데, [이들은] 부혁과 매우 가까운 사이로 석가의 종지를 없애고자, 이중경은 『십이구미론』을 저술하였고, 유진희는 『현정론』을 [지었다]".[34] 이러한 도사들의 불교 비방에 반박하고,

---

31) 「辯正論序」, 『唐護法沙門法琳別傳』, 『續高僧傳』, 『廣弘明集』, 『集古今佛道論衡』, 『佛祖統紀』, 『歷代三寶記』, 『舊唐書』 등에 기록되어 있다.
32) "武德年首 …… 後四年秋九月, 有前道士太史令傅奕, 先是黃巾黨, 其所習遂, 上廢佛法事十有一條."(『唐護法沙門法琳別傳』卷1, T50, 198c8-12)
33) "屬弈狂言, 因製破邪論二卷."(『唐護法沙門法琳別傳』卷1, T50, 199a21-2)
34) "武德九年, 淸虛觀道士李仲卿劉進喜, 猜忌佛法, 恒加訕謗, 與傅奕脣齒結構, 誅剪釋宗, 卿著十異九迷論, 喜顯正論."(「道士李仲卿等造論毀佛」 『集古今佛道論衡』 卷3, T52, 382b14-6)

당 고조의 종교 정책에 반발하여 법림은 『변정론』을 저술한다.[35]

이상의 기록으로 볼 때, 법림의 『변정론』은 도안의 『이교론』과 마찬가지로 당고조의 정치적 목적과 종교 정책으로 인하여 불교가 절체절명의 위기에 있을 때 저술된 문헌임을 알 수 있다. 그렇다면 이러한 유사한 배경에서 저술된 두 문헌이 어떤 측면에서 유사한 입장을 취하고 있는지를 밝힘으로써 두 호교문헌의 영향관계를 살펴보도록 하겠다.

Ⅲ. 『이교론』과 『변정론』의 공통점

1) 서술 형식

호교문헌의 시초로 여겨지는 『모자이혹론』은 "어떤 사람이 묻고(或問曰)" "모자가 대답하는(牟子曰)" 형식을 취하고 있고, 이후 『사문불경왕자론沙門不敬王者論』이나 남조南朝 『명불론明佛論』, 『난신멸론難神滅論』 등에서도 문답 형식을 취하거나, 혹은 불교를 배척하는 글을 인용하고 이에 대하여 조목조목 반박하는 방식으로 글이 전개된다. 반면, 본고에서 다루고 있는 『이교론』과 『변정론』은 남조 호교문헌에

---

35) 『集古今佛道論衡』에서는 『변정론』의 저술동기에 대하여 『十異九迷論』과 『顯正論』을 반박하기 위함이라고 밝히고 있지만, 「辯正論序」, 「唐護法沙門法琳別傳」, 『續高僧傳』, 『廣弘明集』 등에서는 『변정론』의 저술 목적이 당시 불법을 유지하기 위함 등으로 표현하고 있을 뿐, 『十異九迷論』과 『顯正論』을 반박하기 위함이라고 기록하지는 않는다. "乃因劉李二論, 造辯正論以擬之."(『集古今佛道論衡』卷3「道士李仲卿等造論毀佛」, T52, 382b23)

서 보이는 형식과 달리 독특한 서술형식을 취한다.

『이교론』은 전체 12편으로 구성되어 있으며, 제1편부터 제12편까지 "동도 일준동자(東都逸俊童子)"와 "서경 통방선생(西京通方先生)"의 문답 형식을 취하고 있다. 글자에서도 알 수 있듯이 뛰어나고 출중한 어린이와 두루 통달한 어른이 등장하며, 동자童子는 유가·도가를, 선생先生은 불교를 비유적으로 표현하고 있다.[36] 전편에서 일준동자의 질문에 통방선생은 조목조목 잘못을 따지며 그릇된 견해임을 밝히고 있고, 마지막 제12편에서 일준동자는 드디어 자신의 어리석음을 뉘우치고 통방선생에게 가르침을 청하며 귀의한다.[37] 가상의 두 인물을 설정하고, 당시 유가와 도가의 힐난을 질문에 담고 그에 대한 불교 측의 반박 혹은 응답을 제시하며, 마지막에는 유교와 도가의 부류들이 불교에 귀의하는 것으로 끝맺고 있다.

『변정론』은 총 12편으로 구성되었으며, 상상공자上庠公子, 우학통인右學通人, 편집유생偏執儒生, 총지개사總持開士가 등장하며, 상상공자와 우학통인의 문답, 상상공자와 총지개사의 문답, 편집유생과 총지개사의 문답으로 구성된다. 상상공자는 "불교와 도교의 흐름은 정치에 있어서 긴요한 것이 아니다"라고 말하는 것으로 보아 유교의 가

---

36) 菅野博史 編, 河野訓 著, 2010, p.197.
37) "今以淺懷得聞高論, 銷疑散滯, 渙若春氷. 始知釋典茫茫該羅二諦, 儒宗落落總括九流. 信佞常談, 無得而稱者矣. 僕誠不敏, 謹承嘉誨."(P2587: 62-64)
지금 낮은 생각으로 높은 견해를 들으니, 봄철의 얼음이 녹는 것과 같이 의심이 풀리고 막힌 것이 흩어집니다. 석가의 전적은 [바다처럼] 광대하여 진속 이제까지 모두 포함하고, 유종은 [소나무처럼 가지개] 아래로 축축 늘어져 있어 9류를 모두 포괄함을 비로소 알았습니다. 참으로 특별하고 숭상할 만한 말씀으로, 무엇으로도 찬탄할 수가 없습니다. 제가 참으로 영민하지 못하니, 삼가 훌륭한 가르침을 받들겠습니다.

르침을 으뜸으로 여기는 자이고, 우학통인은 "내가 숭상하는 사람을 세상에서는 총지개사라고 부릅니다"라고 말하고 있는 것으로 보아 불교의 가르침을 따르는 자이다. 총지개사는 『정법화경』「총지품」에 등장하는데 무량하고 무변한 지혜를 가진 고승을 의미한다. 마지막으로 편집한 유생에 대해서는 "당시에 편견을 고집하는 유생이 있었으니, 그의 성은 유劉 씨로, 한나라 말기 황건의 후손이며 가깝게는 육수정의 좌도左道의 가르침을 계승하였다고 스스로 칭하였다. 통인이 육수정이 양나라를 배반한 까닭을 말하고 제나라에 들어갔다가 죽임을 당한 상황을 이야기하는 것을 듣고, 이에 화난 얼굴색을 지으며 팔을 걷어 올리며 일어나 언성을 높여 말하였다."[38]라고 비교적 상세하게 설명하면서 도교의 무리를 얕보고 있다.

 『변정론』의 서술방식은 동시대 법림의 저술인 『파사론』(622년)과 완전히 다르며, 오히려 『이교론』의 서술형식과 매우 유사함을 알 수 있다. 다만, 『변정론』은 전편에서 대화형식을 취하는 것은 아니며, 또한 각 편이 유기적으로 연결되지도 않는다. 특히 「십대봉불편제2十代奉佛篇第二」와 「십유편제5十喩篇第五」・「구잠편제6九箴篇第六」 등은 대화형식에서 많이 벗어나 있고, 내용적인 측면에서도 다른 편들과 통일성을 갖추고 있지 않다. 이와 관련하여, 법림의 제자 진자량陳子良이 쓴 『변정론』 서문의 "고치고 저술하기를 여러 해가 되었다(修述多年)"라는 구절로 볼 때, 『변정론』이 한 번에 저술된 것은 아닌 것으로 보인다. 이에 대해 선행연구에서는 『변정론』 12편이 3가지 혹은 그 이

---

38) "時有偏執儒生, 厥姓劉氏, 自稱漢末黃巾之裔, 近承修靜左道之餘. 聞通人出修靜叛梁所由, 敍入齊被戮之狀, 乃勃然作色, 攘臂而起, 勵聲言曰."(「三教治道篇第一」, T52, 497c18-21)

상의 목적에 의해 다른 시기에 저술된 것이라고 주장하고 있다.[39] 타케우치 요시오(武內義雄)와 나카니시 히사미(中西久味)는 모두 「십유편제5十喩篇第五」·「구잠편제6九箴篇第六」·「기위도본제7氣爲道本篇第七」이 이중경李仲卿의 『십이구미론十異九迷論』에 대한 반론으로 함께 저술되었다는 점에는 동의하고 있지만, 타케우치 요시오는 「삼교치도편제1三敎治道篇第一」·「십대봉불편제2十代奉佛篇第二」·「불도선후편제3佛道先後篇第三」·「석이사자편제4釋李師資篇第四」가 같이 저술되었다는 입장을, 나카니시 히사미는 삼교논형과 관련하여 「불도선후편제3」과 「석이사자편제4」만이 함께 저술되었다는 입장을 취하고 있다. 필자 역시 「십대봉불편제2」의 형식이 「불도선후편제3」과 「석이사자편제4」와는 많이 다르기 때문에 같은 목적에서 저술되었다고 볼 수 없다는 나카니시 히사미의 주장에 동의한다. 다만, 「삼교치도편제1」은 「불도선후편제3」과 「석이사자편제4」와 형식적인 측면에서 매우 유사하고 내용상 유기적으로 연결되었을 뿐 아니라, 「불도선후편제3」과 「석이사자편제4」와 마찬가지로 삼교논형에 대한 입장을 서술하고 있기 때문에, 「삼교치도편제1」·「불도선후편제3」·「석이사자편제4」가 같은 목적 아래 저술되었을 것으로 추측한다.

따라서 『이교론』의 형식적 측면 및 저술 배경과 관련하여, 형식적인 측면에서 가장 유사하면서도 당고조의 삼교논형三敎論衡[40]이라는

---

39) 林 智康, 1997, pp.590~6 재인용; 中西久味, 2004.
40) "무덕 8년(625) 세월이 안정되자 [황제는] 국학國學에 행차하여, 석전釋奠을 행하였는데, 전당에 세 자리를 배치하고 삼교를 견주어 논하게 하였다. …… 천자께서 조칙을 내려 말씀하시길, 노자의 교와 공자의 교는 이 땅에 먼저 세워진 종지이고, 석가의 교는 후에 일어났으니 마땅히 손님의 예로써 숭상해야 한다. 노자의 교를 앞에 두고, 다음이 공자의 교이고, 마지막이 석가의

배경 아래 저술되었을 것으로 보이는 『변정론』의 「삼교치도편제1」·「불도선후편제3」·「석이사자편제4」와 『이교론』을 비교하였다. 그 결과, 다음장에서 밝히고 있듯이 삼교관과 불도선후 문제를 중심으로 양 문헌의 영향 관계를 확인할 수 있었다.

2) 삼교에 대한 입장

당나라 초기에는 이李 씨 성의 당 왕실이 노자의 후손으로서 도교를 칭송하였고, 당 고조(高祖, 618~626)는 "무덕 8년(625) 세월이 안정되자 국학國學에 행차하여, 석전(釋奠: 공자를 모시는 문묘)에서 지내는 제사의식을 행하였는데, 전당에 세 자리를 배치하여 삼교를 견주어 논하게 하였다".[41] 무덕 8년에 처음으로 열린 삼교논형에서는 승광사勝光寺 혜승慧乘이 불교 측을 대변하였는데, 당시 이 자리에는 법림도 있었으며 「삼교치도편제1」에서 그의 삼교에 대한 태도를 확인할 수 있다.

법림은 「삼교치도편제1」에서 삼교에 대한 차제次第를 밝히기보다는 도교를 삼교의 자리에서 제외시킴으로써 도교를 논의에서 완전히 배제시키고 있다.

> 세 가지 이유로, 도가를 별도로 교教라고 칭할 수 없습니다. 첫째는 주공 가르침임을 명하였다.(武德八年, 歲居協洽, 駕幸國學, 將行釋奠, 堂置三坐, 擬敍三宗. …… 天子下詔曰. 老教孔教, 此土先宗, 釋教後興, 宜崇客禮. 令老先次孔末後釋宗.)"(『續高僧傳』卷24「釋慧乘」, T50, 633a3-7)

41) 각주 40 참고.

과 공자에 관하여 논해보면, 주공과 공자 두 사람은 교를 전한 사람일 뿐, 스스로 교주라고 칭하지 않았습니다. 왜냐하면 교敎는 삼황오제의 교이니 교주는 곧 삼황오제가 되기 때문입니다. 둘째는 전한『예문지』에 의거하면, 고금의 삼분오전三墳五典을 논해보면 모두 분류하여 무릇 9류가 있습니다. 첫째 유류이고, 둘째 도류입니다. 도는 별도의 교가 없으니 총괄하면 9류 안에 있습니다. …… 셋째는 요도안姚道安이『이교론』을 지었는데, 오직 유교와 불교만을 세우고 도교를 세우지 않았습니다. 왜냐하면 유교는 삼황오제를 교주로 삼았기 때문입니다.[42]

이상에서 밝힌 삼교에 대한 법림의 입장은 ① "교"라고 칭할 수 있는 것은 삼황오제를 교주로 하는 가르침으로 유교가 이에 속하며 도가는 "교"라고 할 수 없으며, ②『예문지』에서 9류를 밝히고 있지만 9류는 모두 유류에 포함되므로 도가는 유교의 한 부류이며, ③『이교론』에서 도교를 제외한 불교와 유교 두 가르침만을 주장했다고 밝힌다. 법림은 도안이『이교론』에서 밝힌 관점을 세 번째 자신의 논거로 제시하면서 도안의 입장을 지지하고 있다. 위 인용문에서 밝힌 법림의 삼교에 대한 입장과 그 세 가지 이유는『이교론』「귀종현본편 제1」에서 그대로 확인할 수 있다.

① 불교는 내이고, 유교가 외이다. 모두 성인의 전적에 드러나 있으니

---

42) "以三事故, 道家不得別稱敎也. 一者就周孔對談, 周孔二人直是傳敎人, 不得自稱敎主. 何以故, 敎是三皇五帝之敎, 敎主卽是三皇五帝. 二者案前漢藝文志, 討論今古墳典, 總判凡有九流. 一儒流, 二道流. 道無別敎, 總在九流之內. …… 三者姚道安作二敎論, 唯立儒敎佛敎, 不立道敎. 何以故, 儒者用三皇五帝爲敎主."(『辯正論』卷2, T52, 499a3-17)

허황된 말은 아니다. 전적을 자세히 열람하여 그 원류를 깊이 살피면, <u>가르침은 오직 두 가지만 있을 뿐인데, 어찌 3가지가 있다고 할 수 있겠는가?</u>[43]

② 그러므로 『예문지』에서 말하길, 유가의 류는 …… 만약 학파로서 그것을 구별한다면 곧 아홉가지 가르침이 있을 것이고, 만약 총괄하여 그것들을 합하면, 곧 <u>유가의 종지에 모두 귀속될 것이다.</u>[44]

③ 취합하면 비록 하나의 형체이지만, 육체와 정신은 둘로 다르다. 흩어지면 비록 형질은 다르지만 마음의 작용은 없어지지 않는다. 그러므로 <u>육체를 구제하는 가르침을 외교라고 칭하고, 정신을 구제하는 전적을 내전이라고 부른다.</u>[45]

도안의 『이교론』은 천화 4년(569)부터 건덕 3년(574)까지 무제(武帝, 560~578) 주도하에 진행되었던 최소 8차례에 걸친 삼교논형[46]에서 등장하였다. 삼교논형은 불교를 폐지할 것을 주장하는 위원숭衛元嵩의 상소문으로 촉발되었고, 삼교의 우열과 지위를 정하는 자리였다. 「귀종현본편제1」에서 "삼교가 비록 다르더라도 선善을 권장하는 이치는 같고, 나아가는 길이 설사 다르더라도 이치가 회합하는 것에서는 같

---

43) "釋教爲內, 儒教爲外. 備彰聖典, 非爲誕謬. 詳覽載籍, 尋討源流, 教唯有二, 寧得有三."(『二教論』「歸宗顯本第1」, T52, 136c15-17)
44) "故藝文志曰: 儒之流. …… 若派而別之, 則應有九教, 若總而合之, 則同屬儒宗."(『二教論』「歸宗顯本第1」, T52, 136c20-137a17)
45) "聚雖一體而形神兩異. 散雖質別而心數弗亡. 故救形之教, 教稱爲外, 濟神之典, 典號爲內."(『二教論』「歸宗顯本第1」, T52, 136c10-12)
46) 曾堯民, 2009, p.58; 나우권羅佑權, 2006, pp.284~5.

다"⁴⁷⁾라는 동도 일준동자의 질문에서, 당시 삼교를 합일하려는 무제의 목적과 종교정책을 확인할 수 있다. 그러나 도안은 ②『예문지』를 근거로 도가를 포함한 9류를 모두 유교에 귀속시키고, ① 가르침에는 삼교가 아닌 내교와 외교의 두 가르침만 있으며, ③ 유교는 내교이고 불교는 외교라는 입장을 밝히는데, 이로써 삼교합일에 동의하지 않음을 알 수 있다.

『변정론』에 나타난 삼교관이 도안의 『이교론』과 일치함을 확인할 수 있다. 법림은 삼교에서 도교를 제외시킨 이교만을 세우고, 도가는 유교에 포함시켰으며, 『이교론』에서처럼 내교內敎와 외교外敎라는 용어를 사용하지는 않지만, 유교와 불교를 세간의 가르침과 출세간의 가르침으로 구분하고 있다. 이교를 세운 뒤, 이어서 유교와 불교는 그 역할이 다르며 그 역할에 따라 가르침의 우열이 있다고 밝히고 있다. 그렇다면, 유교와 불교의 우열에 관하여 『이교론』과 『변정론』에서 어떤 논리로 논증하고 있는지 살펴보자.

> 그대가 '삼교가 비록 다르지만 선을 권하는 이치는 같다'라고 말합니다. 나는 '<u>선에는 훌륭함과 조잡함이 있으니, 우수함과 열등함은 모름지기 다르다</u>'고 말합니다. 훌륭함은 백화를 뛰어 넘으며 높이 오르지만 조잡함은 구거九居를 따라 돌며 멈추지 않는데, 어찌 같은 해에 그 높고 낮음을 말할 수 있겠습니까?(『이교론』)⁴⁸⁾

---

47) "三教雖殊, 勸善義一, 塗迹誠異, 理會則同."(『二教論』「歸宗顯本第1」, T52, 136b26-7)
48) "子謂: 三教雖殊, 勸善義一. 余謂: 善有精麤, 優劣宜異. 精者超百化而高昇, 麤者循九居而未息, 安可同年而語其勝負哉?"(『二教論』「歸宗顯本第一」, T52, 137b3-6)

『열반경』에서 말하길, 색심을 분별하면 무량한 모습이 있는데, 성문연각들이 알 수 있는 것이 아닙니다.라고 하였다. 성문이 보살과 더불어 모두 망상의 고을을 벗어났지만, 보살은 9도에서 그 자비를 아우르지만, 성문은 오직 한 몸만을 구한다. 그것은 한 방울의 이슬의 습기를 거대한 개천에 견주고 미진을 수미산에 비교한 것과 같으니, 하물며 범부의 식견과 어찌 나란히 할 수 있겠는가?(『이교론』)[49]

먼저 세간의 가르침으로 교화하고, 나중에 세간을 뛰어넘는 가르침으로 교화합니다.(『변정론』)[50]

내가 듣기로 [『열반경』에서는] 세간법은 글자는 있으나 뜻이 없고 출세간법은 글자도 있고 뜻도 있다고 합니다. 왜냐하면, 세간법은 거짓으로, 비유하면 노새의 젖과 같고, 출세간법은 진실로, 비유하면 소의 젖과 같기 때문입니다.(『변정론』)[51]

이상에서 도안은 삼교일치를 주장하는 동자童子의 주장을 반박하며 가르침에는 훌륭함과 조잡함의 우열이 있다고 밝히면서, 『열반경』을 인용하여 성문과 보살의 차이를 예로 들어 설명하고 있다. 즉, 이미 번뇌를 여의고 견도위見道位에 오른 성문일지라도 보살과 비교하

---

49) "故涅槃經曰: '分別色心有無量相, 非諸聲聞緣覺所知.' 聲聞之與菩薩, 俱越妄想之鄕, 菩薩則惠兼九道, 聲聞則獨善一身. 其猶露潤之方巨壑, 微塵之比須彌, 況凡夫識想, 何得齊乎?"(『二敎論』「歸宗顯本第一」, T52, 137b15-9)
50) "先以世敎化, 後以出世敎化."(『辯正論』「三敎治道篇第一」, T52, 499a23-4)
51) "吾聞, 世間法者有字無義, 出世間法者有字有義. 何者, 世法浮僞, 喩如驢乳, 出世眞實, 喩如牛乳."(『辯正論』「三敎治道篇第一」, T52, 502b11-13)

면 "한 방울의 이슬의 습기를 거대한 개천에 견주고 미진을 수미산에 견주는 것"과 같이 그 차이는 매우 크다고 말하면서, 그렇다면 견도위에도 오르지 못한 욕계의 범부들과 보살을 나란히 두는 것은 불가능하다고 밝힌다. 여기서 범부는 유교에, 보살은 불교에 비유했다고 볼 수 있다. 이상에서 법림 역시 도가를 유교에 포함시키고 별도의 가르침으로 인정하지 않았으며, 유교와 불교만을 인정한 후 세간의 가르침으로써 유교와 출세간의 가르침으로써 불교를 각각 속제와 진제로 분류하여 그들의 우열을 논하고 있다. 법림의 말은 『열반경』의 오미五味 비유를 연상케 하며, 특히 『대지도론』에서 세간법과 출세간법에 대한 설명과 매우 유사한 점이 있다. 『대지도론』에서는 세간의 지혜와 출세간의 지혜에 대한 차이를 나귀의 젖과 소의 젖으로 비유하면서 전자는 오줌이 되지만 후자는 연유가 된다며 그 차이에 대하여 설명하고 있다.[52] 양 문헌에서 유교와 불교의 우열에 관한 논리와 그 근거가 매우 흡사함을 확인할 수 있다.

이상에서는 『이교론』「귀종현본편제1」과 『변정론』「삼교치도편제1」에 나타난 도안과 법림의 삼교에 대한 입장과 그 근거를 살펴보고, 이것이 양 문헌에서 공통적으로 보이는 독특한 견해임을 밝혔다. 이러한 독특한 견해는 『이교론』과 『변정론』 사이에 저술된 수隋 나라의 호교문헌과 『변정론』 이후 저술된 호교문헌에서 보이는 삼교에 대한 입장과 비교할 때 더욱 선명해진다.

북주北周를 이은 수문제隋文帝는 불교에 매우 우호적이었으며, 유

---

52) "譬如牛乳驢乳, 其色雖同, 牛乳攢則成酥, 驢乳攢則成尿."(『大智度論』卷18, T25, 191c1-2)

교와 도교 역시 함께 중시하였다. 『불조통기』「수문제」에는 이사겸(李士謙, 523~588)과 왕통(王通, 580~617)의 삼교관에 대해 기록하고 있으며, 당시 수 문제의 종교적 입장인 삼교정립三教鼎立을 확인할 수 있는 대목이다.

> [개황] 9년(589) …… 이사겸이 말하길, "불교는 해이고, 도교는 달이고, 유교는 오성이다"고 하였다.[53]

> 인수 2년(602) …… 왕통이 말하길, 『시경』과 『서경』이 성행하던 때 진秦나라 세상이 멸한 것은 중니의 죄가 아니다. 허현이 발전하던 때 진晉나라 황실이 혼란했던 것은 노장의 죄가 아니다. 재계를 행할 때 양梁나라가 멸망한 것은 석가의 죄가 아니다. …… 삼교는 이것에 있어 하나라 할 수 있다.[54]

이사겸과 왕통의 문장을 통해, 수나라 불교의 삼교에 대한 입장을 확인할 수 있다. 이사겸은 하늘의 해, 달, 오성이 그 역할이 다르기 때문에 어느 것 하나 없으면 안 되는 것과 같이, 삼교 역시 어느 하나라도 없어서는 안 된다는 입장을 취하고 있다. 왕통 역시 삼교에 대하여 그 가르침에는 조금의 잘못이 없다고 밝히고 있는데, 이로써 수나라 시기 호교문헌에서 보이는 삼교관을 확인할 수 있다. 또 당나라

---

53) "九年. …… 士謙曰: 佛日也, 道月也, 儒五星也."(『佛祖統紀』卷39, T49, 360a12-4)
54) "仁壽二年. …… 子曰. 詩書盛而秦世滅, 非仲尼之罪也. 虛玄長而晉室亂, 非老莊之罪也. 齋戒修而梁國亡, 非釋迦之罪也. …… 三教於是乎可一矣."(『佛祖統紀』卷39, T49, 361a14-b18)

법림의 제자로 알려진 이사정李師政은 부혁의 폐불에 대항하여 『내덕론內德論』을 저술하는데, 이것은 같은 시기에 저술된 『변정론』과 달리 삼교합일의 입장에 의거하여 폐불론에 맞서고 있다.

> 무릇 성인의 가르침은 길은 다르지만 향하는 바는 같고, 군자의 도는 길이 반대될 수 있지만 뜻은 합치된다.[55]
>
> 부처님께서 말씀하신 업業이라는 것은 유가에서 이르는 명命이다. 대체로 말은 다르지만 이치는 회통하니, 취하여 함께 논할 수 있다.[56]

이사정李師政의 『내덕론』은 부혁의 폐불론에 반대하여 저술된 문헌이지만, 그 주장과 근거는 스승이었던 법림과 사뭇 달랐다. 『내덕론』은 불교의 가르침이 유교와 다르지 않으며 그 이치는 모두 통한다는 삼교합일의 입장에서 불교를 옹호하고 있기 때문에, 법림의 삼교관과 배치된다. 따라서 최소한 「삼교치도편제1」에서 보이는 법림의 삼교에 대한 입장은 동시대 혹은 그 바로 전 수나라에서 저술된 다른 호교문헌의 입장과 다르고, 오히려 그 주장과 근거가 북주北周의 『이교론』과 일치한다는 점에서 양 문헌의 영향 관계가 두드러진다.

---

55) "夫聖人之敎, 有殊途而同歸, 君子之道, 或反經而合義."(『廣弘明集』卷14, T52, 190b8-10)
56) "佛之所云業也, 儒之所謂命也. 蓋言殊而理會, 可得而同論焉."(『廣弘明集』卷14, T52, 192a5-6)

3) 불도차제佛道次第에 대한 입장

법림은 「불도선후편제3」과 「석이사자편제4」에서 본격적으로 불교와 도교, 붓다와 노자의 차제와 우열에 대하여 논하고 있다. 무덕 8년(625)에 삼교차서를 논하는 자리에서 승광사 석혜승(慧乘, 555~630)과 도사 이중경의 대론[57]이 있었고, 그 후 법림은 불교와 도교의 차제에 대하여 「불도선후편제3」과 「석이사자편제4」을 저술하였다.[58] 두 편에서 불교와 도교를 비교하는 방식은 열반과 장생불사, 공空과 무無 등의 교리적 측면과는 거리가 멀다.[59] 붓다와 노자 중 누가 먼저 태어났고 누가 스승인가 하는 문제를 논하고 있으며, 그 근거는 양측에서 만들어낸 위경에 근거하고 있다.

이러한 문제는 노자가 천축으로 가서 오랑캐를 교화했다는 "노자화호설老子化胡說"로 소급될 수 있다. "노자화호설"은 후한後漢 때 양해襄楷가 환제桓帝에게 올린 상소에서 처음으로 "노자서행老子西行"과 불교를 연관지어 말한 것에서 그 유래를 찾을 수 있으며 이후 영보파靈寶派, 상청파上淸派 등 여러 도파道派와 시대에 따라 다양한 내용의 화호설이 등장하였고, 동진東晋에 이르러서야 비로소 불교의 대응이 시작된다.[60] 화호설에 대한 불교의 대응은 크게 세 가지로, 첫째는

---

57) 각주 40 참고.
58) 中西久味, 2003.
59) 『변정론』에서 불교와 도교간의 교리적 측면에 대한 논의가 없는 것은 아니다. 다만, 삼교차서와 관련하여 저술된 「불도선후편제3」과 「석이사자편제4」는 교리적 측면에 대한 논의가 없다.
60) 李小榮, 2005, pp.94~209. 李小榮은 화호설을 11가지로 분류하여 시대에 따라

월광동자가 중국으로 갔다는 주장(月光童子東行說)으로 이것은 동진東晉 초에 출현하기 시작하였고, 둘째는 세 성인이 중국으로 갔다는 주장(三聖東行說)으로 『불설관정경佛說灌頂經』의 "내가 세 성인을 보내어 중국을 교화하고 선도하게 하였다(我遣三聖在中化導)"(T21, 512b4-5)에서 유래한 것이며, 셋째는 보응성보살과 보길상보살이 복희와 여와로 화현했다는 주장으로 남북조시기 위경에서 자주 등장한다.[61] 이 가운데 『이교론』과 『변정론』에서는 두 번째와 세 번째를 근거로 불도차제에 대하여 논하고 있다.

먼저, 불교측에서는 보살이 복희伏羲와 여와女媧로 화현하여 중국을 교화하였다고 주장한다. 『변정론』에서는 도교 측을 대변하는 "편집한 유생[偏執儒生]"은 불교는 중국에 들어온 지 6백 년도 되지 않지만 도교는 "때에 따라 변화에 응하여[隨時應變]", 노자께서 복희와 신농神農의 스승으로 나타났다고 말한다. 따라서 도교는 이미 2백70여 만 년이 지났다고 주장하며 도교가 더 오래되었음을 주장한다. 이에 "총지개사總持開士"는 중국의 개국 신화를 불교와 결부시켜, 태초의 복희와 여와를 불교의 두 보살의 화현이라고 주장한다. 이것은 노자화호설에 대한 불교의 대응으로써, 『변정론』과 『이교론』은 모두 이것을 선불후도先佛後道의 근거로 삼고 있다.

> 두 대보살이 내려와 세상 모든 사람들蒼生을 구제하고, 이에 3광을 늘어놓고 8괘를 일으켰다. 복희 황제는 응성 대사이다. …… 여와 황후는 길상

어떻게 변화했으며 어떤 특징들이 있는지 상세하게 밝히고 있지만, 이에 대한 불교측의 대응에 대해서는 비교적 간단하게 언급하고 있다.
61) 李小榮, 2005, pp.210~240.

보살이다.(『변정론』「불도선후편제3」)⁽⁶²⁾

『수미상도산경』과 『십이유경』에 의거하여 말하면, "…… 이때 서방의 아미타불이 보응성 보길상 두 대보살에게 고하길, '그대가 저 곳으로 가서 해와 달을 같이 만들어 그들의 눈을 뜨게 하고 법도를 만들어라'라고 하였다. 보응성은 복희로 나타났고 보길상은 여와로 나타나, 후에 목숨이 다함을 나타내시어 서방으로 돌아갔다"라고 하였다.(『변정론』「불도선후편제3」)⁽⁶³⁾

"『수미사역경』에서는 보응성 보살을 이름하여 복희라 부르고 보길상 보살을 이름하여 여와라 부른다."(『이교론』「복법비노편제9」)⁽⁶⁴⁾

불교측은 중국 개국 신화에 등장하는 복희와 여와가 응성대사 혹은 보응성 보살과 길상보살 혹은 보길상 보살이라고 밝히면서, 불교의 역사를 6백 년이 아닌 중국의 탄생보다 더 오래되었다고 주장하고 있다. 『이교론』과 『변정론』은 모두 동일한 근거를 통해 동일한 주장을 하고 있다. 『수미상도산경』 즉, 『수미사역경』은 복희와 여와를 불교의 두 보살이라고 주장하는 대표적인 위경군 가운데 하나로, 양 문헌은 모두 『수미사역경』을 근거로 하여 불교가 도교보다 더 오래되

---

62) "二大菩薩下救蒼生, 爰列三光, 是興八卦. 伏羲皇者應聲大士. (……) 女媧后者吉祥菩薩."(P3766: 23-25)
63) "依須彌像圖山經及十二遊經竝云. …… 爾時西〈方〉阿彌陀佛告寶應聲寶吉祥等二大菩薩, '汝可往彼, 與造日月, 開其眼目, 造作法度.' 寶應聲者是(T.示)爲伏羲, 〈寶〉吉祥者化爲女媧, 後現命盡還歸西方."(P.3766: 29-31) 『대정신수대장경』과 대교하여, 〈 〉는 사본에 없는 글자이고, (T.)는 사본과 다른 글자이다.
64) "故『須彌四域經』曰: 寶應聲菩薩名曰伏羲, 寶吉祥菩薩名曰女媧."(P3742: 39-40)

었음을 주장하고 있다.

다음으로 부처님의 세 제자인 마하가섭, 유동보살, 광정보살이 중국으로 가서 노자, 공자, 안연으로 화현했다는 주장으로, 도교의 화호설에 대응하고 있다. 『변정론』과 『이교론』에서는 불도차제와 관련하여 같은 대응 방식을 취하고 있다.

> 『불설공적소문경』과 『천지경』에 근거하여 말하면, "내가 가섭에게 저곳에서 노자가 되어 무상도라 칭하게 하였고, 유동에게 저곳에서 공구라 칭하게 하였으니, 점차적으로 교화하여 그들을 효순하게 하였다."라고 하였다. (『변정론』「석이사자편제4」)[65]

> 『청정법행경』에서 이르길 "부처님께서 세 명의 제자에게 진단(振旦, 중국)을 교화하게 하셨으니, 유동보살은 저쪽에서는 공구라 부르고, 광정보살은 저쪽에서 안연이라 부르고, 마하가섭보살을 저쪽에서는 노자라 부른다"고 하였다.(『이교론』「복법비노제9」)[66]

『변정론』과 『이교론』에서는 마하가섭, 유동보살, 광정보살이 각각 노자, 공자, 그리고 공자의 제자인 안연顏淵으로 화현했다고 주장한다.[67] 그런데, 이러한 부처님의 세 제자와 중국의 세 성인을 결부짓는

---

[65] "案佛說空寂所問經及天地經皆云, 吾令迦葉在彼爲老子, 號無上道. 儒童在彼號曰孔丘. 漸漸教化令其孝順."(P3766: 212-4)
[66] "淸淨法行經云, 佛遣三弟子振旦教化. 儒童菩薩彼稱孔丘. 光淨菩薩彼稱顏淵. 摩訶迦葉彼稱老子."(P3742: 31-3)
[67] 『변정론』「석이사자편제4」에서는 광정보살이 안연으로 화현되었다는 내용은 없지만, 법림의 다른 저술인 『파사론』에서 『이교론』과 완전히 일치하는 문

과정에서 충돌하는 지점이 발생한다. 어떤 문헌에서는 『변정론』과 마찬가지로 유동보살이 공구로, 광정보살이 안연으로 화현되었다고 기록하지만, 또 다른 문헌에서는 오히려 유동보살이 안연으로 광정보살이 공자의 모습으로 화현되었다고 기록하고 있다.[68] 이것은 시대에 따라 변화하는 노자화호설에 불교가 대응하면서 발생한 의도치 않은 실수이겠지만, 이러한 모순점이 후자의 경우는 남조의 『박고도사이하론駁顧道士夷夏論』과 수나라 천태지자天台智者와 그 제자들의 저술 등에서 동일하게 나타났고, 전자의 경우는 북주 『이교론』과 당 『변정론』과 『파사론』, 『파사론』을 인용하는 『삼교평심론三敎平心論』, 『절의론折疑論』 등의 당 이후의 호교문헌에서 동일하게 나타난다는 점에 주목할 필요가 있다. 물론, 여러 문헌에서 인용된 『청정법행경』의 판본이 달랐기 때문일 수도 있지만, 『변정론』이 다수의 남조와 수나라의 문헌이 아닌 북주 『이교론』과 일치한다는 점에서 양 문헌의 영향 관계를 추측해본다.

『이교론』은 노자화호설에 대하여 두 가지 방법으로 대응하고 있는데, 즉 불교 측에서 만들어낸 위경을 바탕으로 대응하거나, 혹은 도교

장이 있다.
"內典天地經曰: 佛遣三聖化彼東土, 迦葉菩薩彼稱老子. 淸淨法行經云: 佛遣三弟子震旦敎化. 儒童菩薩彼稱孔丘, 光淨菩薩彼云顔回, 摩訶迦葉彼稱老子."(『破邪論』卷1, T52, 478c8-11)

(68) "故經云: 摩訶迦葉彼稱老子, 光淨童子彼名仲尼."(『弘明集』卷7, T52, 45c9-10)
"又淸淨法行經說: 摩訶迦葉應生振旦示名老子. …… 彼經又云: 光淨童子名曰仲尼."(『維摩經玄疏』卷1, T38, 523a15-8)
"佛家有破邪論, 謂佛遣三弟子震旦敎化. 孔子乃儒童菩薩, 顔回乃淨光菩薩, 老子乃摩訶迦葉也."(『三敎平心論』卷1, T52, 783c5-7)
"大迦葉菩薩稱爲老子, 淨光童子菩薩稱爲仲尼, 儒童菩薩稱爲顔回."(『折疑論』卷5, T52, 816c21-3)

측에서 만들어낸 위경을 불교의 입장에 맞게 고치고 오히려 이를 근거로 하여 도교 경전에서도 선불후도先佛後道를 말하고 있다고 주장한다. 이것은 『이교론』에 앞서 저술된 『소도론』에서 역사적 사실과 상식적 의심을 바탕으로 노자화호설이 거짓임을 증명하는 대응방식과는 사뭇 다르다.[69] 『이교론』은 무제를 설득하여 폐불의 의지를 늦추도록 하였는데, 법림은 무덕 8년(625) 당고조의 "노자의 교가 처음이고, 다음은 공자의 교이고, 마지막이 석가의 가르침(老先次孔未後釋宗)"이라는 조칙으로 인하여 불교의 운명에 위기 의식을 느꼈고, 이러한 위기에 대처하기 위하여 비논리적, 혹은 비사실적이지만 폐불과 관련하여 『소도론』보다 성공적인 효과를 거둔 『이교론』의 대응방법을 의도적으로 가져와 선불후도를 주장한 것이 아닐까, 조심스럽게 생각해본다.

IV. 결론

본고에서는 남북조시기 남조와 북조의 호교문헌이 그 주제와 서술방식 등 여러 방면에서 다른 특징을 가지고 있다고 보았고, 이것을 남조와 북조의 호교전통이라고 명명하였다. 남조 호교전통은 신멸신불멸 등의 철학적 담론을 중심으로 발전하였고, 양무제의 『입신명성불의기立神明成佛義記』를 끝으로 더 이상의 단편적 문헌은 등장하지

---

[69] 나우권(羅佑權, 2006, pp.289~291)은 견란의 『소도론』은 '사실'의 측면에서 '도가'의 신화를 공격하였고, 도안의 『이교론』은 불교의 신화로 '도가'의 신화를 공격하였다고 평가하고 있다.

않으며, 이러한 전통은 『대승기신론』 등 여래장사상의 발전 과정에 흡수되었을 것으로 보았다. 반면, 북조 호교전통은 교리적 논쟁보다는 정치와 밀접한 관계 속에서 뚜렷한 의도를 가지고 등장하게 된다. 북주 도안이 저술한 『이교론』은 삼교합일과 폐불이라는 무제의 정치적 의도 아래 불교를 지키고자 하는 목적에서 저술되었으며, 당 법림의 『변정론』은 고조의 삼교논형과 도사 이중경의 『십이구미론』에 대한 반론 등 몇 가지 목적에서 저술된 글을 엮은 것이다.

본고에서는 북주 도안의 『이교론』12편과 당 법림의 『변정론』12편 중 일부가 삼교논형이라는 배경에서 저술되었고, 이러한 유사한 배경에서 저술된 두 문헌이 어떤 영향 관계가 있는지를 검토함으로써, 북조의 호교전통이 어떻게 계승되고 있는지를 추론하기 위한 하나의 시론적 성격을 갖고 있다. 추론의 방식은 먼저 삼교논형 및 불도차제와 관련하여 저술된 『변정론』의 「三敎治道篇第一」·「佛道先後篇第三」·「釋李師資篇第四」에서 법림의 삼교에 대한 입장과 불도선후 문제를 중점적으로 분석하였고, 이러한 주요한 특징들이 『이교론』에서 유사하게 나타나고 있음을 확인하였다. 그리하여 『이교론』에서 『변정론』으로 이어지는 두 문헌 사이의 영향 관계가 성립할 수 있다고 판단하였다. 양 문헌에서 공통적으로 보이는 주요한 특징에 대해서는 본문Ⅲ에서 대략 세 가지 측면, 즉 형식적인 측면, 삼교에 대한 입장, 선불후도先佛後道에 대한 입장 등을 통해 검토하였고, 이러한 특징을 근거로 하여 『변정론』이 『이교론』으로부터 많은 영향을 받았으며, 나아가 북조의 마지막 호교문헌인 『이교론』이 당나라 『변정론』으로 계승되었음을 확인하였다.

| 약호 및 참고문헌 |

『二敎論』T.52
『辯正論』T.52
『廣弘明集』T.52
『集古今佛道論衡』T.52
『唐護法沙門法琳別傳』T.50
『續高僧傳』T.50
『佛祖統紀』T.49
『國譯一切經』「護敎部」

國際佛敎學大學院大學 學術フロンティア實行 編,『日本現存八種一切經對照目錄』, 國際佛敎學大學院大學, 2006.
敦煌硏究院 編,『敦煌遺書總目索引新編』, 中華書局, 2000.
商务印书馆編,『敦煌遺書總目索引』, 中華書局, 1983.
Dunhuang and other Central Asian manuscripts, Bibliothèque nationale de France Shanghai gu ji chu ban she, 1994.
小野玄妙 編,『佛書解說大辭典』, 大東出版社, 1933.

李小榮,『《弘明集》《廣弘明集》述論稿』, 巴蜀書社, 2005.
Kenneth, Chen. 박해당(朴海鐺) 역,『中國佛敎』, 民族社, 1991.
吉川忠夫,『大乘佛典』「中國・日本篇」第4 弘明集・廣弘明集, 中央公論社, 1988.
鎌田茂雄, 關世謙 譯,『中國佛敎通史』第三卷, 台北: 佛光出版社, 1986.

野村耀昌,『周武法難の研究』, 東洋出版株式會社, 1976.
塚本善隆,『中國佛教通史』卷2 東京春秋社, 1974.

강문호(姜文晧),「唐 前期의 佛敎政策과 儒佛道 先後論」『慶州史學』29호, 2009.
나우권(羅佑權),「南北朝 末期의 道佛論爭과 그 영향 -『笑道論』과『二敎論』을 중심으로」『哲學硏究』100호, 2006.
박해당(朴海鐺),「中國 初期 佛敎의 인간 이해」『論爭으로 보는 佛敎哲學』, 藝文書院, 1998.
藤井淳 編, 倉本尚德 著,「法琳の著作との比較から見た姚辯『三敎不齊論』の特徵について」『最澄・空海將來『三敎不齊論』の硏究』, 國書刊行會, 2016.
菅野博史 編, 河野訓 著,「三敎の衝突と融合」『佛敎の東傳と受容』, 佼成出版社, 2010.
曾堯民,「北周武帝毀佛前的三敎論談」『大专學生佛學論文集』, 台北市華嚴蓮社, 2009.
中西久味,「法琳雜記(續)」『比較宗敎思想硏究』第4輯, 2004.
　　　　「法琳雜記」『比較宗敎思想硏究』第2輯, 2002.
林 智康,「敎行信證と辯正論」『印度學佛敎學硏究』45卷, 1997.
伊藤隆壽,「梁武帝『神明成佛義』の考察」『駒澤大學佛敎學部硏究紀要』44卷, 1986.
三輪晴雄,「唐護法沙門法琳について」『印度學佛敎學硏究』22卷, 1974.

제3장

돈황을 넘어 투루판과 티벳불교에서의 사본 연구

1) 『천죽국보리달마선사론天竹國菩提達摩禪師論』
신출본新出本에 대하여

청정(程正)

2) 법성(法成, Chos grub)이 인용한
『유가사지론瑜伽師地論』 최승자最勝子 석釋에 대하여

오타케 스스무(大竹晋)

3) 폴 유진 펠리오가 둔황에서 출토한
티벳어 사본 PT 1과 PT 116에 대하여

차상엽(車相燁)

『천죽국보리달마선사론
天竺國菩提達摩禪師論』
신출본新出本에 대하여

청정(程正)

1. 『천죽국보리달마선사론』에 관한 기존의 연구

　『천죽국보리달마선사론』(이하 "『달마선사론』")은 다나카 료쇼(田中良昭) 씨가 돈황유서에서 발견하여 학계에 소개한 귀중한 초기 선종禪宗 문헌이다. 다나카씨는 「菩提達摩に關する敦煌寫本三種について」(『駒澤大學佛教學部研究紀要』31, 1973년)이라는 제목의 논문[1]을 발표하여 Pelliot본 P2039V(이하 "P본")가 『달마선사론』의 텍스트(완본)이라는 것을 밝혔다. 다나카 씨는 우선 P본의 사본 형태, 서사 내용들을 소개하고 그 본문을 소개하였다. 그리고 신출 P본이 종래 세키구치 진다이(關口眞大) 씨가 소개·연구한 하시모토 교인(橋本凝胤) 씨(나라奈良 약사사藥師寺의 장로) 소장 돈황본 『달마선사론』(이하, "하시모토본")[2]과 같은

---
1) 이 논문은 후에 그의 『敦煌禪宗文獻の研究』(大東出版社, 1983→2009, 이하 "『田中』1")에 재수록 되었다.
2) 關口眞大, 「『達摩禪師論』と達摩大師」(『達摩大師の研究』, 春秋社, 1967)를 참조.

제목을 가지고 있지만 내용이 완전히 다르다는 것을 지적한 후 P본에 의거하여 텍스트를 교정하였다(이하, "다나카본").

먼저 다나카 씨는 아래와 같이 P본의 내용을 소개하고 있다.

> 그 내용은 첫 부분에 "선문禪門의 법은 경론의 설과 같이 많은 뜻이 있으니, 다만 하나의 명칭이 아니다"라고 서두를 달아 별도의 명칭으로써 선정문禪定門 이하 안심문安心門에 이르는 열다섯 가지의 문門을 열거하고, 다음으로 마지막 안심문에서 첫 번째 문인 선정문까지 거슬러 올라가며 그 명칭의 유래를 경론의 인용을 섞어 설명한다.(『田中』1, p.201)

그리고 그 견해를 요약하면 아래의 네 가지를 들 수 있다.

1) P2039의 앞면[表]에 서사된 『유가사지론분문기瑜伽師地論分門記』라는 제목의 문헌은 티벳승 법성法成이 대중大中 9년(855)부터 13년(859)의 4년간 사주沙州 용흥사龍興寺에서 행한 『유가론瑜伽論』의 강의를 담신談迅, 복혜福慧 두 사람이 기록한 강의록으로 추정된다.[3] 이것으로 볼 때 『달마선사록』을 포함해 뒷면[裏]에 연속적으로 서사된 네 종류의 문헌은 9세기 후반에서 어느 정도의 시간이 경과한 후 서사되었다고 생각된다.

2) P본 『달마선사론』은 그 내용 구성에 당나라 초기의 특징이 보

---

3) 上山大峻,「大蕃國大德三藏法師沙門法成の研究」(上)(『東方學報』38, 1967), 同(下)(『東方學報』39, 1968)를 각각 참조. 또한 이상의 논문은 각각 上山 씨의 『敦煌佛教の研究』(法藏館, 1989), 『增補敦煌佛教の研究』(法藏館, 2012)에 각각 재수록되었다.

인다. 또한 본문에 "此出唯識論"이라는 표현이 있는데, 이것이 현장玄奘 역『성유식론成唯識論』(659)이라면, 그 성립은 659년 이후로 추정된다.

3) P본『달마선사론』과 동명의 하시모토본, 그리고 마찬가지로 돈황 선종 문헌으로 알려진『남천축국보리달마선사관문南天竹國菩提達摩禪師觀門』(이하 "『관문』") 세 가지는 각 문헌의 성립관계는 분명하지 않지만, 그 표현과 내용에서 극히 밀접한 관계에 있음이 지적된다.

4) P본『달마선사론』은 하시모토본과 마찬가지로 보리달마菩提達摩에 가탁하여 동산법문東山法門의 입장을 표명한 강요서로 위치를 설정할 수 있다.

이와 같이 P본을 중심으로 한『달마선사론』에 관한 연구는 다나카 씨를 필두로 크게 진보하였지만, 그 후 주목할 만한 연구 성과 없이 긴 정체기에 들어갔다. 이 답답함을 타개할 계기가 된 것은 고대하던『달마선사론』의 이본異本, 즉 중국국가도서관장돈황유서中國國家圖書館藏敦煌遺書 BD15054-1(新1254, 이하 "북경본")의 출현이다. 이에 의해『달마선사론』에 관한 연구가 비약적으로 진전되었던 것이다.

우선 북경본을 발견한 방구앙창(方廣錩) 씨는 그가 주편主編을 담당한『장외불교문헌藏外佛敎文獻』1(北京, 宗敎文化出版社, 1995)에 "天竺國菩提達摩禪師論"이라는 논문을 발표하였다. 이 논문에서 방 씨는 간략한 해제를 달고, 신출 북경본을 저본으로, P본을 대교본으로 하여『달마선사론』의 텍스트 교정(이하 "방본")을 행하였다. P본은 "天竹國菩

提達摩禪師論一卷"이라는 수제首題와 "菩提達摩論"이라는 미제尾題를 갖추고 있으며, "안심문安心門"부터 "선정해탈문禪定解脫門"까지의 설명을 가진 완본이다. 이에 반해 신출 북경본은 전반부가 결락되고 미제도 없으며, 게다가 15번째에 위치한 "선정해탈심禪定解脫心"에 관한 설명 뒤에 "선에 크고 작음이 있는가(禪有大小以不)"를 둘러싼 문답과 "인신人身"을 "차륜車輪"에 비유한 문답 등이 이어져 마지막 부분에서 게찬偈讚으로 마무리되고 있다. 이처럼 양자의 내용 차이를 고려하여 각 사본의 특징을 보다 명확하게 드러내고자 한 방 씨는 『장외불교문헌藏外佛敎文獻』2(北京, 宗敎文化出版社, 1996)에 발표된 "天竺國菩提達摩禪師論"이라는 동명의 논문에서 P본과 북경본 각각을 저본으로 하는 두 종류의 텍스트 교정을 시도하였다. 방 씨의 참신한 시도에 대해, 당대어록연구반唐代語錄硏究班은 「集體書評 殘禪宗文獻(天竺國菩提達摩禪師論, 禪策問答, 息諍論)」(『禪文化硏究所硏究紀要』23, 1997)[4]이라는 논문을 발표하여 방본에 나타난 교정의 문제점을 세밀하게 지적하고 보다 양질의 텍스트 작성에 노력하였다.

한편 『달마선사론』 연구에 큰 족적을 남긴 다나카 씨도 방 씨에게 자료를 제공받아 「『菩提達摩禪師論』の新出異本について」(『宗敎學論集』19, 1996)이라는 논문[5]을 새롭게 발표하였다. 그 중 다나카 씨는 『달마선사론』의 새로운 자료로서 북경본을 소개하고 그 특색을 지적한 후, 방본에 의거하여 역주를 작성하였다.

---

4) 이 논문은 蔡毅 씨가 중국어로 번역하여 「北京圖書館藏新1254·1255號『殘禪宗文獻』三種補校」라는 제목으로 『俗語言硏究』4(1997)에 수록되었다.
5) 이 논문은 후에 『敦煌禪宗文獻の硏究第二』(大東出版社, 2009. 이하 "『田中』2")에 재수록되었다.

다나카 씨의 견해를 요약하면 아래의 두 가지를 들 수 있다.

1) 동일한 제목을 가진 하시모토본과 P본은 완전히 다른 것으로 동명이체同名異體의 관계이다. 이에 반해 신출 북경본은 후반 부분에 차이가 나타나지만, P본의 내용과 일치하는 이본이다.
2) 북경본의 출현에 따라 P본이 달마론達摩論 중 하나인 『관문』과 밀접한 관계임을 지적했던 자신의 견해는 한층 강화되었다.

그리고 이듬해 1997년에 장카이즈(張子開) 씨가 「敦煌寫本《天竹國菩提達摩禪師論》(P2039v)再探」(『宗敎學硏究』1998-1)이라는 논문을 발표하였다. 장 씨는 북경본의 존재를 알고 있었지만 당 사본에 명확한 제목이 없음을 이유로 P본을 저본으로 본문 교정을 행하였다. 그 때에 당연히 기존의 다나카본, 방본이 사용되고 또한 전술한 당대어록연구반의 연구 성과에 대한 중국어역도 참조한 후, 새로운 의견을 추가하였다. 그리고 『달마선사론』에 언급된 "유식론唯識論"을 『성유식론』으로 보고 그 성립 연대를 659년 이후로 추정한 다나카설을 옹호하였다.

그런데 까오유팅(高毓婷) 씨는 그의 석사 논문 『禪宗心識思想硏究―以唐代爲中心』(臺灣師範大學碩士論文, 2005)에서 「冠名菩提達摩作品之心意識說」이라는 장절을 두어 이 "유식론"을 『성유식론』으로 보는 다나카설에 이의를 제기하였다. 즉, 까오 씨는 이것이 현장의 『성유식론』이 아니라 세친世親 저, 구담류지瞿曇留支 역 『유식(이십)론唯識二十論』임을 역설하고, 따라서 『달마선사론』의 성립연대에 대해 재고의 여지가 있음을 주장하였다.

2. 독일 소장 투루판 한문문서[6]에서 새로 발견된 『달마선사론』 이본異本 두 점에 대하여

전술한 것과 같이 『달마선사론』의 사본에 대해서는 종래의 연구에 의해 P본과 북경본 두 점이 알려져 있다.[7] 한편, 필자는 2016년도 해외 연구 기간 중 독일 소장 투루판 한문문서에서 새롭게 단편 2점의 존재를 확인하였다. 즉 Ch1935(구번호: T Ⅲ M 173.106. 이하 "독일본①")과 Ch2996(구번호: T Ⅱ D. 이하 "독일본②")이다.

우선 독일본①에 대해, 룽신장(榮新江) 씨를 주편으로 한 『吐魯番文書總目(歐美收藏卷)』(武漢大學出版社, 2007. 이하 "『총목』")에서는

  Ch1935(T Ⅲ M 173.106) 佛典殘片

  14.2×11.8cm, 7行, 木頭溝遺址出土.(p.160)

라고 기록되어 있다. 이에 따르면 독일본①은 독일 탐험대의 세 번째 조사(1905년 12월~1907년 4월)에 무루투크 유적에서 입수한 가로 14.2cm, 세로 11.8cm의 단편이라고 한다. 또한 사진으로 확인한 한, 이것은

---

6) 독일 소장 투루판 문서에 대해서는 필자의 「ドイツ藏吐魯番(トルファン)漢語文書から發見された禪籍について」라는 연구발표(2017년 11월 25일에 교토 하나조노 대학 개최 제88회 禪學研究會學術大會)의 배포자료 참조.
7) 이 두 돈황유서의 세부사항에 대해서는 졸저 『敦煌禪宗文獻分類目錄』(大東出版社, 2014) 참조.

괘입罫入된 종이에 서사되어 있으며 페이지의 아래 여백이 모두 결락되어 있지만 6행 째에만 간신히 천두天頭의 괘선이 남아 있는 상태이다.

잔존 부분의 내용을 보면, 독일본①은 『달마선사론』에 설해진 ① 안심安心, ② 주심住心, ③ 오심悟心, ④ 정심定心, ⑤ 식심息心, ⑥ 징심徵心, ⑦ 달심達心, ⑧ 요심了心, ⑨ 지심知心, ⑩ 정심正心, ⑪ 찰심察心, ⑫ 각심覺心, ⑬ 조심照心, ⑭ 제심制心, ⑮ 선정禪定의 15개 항목 중 ⑥ 징심徵心의 후반부터 ⑨ 지심知心의 도중까지 내용을 가지고 있다. 또한 천두에 괘선이 남아 있는 제6행을 기준으로 생각하면 독일본①은 본래 1행 20-21자로 서사되었음을 알 수 있다.

다음으로 독일본②에 대해, 『총목』에서는

Ch2996(T II D) 佛典殘片

14×11.4cm, 7行. 高昌故城出土.(p.243)

라고 기록되어 있다. 이에 따르면 독일본②는 독일 탐험대의 두 번째 조사(1904년 11월~1905년 12월)에 고창高昌의 고성에서 출토된 가로 14cm, 세로 11.4cm의 단편이라고 한다. 사진으로 확인하면 이것은 얇게 괘입된 종이에 약 7행 정도의 문자가 초서체로 서사되어 있는데, 첫째 행이 읽을 수 없을 정도로 심하게 파손되어 있고 사본의 상반부도 없어져 있으며 지각의 괘선이 가까스로 남아 있는 단편이다. 그 잔존 내용에 따라 독일본②는 전술 한 15개 항목 중 ⑫ 각심覺心의 내용 일부가 남아 있는, 본래 1행 약 25자 전후로 서사된 것이라고 추정된다.

독일 소장 투루판 한문문서에서 발견된 두 점의 『달마선사론』 이본은 모두 단편에 지나지 않는다. 그러나 이러한 문헌들이 돈황장경동敦煌藏經洞이 아닌 다른 곳에서 발견되었다는 점에서, 『달마선사론』이 돈황뿐 아니라 더 서쪽에 위치한 투루판 지역에서도 유포되었음을 보여주는 명확한 증거라고 할 수 있다.

3. 신출 Stein본 『달마선사론』(S2594)에 대하여

전술한 것과 같이 『달마선사론』의 사본은 돈황유서에서 발견한 P본과 북경본 두 점에 필자가 소개한 독일 소장 투루판 한문사본 두 점을 더하여 도합 네 점의 존재가 밝혀졌다. 그런데 필자는 해외연구(2016년도)를 위해 상해사범대학上海師範大學 돈황학연구소에 체류할 때 상기 네 점 외에 Stein본 S2594(이하 "S본")도 『달마선사론』의 이본이라는 것을 알게 되었다.[8]

S2594에 대해서는 우선 Lionel Giles(라이오넬 쟈일즈) 씨가 편집한 *Descripitive Catalogue of the Chinese Manuscripts from Tunhuang in the British Museum*, The Trustees of the British Museum, London, 1957(이하 『쟈일즈 목록』)[9]에서 아래와 같이 기록되어 있다.

---

8) 필자의 동료로 상해사범대학 부교수인 定源(王招國) 씨가 알려주었다. 또한 그 후 필자의 해외 연구를 승인한 동 대학의 교수인 方廣錩 씨로부터 S2594의 사진을 제공받았다. 두 분에게 받은 학은에 감사를 올린다.
9) Stein Collection에 대한 최초의 목록으로 알려진 것으로 당시 자료가 정리된

5869. *Commentary* on a Buddhist text. Mediocre MS. Soft thin paper. 4 ft.

S2594

즉 쟈일즈 씨에 의하면 S2594는 얇고 부드러운 종이에 서사된 불교저작의 주석서라고 한다. 그 후『돈황보장敦煌寶藏』[10]에는 "大乘起信論疏釋"이라는 의제擬題가 붙었고『돈황유서총목록색인신편敦煌遺書總目索引新編』[11]에 이르러서는 단순히 "佛敎疏釋"이라고 하였다. 이에 대해 2017년 2월 간행된 방구앙창 씨 주편의『영국국가도서관장돈황유서英國國家圖書館藏敦煌遺書』제45권(桂林・廣西師範大學出版社. 이하 "『영국돈황』45")에서는 "天竺國菩提達摩禪師論竝禪法疏記"라는 의제가 붙어 있다. 이것을『달마선사론』의 이본으로 비정比定한 것이다.

그렇다면, 먼저『영국돈황』권45 말미에 첨부된 "條記目錄"(013頁左)에 의거하여 S2594의 서지정보를 소개한다.

방 씨의 "조기목록"에 따르면, S2594는 괘입된 종이로 된 144.5cm(가로)×27cm(세로)의 권자본卷子本으로, 1행 25자 전후로 도합 91행의 내용이 행서체로 서사된 8세기경 당나라 사본이며 전반부와 후반부가 모두 결락되어 있다고 한다. 이외에, 방 씨는 전체 91행 중 처음 32행을『달마선사론』으로 비정하고, 그 이후의 내용은 찬술자가 선종의 교리에 대해 자신의 이해를 서술한 것으로 추정하였다.

그런데 종래 알려진 P본과 북경본에 보이는 차이에 대해, 다나카

S6980까지의 목록을 공표하였다.
10) 제21권, p.326.
11) 敦煌研究院編, 中華書局, 2002, p.79.

씨는 전술한 「『菩提達摩禪師論』の新出異本について」에서 다음과 같이 말한다.

> (전략) Pelliot본이 앞뒤가 보존된 완본인 것과 달리 북경본은 전반부가 결락되어 있고, Pelliot본이 안심문에서 시작하여 선정해탈심문에 이르는 15개의 문을 열거하고 차례대로 그 명칭의 유래를 시설하는 가운데 세 번째 오심문의 도중에서 시작하여, 이어 네 번째 정심문, 다섯 번째 식심문, 여섯 번째 징심문의 일부가 파손됨에 따라 없어졌다.
>
> 또한 말미에서는 Pelliot본이 마지막 선정해탈심문을 설하여 마치고 곧바로 "達摩禪師論一卷"이라는 미제尾題가 있어 완결되는 반면, 북경본에는 미제가 없다. 대신 이어서 '앞에 설한 것은 지자智者만이 알 수 있고 범정凡情의 관점에서는 아니다. 이 「대경무상선관문大經無相禪觀門」은 옛적의 대덕선사가 오직 경론을 수학하여 지은 것으로, 지금의 잘못된 설이 아니다.'라고 하는 후서後書가 있으며, 또한 "선禪에 대소大小가 있는가"라는 질문을 내고 그것에 답하여 "선의 관문觀門에 몇 가지가 있다. 첫째는 대승의 관문, 둘째는 소승의 관문이다"라고 하여 그것을 상세히 논하고, 다시 "인신人身"을 "차륜車輪"에 비유한 문답을 들고 마지막에 게찬을 가지고 마무리하고 있다는 차이가 있다. (『田中』2, pp.27~28)

이에 대해 신출 S본은 전반부가 결락되고, P본에서 말하는 ① 안심문의 도중부터 ⑬ 조심문까지의 내용을 가지고 있는데, 그 다음에 와야 할 ⑭ 제심문, ⑮ 선정해탈심문에 관한 기술이 없이 바로 네 개의 문답을 전개시키고 있다. 네 번째 답변의 도중에서 사본이 결락됨에 따라 후반부는 없다. 더구나 이 네 가지 문답은 종래 알려진『달마선사론』의 사본들 어느 곳에도 있지 않은, 완전히 새로운 내용이다. 따라서, 만약 S2594의 후반부에 존재하는 문답이『달마선사론』본문의 일부로 인정될 수 있다면[12] 당연히 이것들은 S본『달마선사론』의 사상적 특색을 가장 잘 드러내주는 것이라고 할 수 있을 것이다.

4. Stein본『달마선사론』의 본문
– 다른 본들과의 대조 –

범례
① 신출 S본을 기준으로 한다.
② 각 사본의 독자성을 가능한 한 존중하기 위해 신자新字, 구자舊字, 이체자異體字를 통일시키지 않는다.
③ 지면의 사정으로 사본 내용에 따라 단락을 줄여 대응한다.

---

12) 방구앙창 씨는 S2594에 달린 "天竺國菩提達摩禪師論立禪法疏記"이라는 의제에서도, "조기목록"의 "本文獻前32行所抄爲《天竺國菩提達摩禪師論》, 然後用'〔以上所說, 並是諸佛菩薩行跡〕領起, 論述作者對禪宗義理的理解"라는 설명에서도 볼 수 있는 것처럼, 이러한 문답 내용을『달마선사론』의 본문 중 일부로 생각하지 않은 듯하다. 다만 북경본은 문서 말미에 P본에 없는 문답이 포함되어 있음에도 불구하고『달마선사론』의 이본으로 인정하고 있는 이상, S본의 후반부 내용도 마찬가지로 취급할 수 있을 것이다. 또한 그 말미에 있는 첫 번째 문답의 1행과 2행의 내용이
1) □□上所說之法, 並是諸佛菩薩行跡. 今者, 凡夫得行此法以不. 菩提/
2) □□師答曰(後略)
이 된다. 만약 2행 째의 결손된 부분에 "達摩"라는 문자가 있었다고 한다면, 이것은 틀림없이「달마선사론」의 본문 내용이라고 해야 할 것이다.

④ 다른 본들에 보이지 않는 표현은 밑줄로 표시한다.
⑤ 결손문자에 대해서는 식별 가능한 것에 한하여 字와 같이 표시한다.

돈황사본			투르판사본 독일본
S본(S2594)	북경본(BD15054-1)	P본(P2039)	
		天竺國菩提達摩禪師論一卷 禪門之法, 如經論所說, 乃有多義, 非直一名. 一名禪定門 亦名制心門 亦名照心門 亦名覺心門 亦名察心門 亦名安心門 亦名知心 亦名了心門 亦名達心門 亦名徵心門 亦名息心門 亦名定心門 亦名悟心門 亦名住心門 亦名安心門	
前缺 □…□悉是自心變作, 知境界唯是自心作故, 卽得安隱. 若能知□, 卽能看得, 自然漸合識觀智.		何名安心門者, 由常看守心故, 熟看諸境種々相貌, 一切境界, 悉知不從外來. 迷是自心變作, 知境界唯是自心作. 此觀自然,	

故言,亦名安心.		漸合唯識觀智. 唯識者, 遮詮爲義. 遮却雜染虛妄之法, 詮取眞如佛性者. 不去不來, 不生不滅, 不取不捨, 不垢不淨, 無爲無染無著, 自性淸淨湛然, 常名爲唯識觀智. 故言,亦名安心門. 此出『唯識論』.	
言住心者, 由看守心故, 心卽不起動故, 心卽安住.『經』云, 心常安住, 無礙解脫, 故言, 亦名住心.	前缺 □□□□者, 由□…□寂, 無得爲道. 故名悟心.	又言住心門者, 常看守心故, 心卽不起. 無動故, 心卽安住.『維摩經』, 心常安住, 無得解脫. 故言住心門.	
言悟心者, 由久看心不已, 卽悟自心體, 卽與道合. 不可思議心, 卽是聖者, 非是聖者. 不知更有何聖, 能過心聖. 悟心聖故, 故言, 亦名悟心.	言定心者, □道. 於五欲境界, 不亂不或. 由看心不故, □…□總持, 辯才不斷. 故云悟心. 亦名定心.	言悟心門者, 由久看心不起動, 卽自心體, 卽與道合. 心虛空寂, 無得爲道. 故言悟心門.	
言定心者, 由常看守心故, 於五慾境界, 不爲亂惑. 由	言□…□看守心故, 息妄緣, 歸眞心寂定, 故云,	言定心門者, 由常看守心故, 於五欲境界, 不爲乱惑. 由	

看心, 不令亂. 故『經』云, 念定惣持. 故言, 亦名定心.	亦□…□	看心中, 不令乱故.『維摩經』,念定惣物. 故言定心門.	
言息心者, 由看守心故, 息忘緣念, 歸眞寂定, 故云, 亦名息心.		言息心門者, 由常看守心故, 息妄緣念, 歸眞寂定, 故言息心門.	
			①Ch1935
言徵心者, 由看心故, 卽見心中, 見心, 心數法, 攀緣忘相, 却徵心, 虛妄不可得故. 故云, 亦名徵心.	徵心者, 由常看守心故, 卽見心中心數□□緣妄想, 却徵緣心, 虛妄不可得故. 故云, 名徵心.	言徵心門者, 由常看守心故, 卽見心, 心數法, 攀緣妄想, 却徵緣心, 虛妄不可得. 故云徵心門.	前缺 □□心□□□ 數法, 攀□…□ □得. 故名徵心.
言達心者, 由看心故, 漸達自心本性淸淨, 不爲一切煩惱諸垢之所染汙, 猶如虛空. 故云, 亦名達心.	言達心者, 由常看守心故, 漸契自心本性淸淨, 不爲一切煩惱諸垢之所染汙, 猶如虛空. 故云, 亦名達心.	言達心門者, 由常看守心故, 漸達自心本性淸淨, 不爲一切煩惱之垢之所染汙, 猶如虛空. 故云達心門.	言達□…□□ 於一切煩惱諸垢 染汙, 由□…□
言了心者, 了自己心, 無得無障, 靈通迅速, 而體常住不動, 畢竟寂滅, 卽涅槃相. 故云, 亦名了心.	言了心者, 由看心故, 了自己心, 無障無得, 靈通迅速, 而體常住不動, 畢竟寂滅, 卽涅槃相. 故云, 亦名了心.	言了心門者, 由常看守心, 了自己心無障得, 虛通迅速, 如體常住不動, 畢竟寂滅, 卽涅槃相. 故云了心門.	□了心者, 了自己心, 無得無障, □□ …□住不動, 畢竟寂滅, 卽涅槃□…□

220 _ 돈황사본과 불교학

言知心者, 知心去來, 知心生時, 知心滅時. 復常知過去心已滅不可得, 未來心未至不可得, 現在心無住不可得. 由常看守心故, 知自心去來生滅, 悉常善故. 故亦名知心.	言知心, 由看心故, 知心去來, 知心生時, 知心滅時. 知過去已滅不可得, 未來心未至不可得, 現在心不住不可得. 由常看守心故,	言知心門者, 由常看守心故, 知去來, 知心生時, 知心滅時. 復常知過去心已滅不可得, 未來心未至不可得, 現在心無住不可得. 由常看守心故, 知心去來生滅悉常善. 故云知心門.	□□□者, 知心去□來□, 知□心生時, 知心滅□…□□不可得, 現□在□ 後缺
言正心者, 由看守心故,	不令妄念輒生, 止念不生. 故云亦名止心.	言正心門者, 由常看守心故, 不令妄輒生, 正念不移. 故云正心門.	
察煩惱賊. 六根中六人頭首大賊者, 眼受美色, 耳貪好聲, 鼻貪好香, 舌貪美味, 身貪滑觸, 意內貪愛六塵. 『經』云, 行者, 莫貪麁弊(弊)色聲香味也. 若貪生愛, 卽爲所燒.	言察心者, 由常看守心故, 察煩惱賊. 六根中六箇頭首大賊. 六根者, 眼愛美色, 耳貪好聲, 鼻貪好香, 舌貪美味, 身謂細, 意貪六塵. 六塵者, 色聲香味觸法也. 若貪著生, 卽爲所燒.	言察心門者, 由常看守心心故, 察煩惱賊. 六根之中, 六箇頭首大賊. 六賊者, 眼愛美色, 耳貪好聲, 鼻貪美香, 舌貪美味, 身貪滑觸, 意內貪塵弊, 聲香味觸也. 若貪著生愛, 卽爲所燒.	
是故智者, 察六塵賊, 不令得入. 譬如關口, 關令守門, 端坐專察. 門中有人來去, 悉須	是故智者, 察六塵賊, 不令得入. 譬如關令守門, 端坐專察, 門中有人來去, 悉須察	是故智者, 察六塵賊, 不令得入. 譬如關令守門, 端坐專察. 門中有人來去, 悉須察慮, 不	

察慮, 不得一人輒盜來去. 察心亦爾.	慮, 不得一人輒盜來去. 察心亦爾.	得一人輒盜來去. 察心亦示.	
所言察心者, 卽是覺察. 覺察心□善惡等念, 悉無遺漏. 若有善念, 卽隨生滅. 若有惡念, 急手覺察, 挫制斷除. 常自察慮, 身心過失. 故言, 亦名察心.	所云察者, 卽是覺察之義. 覺察心口善惡等念, 悉無遺漏. 若有善念, 卽隨生滅. 若有惡念, 急手覺察, 挫制斷除. 常自覺察身心過失, 故云察心.	所言察者, 卽是覺察之義. 覺察心口善惡等念, 悉無有偏. 若有善, 卽隨生有滅. 有惡念, 惣守覺察, 挫制斷除. 常自察慮, 身心過失. 故云察心門.	
			②Ch2996
			前缺
言覺心者, 由看心故, 卽覺自覺心體性眞如, 無色無形, 非常非斷, 離諸色相, 不出不沒, 不去不來, 不生不滅, 非垢非淨, 亦非方圓大小長短, 離無, 畢竟空寂.	言覺心者, 由常看守心故, 卽覺自體性眞如, 無色無形, 非常非斷, 非外非內, 亦非中間, 離諸色相, 不出不沒, 非方非圓, 大小長短, 離有離無, 畢竟空寂.	言覺心門者, 由常看守心故, 卽覺自心體性眞如, 無色無刑, 非常非斷, 非內非外, 亦非中間, 離諸色相, 不出不沒, 不來不去, 不生不滅, 非垢非淨, 亦非方圓大小長短, 離有離無, 畢竟空寂.	□···□無形, 非常非斷, 離諸色相, 不出□···□淨, 亦非方圓大小長短, 離有離□···□. □···□淨心, 不可以言說分別顯示. 維□···□法身, **觀佛亦然**. 心亦前際不來, 後□···□自體亦無, 卽合僧義, 卽僧寶. □···□覺, 卽爲佛義, 卽是佛寶. 覺照
此自家眞如心, 本性淸淨心, 不可以言說 分別顯示.	此是自家眞如心, 本性淸淨心, 不可得以言說分別顯示.	此是自家眞如本性淸淨心, 不可得以言說分別顯示.	後缺

『維摩經』言, 如自觀身實相. 觀身者, 觀自法身, 觀佛亦然. 心亦前際不來, 後際 不去, 今則不住. 與佛同體, 與法相應. 自體本無, 即合僧義, 即是僧寶. 動成物軌, 即爲法義, 即是法寶. 自體常覺, 即爲佛義, 即是佛寶. 照見自心中三昧寶, 復覺道在身心. 若身心內覓, 不久見道. 若著方便, 若著相外求, 累劫彌延, 去道轉遠.	『維摩經』云, 如自觀身實相, 與法相應. 自體無爲, 即合僧義, 即是僧寶. 動成物執, 即爲法義, 即是法寶. 常覺, 即爲佛義, 即是佛寶. 照見心中三寶, 復覺佛在身心, 若內覓, 不久見佛. 若著相外求, 累劫施功, 去道轉遠.	『維摩經』云, 如自觀身實相, 觀佛亦然. 心亦前際不來, 後際不去, 今則不住. 與佛同體, 與法相應. 身體無爲, 即合僧義, 即是佛寶. 覺照見心中三寶, 復覺道在身中, 若心內覺, 不覓道. 若著相外求, 累劫彌遠, 去道轉遙.	
『華嚴經』云, 自歸依佛, 自歸依法, 自歸依僧.		『華嚴經』云, 自歸依佛, 自歸依法, 僧. 此是心中一體三寶.	
又『經』云, 若自觀者, 名爲正觀.	『維摩經』云, 若自觀者, 名爲正觀. 正觀者, 謂自觀身心, 得禪定解脫道, 故名正觀.	『維摩經』云, 若自觀者, 名爲正觀.	
若他觀者, 名爲邪觀.	若他觀者, 名爲耶觀.	若他觀者, 名爲耶觀. 謂自觀身心, 得定解脫道, 故名正觀.	

	耶觀者, 謂身心之外, 妄取境界, 或見諸佛菩薩, 靑黃赤白, 光明等事. 竝是想心妄見, 與道相違. 故名耶觀.	耶觀者, 謂身心之外, 別取境界, 惑見諸佛菩薩, 靑黃赤白, 光明等事. 竝是相心妄見, 與道違, 故名邪觀.	
心者是覺悟覺. 覺悟自心, 卽是眞佛, 卽是菩提.	言覺心者, 是覺悟之心, 卽是眞佛, 卽是菩提. 『無量壽觀經』云, 是心是佛, 是心作佛. 『念佛三昧經』云, 念佛只是念心, 求心卽是求佛. 所以者何, 心識無形, 佛無相貌. 『維摩經』云, 煩惱卽是菩提. 謂覺煩惱性空, 無所有處, 名爲菩提. 故名覺心.	又言覺心者, 是覺悟之覺, 之悟自心, 卽是眞佛. 『無量壽觀經』云, 是心是佛. 『念佛三昧經』云, 只是念心, 求心只是求佛. 所以者何, 心識無體相. 『維摩經』云, 煩惱卽是菩提. 謂覺煩惱性空, 無有處所, 名爲菩提. 謂覺煩惱性空, 無所有處, 名爲菩提. 故名覺心門.	
故云, 亦名覺心.	言亦名照心者, 惠日明朗, 照自心源. 不以日月所照爲照明.	言照心門者, 惠日明朗, 照自心室. 不以日月所照爲明.	
言照心者, 慧日明	『觀世音經』云, 惠日破諸闇.	『觀音經』云, 惠日破諸闇.	

照, 朗自心室. 不以日月所照爲照明.	故名照心.	故云照心門.	
故云, 亦名照心.	言制心者, 心爲身之主, 成敗之事, 皆由自心, 惡竝是心作. 善則天堂所攝, 惡則地獄所收, 不離生死. 大士發心, 善惡俱斷, 降伏自心, 入無生正觀. 『遺敎經』云, 制之一處, 無事不辨. 故云亦名制心.	言制心門者, 爲身主, 成敗之事, 皆由自心. 造惡竝是心作. 善卽天堂所近, 惡卽地獄所收, 不離生死. 大士發心, 善惡俱斷, 降伏自心, 入無生正觀. 『遺敎經』云, 制心一處, 無事不辨. 故名制心門.	
	言亦名禪定解脫心者, <u>觀心自在, 不被生死繫縛, 解脫無得故</u>.『法華經』曰, 禪定解脫等, 不可思議法. <u>乃是智者所知, 非是凡情所惻. 此大聖無相禪觀門, 竝是往古大德禪師所作, 一依經論脩學, 非是今時謬說.</u>	言禪定解脫心門者, <u>禪定能絶念,</u> 定卽無思. 心無思念, 體性明淨, 離諸結縛, 名爲解脫.『法華經』云, 禪定解脫等, 不可思議法. 故云禪定解脫心門. 達摩禪師論一卷	

(이하, S본과 북경본에만 존재하는 내용)

S본(S2594)	북경본(BD15054-1)
□□上所說之法, 並是諸佛菩薩行跡. 今者, 凡夫得行此法以不. 菩提□□師答曰, 何爲不得. 世間万倍迷人, 作如是問. 何以故, 如上所說之法, 乃□深經論, 只自衆生怯弱, 不敢卽覺. 若能行佛行, 菩薩行, 佛及□□卽大歡喜. 何以得知.『法華經』說長者窮子喩. 長者卽是諸佛, 言□子者, 卽喩一切迷惑衆生. 尔時, 長者以慈悲故, 恨不卽與窮子金銀, 七寶, 庫藏, 悉皆付囑. 窮子愚癡, 自生下劣, 不敢卽取寶物庫藏. 長者心地, 每常不悅. 窮子當時, 卽入父舍, 庫藏諸珍, 隨意所用, 不生怖畏. 長者卽便歡喜稱意. 佛及菩薩, 亦復如是. 若諸衆生, 卽卽菩薩行處, 不生畏相, 諸佛菩薩, 卽大歡喜, 而作念言, 當知此人, 眞是佛子. 故『維摩經』云, 樂聞深法不畏. 故言此疑問者, 是倍迷人. 難曰, 佛在世時, 得學看心心道學問. 佛入涅槃, 滅度之後, 不合行此道心學問. 答曰, 實如此. 答, 三世心中, 於現在心, 世有覺心時, 卽是佛在世時. 佛者, 是覺心也. 以其現在心中, 有覺心故, 卽張開看心, 反照於諸深法, 卽能脩行. 若覺心謝滅, 卽名佛入涅槃. 覺心暫謝, 卽心世界闇冥. 何以故, 由覺心謝滅故, 乃至小法尙行不得, 如何能有看心反照行深法. 唯常覺之人, 卽名佛在世. 則能覺察, 看心反照, 則能覺察脩此法. 問曰, 今此現在心中佛者, 此佛是何佛. 答曰, 此佛非是法身, 此是化身佛, 亦名應身佛, 亦名報身佛者. 若法身佛者, 實無生滅, 不可思議. 所言菩薩, 合行此看心. 衆生不合行者, 此亦如實. 言菩薩者, 此是西國梵語, 此國往番, 名曰道心衆生. 卽是衆生是菩薩. 何以故, 衆生發心求道者, 卽是道心衆生, 卽是菩薩. 卽合專行此法. 何須恠問.	問曰, 禪有大小以不. 答曰, 禪觀門有數種. 一, 大乘觀, 二, 小乘觀門. 小乘聲聞觀法, 卽數息. 安那般那, 卽有次第. 第一禪, 第二禪, 第三禪, 第四禪, 卽有所求, 卽有所見, 卽有所得. 得生人天, 得生非想非非想天, 受快樂. 報盡還墮三塗. 卽聲聞觀法. 若依大乘觀法, 無求無欲, 無言無說, 寂然無相. 不生不滅, 不來不去, 無漏無爲, 湛然常住. 若依菩薩五門觀法, 行時定, 住時定, 坐時定, 臥時定, 偃息時定, 著衣時定, 喫食時定, 語咲時定. 一切時中, 無有聞念. 若依小乘觀法, 身心俱動, 卽有出定, 卽有入定. 若依菩薩觀法, 無有出入, 湛然一相, 無有變異, 身雖動作, 心常不動.

問曰, 何名心道學.
答曰, 即心是道故, 悟心得道故, 以心相得解脫故. 今行者欲得見自身中眞如佛性, 心眼開明, 頓悟道理. 頓開身中智慧寶, 到一切智地, 得佛知見. 行者尅須自驗自驗. 若起三毒煩惱, 三業未淨, 由爲財色五欲戲論放逸所覆, 嗔恚無明思愛戀著憂悲苦惱在心, 雖復出家, 難得見身中眞如佛性. 何以故, 由煩惱垢覆障故. 令看心. 脩道功德之人, 若有嗔毒在心, 決定不免除墮於三塗地獄, 猛火燒身, 受諸苦惱. 何以得知, 嗔爲猛火. 嗔火一起, 一生已來, 所作種々功德, 皆燒蕩盡. 『遺教經』云, 當知嗔心, 甚於猛火. 以能燒人功德財故, 常當防護, 無令得入. 劫功德賊, 無過瞋毒. 今欲得見佛性道, 須除心中諸惡煩惱, 如人欲得自見面像, 即須以明鏡照之. 若鏡上有塵垢, 不可見面. 行者欲斷煩惱, 心眼開明, 除麁分. 麁分者, 所謂常看心所, 於一切時, 一切處, 不妄緣外境界. 常攝在內, 看自心中, 諸惡不生, 善法不滅. 所言諸惡不生者, 即是十惡不生. 十惡不生者, 第一煞害心不生. 第二偸盜心不生. 第三耶婬心不生. 第四妄語心不生. 妄語者, 有三種. 一, 虛言無實. 是善說惡, 是惡說善. 其實說虛假, 其虛說實. 身自作罪, 他人擧發, 詭諱覆藏. 有罪自知, 不能發露者, 此寔爲大妄語也. 第二, 聚說世間, 談無益語. 虛妄無益, 亦名妄語. 因作頌曰, 莫說無益語, 莫居無益隣. 莫爲無益事, 莫親無益人. 第五, 不兩舌. 六, 不惡口. 七, 不綺語. 八, 不貪. 何名爲貪, 處欲無厭, 名爲貪. 九, 不嗔恚. 嗔者, 忿怒罵人, 名之爲嗔. 嗔不出口, 名之不恚. 第十, 不耶見. 眼前見一切衆生, 平等無二, 皆作佛想, 名爲正見. 常見三寶長短及衆生過失, 名爲耶見. 爲護身命財色故, 斯(?)酌他人耶法, 亦名爲癡. 癡者, 無明不覺, 熾然作惡, 名之爲癡. 起貪嗔故, 名癡. 不解故, 名癡. 空解不能行, 名癡. 常看自心, 貪嗔癡不生, 十惡不起. 此十惡起時, 皆從三業上起. 三業者, 作惡時悉一心起. 是故看守一心不動, 即十惡無處得生. 若專制一心, 非直十惡不生, 一切万惡, 皆悉頓盡. 『遺教經』云, 制之一處, 無事不辦. 是故汝等, 當勤精進, 制復汝心. 所有一切罪, 一切苦, 一切憂悲, 一切渴愛,

『維摩經』云, 心常安住, 無得解脫. 人身喻如何物. 喻如車輪. 人有十八識, 車有十八輻. 輪行千里轉, 車軸恒如故, 鉤心常不動. 若無鉤心, 車卽破壞, 不能運載. 『頭陀經』云, 五陰以爲車, 無相以爲牛, 調御以爲心, 運載諸群生, 趣向般若洲. 人亦如是, 亦如十八識. 車輪者, 人身也. 車有十八輻, 人十八識. 車鉤心者, 佛法也. 車軸, 人心也. 內有六根, 有六, 中間有六識. 六根者, 眼耳鼻舌身, 名爲六根. 六塵者, 色聲香味觸法, 名爲六塵. 六識者, 眼識耳識鼻識舌識身識意識, 名爲六識. 六根, 六識, 六塵各六, 共爲十八, 亦名十八惑. 雖行住坐臥, 擧動施爲, 心王常不動. 心王若動, 卽流浪生死, 不能運載法之財寶. 『維摩經』云, 不著世間如蓮花. 常善人於空寂行, 達諸法相無罣得, 稽首如空無所依. 蓮花雖在淤泥中生, 不被泥之所汙染. 行人雖在五欲煩惱泥中坐, 不被煩惱所染.

一切恩愛, 一切不善, 一切煩惱, 皆由不覺妄想, 故生種々煩惱. 若無妄想, 一切煩惱過患, 自然寂滅.『維摩經』云, 妄想是垢, 無妄想是淨. 又『維摩經』云, 何謂病本, 謂有攀緣. 從有攀緣, 則爲病本. 若無攀緣, 妄想不生, 其心卽自然澄靜. 心澄靜故, 卽無妄念. 無妄念, 卽名心淨. 心淨明故, 自身心中, 眞如佛性, 卽自然顯現. 佛性者, 不離覺. 覺察煩惱, 不令得起. 復覺自心, 本來如如相. 故行者隨分, 能如是反照自心實性體是覺故, 得此見時, 名見佛□…□我(?)慢自高塵垢, 難見覺性. 譬□…□[以地高(?)故以地厚] 後缺	偈讚云, 如蓮花, 不著水. 心清淨, 超於彼. 彼者, 彼岸. 浮囊者, 心. 守城者, 不令賊入. 賊者, 六根是也. 守護心, 不令賊入.

5. 『달마선사론』 각 문헌들의 상호관계에 대해
— 사본에 의거한 검토 —

여기에서는 상기 텍스트 대조에 기반하여 사본 5점 각각의 내용과 각각의 조목에 나타난 경증經證을 표기한다. 나아가 본문에서 경전의 명칭을 밝히지 않고 "經云"이라 한 경우, 경명에 ( )를 붙인다. 또한 여러 번 인용되는 경우, 경명의 뒤에 횟수를 기입하였다.

	S본(S2594)	북경본(BD15054-1)	P본(P2039)	독일본
	前缺		天竺國菩提達摩禪師論一卷(首題)	
1	安心(도중에서)		安心門:唯識論을 전거로 함	
2	住心:(維摩)	前缺	住心門:維摩	
3	悟心	悟心(도중에서)	悟心門	
4	定心:(維摩)	定心:寫本缺損	定心門:維摩	

#				
5	息心	息心	息心門	①Ch1935
6	徵心	徵心	徵心門	徵心(후반부터)
7	達心	達心	達心門	達心
8	了心	了心	了心門	了心
9	知心	知心	知心門	知心(전반까지)
10	正心(항목명만, 내용은 서사 누락)	止心(項目名など が書寫漏れ)	正心門	
11	察心:(法華)	察心	察心門:S본의 경증과 유사하나 경증을 들지 않음	②Ch2966
12	覺心:維摩, 華嚴, (維摩)	覺心:維摩3, 無量壽觀, 念佛三昧	覺心:維摩3, 華嚴, 無量壽觀, 念佛三昧	覺心:維摩 (일부만)
13	照心	照心:觀世音	照心門:觀音	
14		制心	制心門	
15		禪定解脫心	禪定解脫心門 達摩禪師論一卷 (尾題)	
16	「□□上所說之法, 竝是諸佛菩薩 行跡. 今者, 凡夫 得行此法以不」를 묻는 문답:法華, 維摩	禪定解脫心을 大聖無相禪觀門 으로 하는 後書	※覺心門에서 三寶의 기술에 서사 누락이 있음	
17	「佛在世時, 得學 看心 心道學問. 佛入涅槃, 滅度 之後, 不合行此道 心學問」을 묻는 문답	「禪有大小以不」를 묻는 문답:維摩2, 頭陀		
18	「今此現在心 中佛者, 此佛是何 佛」을 묻는 문답	尾題 없음		
19	「何名心道學」을 묻는 문답 (도중까지, 後缺) :遺敎2, 維摩2			

이 대조표에서 알 수 있듯이, 현재 알려진 『달마선사론』의 사본 중 P본이 유일한 완본이며 ①[13] 안심문부터 ⑮ 선정해탈심문까지 "言~心門者"라는 형식으로 항목을 들고 한 항목에 구체적으로 논술을 전개하여 마지막에 "故云~心門"이라는 형식으로 호응시켜 맺는 스타일을 가지고 있다. 이에 대해 먼저 북경본, S본, 독일본①의 세 점은 각각 본문에서도 확인할 수 있는 것처럼 항목 명칭이나 구체적 논술 등이 P본과 거의 일치하지만 "~心門"이라는 형식이 아니라 "~心"으로 되어 있다. 항목의 성립 방식을 기준으로 생각하면, 현존 사본들은 우선 "~心門"형과 "~心"형의 두 계통으로 분류할 수 있을 것이다. 여기에서 각 사본들이 항목을 결론짓는 방법을 언급할 필요가 있다. S본에서는 "故云(言), 亦名~心"이라는 기본 패턴을 충실히 지키고 있다. 북경본에서는 15항목 중 비교적 전반부에 집중되어 있는 형태로 다섯 항목을 "故云(言), 亦名~心"이라는 방식으로 되어 있는 한편, 후반부에서는 "故云(言)~心"이라는 종결 방식도 군데군데 보인다. 애초에 종결의 정형구에는 얼핏보면 사족으로 보일 수도 있는 "亦云"이라는 문구가 왜 삽입되었는가. 필자는 이 문제를 해결할 수 있는 힌트가 유일하게 전반부의 내용이 보존되어 있는 P본에 있다고 생각한다. 즉 P본의 서두에는

禪門之法, 如經論所說, 乃有多義, 非直一名. 一名禪定門 亦名制心門 亦名照心門 亦名覺心門 亦名察心門 亦名安(正)心門 亦名知心門 亦名了心門 亦名達心門 亦名徵心門 亦名息心門 亦名定心門 亦名悟心門 亦名住心門 亦名

---

13) 번호는 사본에 본래 있는 것이 아닌 필자가 편의상 붙인 것이다.

安心門

라 되어 있다. 이에 따르면 선문의 법에는 많은 의미가 있으므로 다양한 명칭으로 부른다고 한다. 그리고 이처럼 다양한 명칭을 표기함에 있어 "亦名~心門"이라는 형식이 사용된 것이다. P본을 제외한 나머지 사본은 모두 전반부가 결락되어 있으므로 그 내용을 확인할 수 있는 방법은 없지만 P본의 권두 부분을 보면 S본과 북경본에도 "亦名~心"이라는 형태의 서두를 가지고 있다는 것은 쉽게 유추할 수 있다. 즉 종결의 정형구인 "亦名"이라는 표현은 아마도 권두에 존재하였을 것으로 추측되는 내용과 호응하므로, 의도적으로 삽입된 문구라고 생각된다.

만약 필자의 추정에 무리가 없다고 인정된다면, 사본들 중 종결 정형구의 패턴을 엄밀하게 지키는 S본이 아마도 『달마선사론』의 가장 오래된 형태에 가깝다고 추정할 수 있을 것이다. 그리고 정형구에 전술한 불규칙함이 보이는 북경본과 "~心門"과 "故云(言)~心門"의 정형구 셋트를 가진 P본은 S본보다 뒤에 성립한 것으로 상정할 수 있다.

S본이 고형古形에 가깝다는 필자의 추론에는 사본의 내용에서도 지지된다. P본 독자의 내용이라고 생각되는 세 부분(본문에서 밑줄 친 부분 참조) 중 적어도 ⑪ 안심문을 유식관지唯識觀智로 설명하는 것 ⑫ 각심문을 『화엄경』의 경증으로 설명하는 두 부분은 북경본은 물론이거니와 P본과 마찬가지로 유식관지를 언급하거나 『화엄경』을 경증으로 드는 S본에서조차 보이지 않는 것이다. 필자가 보기에, 이러한 내

용은 아마도 『달마선사론』이 성립된 후 독자 등에 의해 부여된 보충설명으로, 옮겨 적는 과정에서 본문으로 서사되었을 것이다. 다시 말해 이러한 설명 내용을 전혀 가지지 않은 S본 쪽이 P본보다 오래된 것이 된다.

다음으로 내용적으로 비교 가능한 범위에서 전술한 대조표에 나타난 각 문헌의 경증을 고찰한다.

경증[14]에서 경명을 언급하지 않고 "經云~"이라는 형식으로 인용한 것은 S본뿐이다. 즉 S본은 주심住心, 정심定心, 찰심察心, 각심覺心의 네 항목에서 각각 한 부분씩 경명을 명기하지 않고 인용하고 있다. 네 부분 중 "찰심"(『법화경』으로부터의 경증) 한 부분을 제외하면 모두 『유마경維摩經』에서 인용되었다는 것은 이미 다른 사본들에 의해 뒷받침된다. 경명을 명기하지 않고 인용하는 경우, 문헌의 성립 당초에 구체적인 명칭을 언급할 필요가 없었다고 상정할 수 있다. 즉 초기 선종의 선사들이라면 누구라도 숙지하고 있었던 『유마경』[15]의 인용이라면 굳이 경명을 들 필요가 없었다는 것이다. 한편, 시대가 갈수록 『달마선사론』의 본문에 변화가 일어나 경증에도 수정이 가해져 경명이 모두 명기되었다고 생각된다. 대조표에 있는 "각심"의 항목에서 단적으로 나타난 것과 같이, 텍스트의 체제를 정비할 때에 『무량수관

---

14) 각 사본에 나타난 경증의 횟수는 아래와 같다.
S본: 『維摩經』 7회, 『法華經』 2회, 『遺教經』 2회, 『華嚴經』 1회의 합계 12회.
P본: 『維摩經』 5회, 『華嚴經』 1회, 『無量壽觀經』 1회, 『念佛三昧經』 1회, 『唯識論』 1회의 합계 9회.
북경본: 『維摩經』 6회(사본의 파손에 의해 경명이 없는 1회도 포함), 『無量壽觀經』 1회, 『念佛三昧經』 1회, 『頭陀經』 1회의 합계 9회.
15) 초기 선종에서 『유마경』의 중요성에 대해서는 졸론 「初期禪宗における佛弟子の意義―祖統說の成立をめぐって―」(『日本佛教學會年報』 77, 2014) 참조.

경無量壽觀經』,『염불삼매경念佛三昧經』,『유마경』 등의 대승경전을 인용하여 내용을 보강하는 것도 함께 행해진 것이다. 이렇게 본다면 현존 사본들 중에 S본이『달마선사론』의 고형古形에 가장 가깝다는 필자의 추정이 다시 지지를 얻는다.

그런데, S본과 P본, 북경본의 관계는 어떠한가. 상기 각 사본들의 내용대조표에서 명기되어 있는 것처럼 각심(문)이나 조심(문) 등의 항목에 사용된 경증에서 보면 분명히 북경본과 P본이 가까운 관계에 있다. 개인적 견해로는, 사본의 내용에 한정한다면 북경본보다도 P본 쪽이 S본에 가까운 듯하다. 마찬가지로 앞서 제시한 대조표를 기초로 본다면 우선 각심(문)의 항목에서는 S본, P본에서『화엄경』의 경증이 있는 것과는 달리 북경본에는 그것이 확인되지 않는다. 또한 찰심(문)의 항목에서 세 가지는 각각 이하의 내용을 가지고 있다.

S본(S2594)	북경본(BD15054-1)	P본(P2039)
(前略)意內貪愛六塵.『經』云, 行者, 莫貪麁弊色聲香味觸也. 若貪生愛, 卽爲所燒.	(前略)意貪六塵. 六塵者, 色聲香味觸法也. 若貪著生, 卽爲所燒.	(前略)意內貪塵弊, 聲香味觸也. 若貪著生愛, 卽爲所燒.

필자는 S본에서 "經云"이라는 경증이『법화경』권2「비유품譬喩品」에서 "(전략)勿貪麁弊色聲香味觸也. 若貪著生愛, 則爲所燒"(T9-13b10)이라는 내용에 상응한다는 것을 확인하였다. 이 경문과 대조해 보면 S본이 경문에 가장 충실한 반면, P본은 옮겨 적을 때에 "麁"를 "塵"으로 잘못 읽어 오사했음이 분명하며, 북경본은 아마도 바로 앞

의 "六塵"과의 정합성을 취하여 경문에 없는 "法"을 넣어 "色聲香味觸法"의 육진六塵과 같이 숫자를 맞추었다고 생각된다. 바꾸어 말하면 P본의 경우는 당초의 서사자가 잘못 읽은 오사임이 인정되는 데 반해, 북경본의 경우는 이미 그것이 경증이라는 것을 눈치 채지 못한 채 무리하게 정합성을 취하였지만 도리어 마각을 드러낸 것이다. 또한 S본과 P본은 열 번째의 항목을 "정심(문)"으로 들고 있는데 반해, 북경본만은 이것을 "지심止心"이라 하였다.[16] 이상의 상황에 입각해 생각하면, 북경본과 비교해 P본이 보다 S본 계통에 가깝다고 할 수 있다.

그런데 독일본 두 점은 P본, 북경본, S본의 세 계통 중 어디에 가장 가까운 것인가.

먼저 독일본①에 대해 앞서 제시한 본문대조표에서 굵은 글씨로 표시한 두 부분의 내용을 기준으로 고찰하면, S본 계통에 가장 가깝다고 할 수 있다. 즉 본문대조표와 같이 요심了心과 지심知心의 두 항목 중 독일본①의 내용이 S본과 완전히 일치하고 있는 것이다.

다음으로 독일본②에 대해서 마찬가지로 본문대조표에서 굵은 글씨로 표시한 부분을 기준으로 고찰한다.

독일본②는 심하게 파손된 단편으로, 남아 있는 내용으로 항목을 직접 특정할 수 있는 단서조차 없다. 다만 본문 대조표를 통해 각 사본의 내용을 비정함에 따라 독일본②는 각심覺心이라는 항목의 일부 내용을 가지고 있는 단편이며, 또한 S본에 가장 가깝다는 것이 판명

---

16) 항목명으로서 "正心"과 "止心" 중 무엇이 올바른지에 대해서는, S본과 북경본 모두 서사가 누락되어 있으므로 현시점에서는 쉽게 판단할 수 없다.

되었다.

즉 독일본①② 두 점은 모두 S본 계통에 가장 가까운 사본의 단편임이 확인되었다는 것이다.

한편 『달마선사론』은 『징심론澄心論』 및 『관문』과 밀접한 관계에 있다는 것이 이미 선학들에 의해 지적되었다.[17] 세 본의 내용에 나타난 상관관계를 항목만 표기하면 아래와 같다. 표의 숫자는 각 문헌에서 각각의 항목이 설해진 순번을 표시하기 위해 필자가 부여한 것이다.

『관문』	『징심론』[18]	『달마선사론』[19]
1) 住心門		2) 住心(門)
2) 空心門	1) 空寂法門	13) 悟心(門)
3) 心無相門	3) 無想法門	4) 覺心(門)
4) 心解脫門	2) 解脫法門	15) 禪定解脫心(門)
5) 禪定門		12) 定心(門)
6) 眞如門	4) 眞如法門	8) 了心(門)
7) 智慧門(大乘無相禪觀門)	5) 智慧法門	9) 達心(門)

이 대조표에 의해, 『관문』에서 설해진 "칠종관문七種觀門"의 핵심은 『징심론』에서 언급된 다섯 가지 법문에 『달마선사론』의 15가지 심문心門 중 두 가지가 추가된 것이라는 점이 밝혀졌다. 다시 말해 『관문』의 "칠종관문"설[20]은 그것에 선행하는 『징심론』이 말한 5종법

---

17) 關口, 前揭書, pp.298~299 및 『田中』1, p.203 등을 참조.
18) 징심론과 관문의 항목 대조는 關口, 전게서, pp.298~299에 근거한 것이다.
19) 달마선사론과 관문의 각 항목에 보여진 많은 공통점은 『田中』1, pp.202~205 참조.

문을 기초로『달마선사론』의 주장 일부를 추가하여 구성되었다고 생각할 수 있다. 한편『징심론』이 천태대사天台大師 지의(智顗, 538~597)의 찬술[21]로 여겨진다는 점에서『관문』과『달마선사론』의 전후 관계가 자연스럽게 문제가 된다.

일찍이 다나카 씨는 P본이 그 서두에서 일단 선정문 이하 안심문까지 15문을 배열하고, 다음으로 마지막 안심문부터 역순으로 한 문씩 처음의 선정문까지 구체적으로 설명을 부여한다는 독특한 문체에 주목하였고, 이러한 형식이 초당初唐에서만 보인다는 이리야 요시타카(入矢義高) 씨의 가설에 의거하여『달마선사론』을 초당에 성립하였다는 견해[22]를 피력하였다. 초당성립설에는 재고의 여지[23]도 있을 것이지만, 초당부터 성당에 걸쳐 문체에 변화가 있었다는 것은 틀림없

---

20)『관문』이 "七種"으로 묶은 이유는 불명확하다.
21) 關口, 前揭書, pp.246~270.
22)『田中』1, pp.201~202.
23) 다나카설의 근거가 되는 이리야설에 의하면, 초당의 것은 역순의 형식을 사용하였지만, 성당의 것은 다시 육조시대와 마찬가지로 역순의 형식을 취하지 않는다고 한다. 이리야 씨는 그 실례로써『寶藏論』과『傳心法要』를 각각 들었다. 그런데 일반적으로는 618~712년간을 初唐, 713~765년을 盛唐, 766~835년을 中唐, 836~907년은 晩唐이라고 한다는 점에서, 大中 11년(857)에 裴休가 쓴 서문을 가진『전심법요』를 盛唐 성립의 사례로 든 것은 합당하지 않다고 생각한다. 또한 필자가 확인한 바 開元 15년(727)에 성립된 淨覺 찬『注般若波羅蜜多心經』에서도 역순으로 주석을 달고 있다. 일례를 들면 다음과 같다.
行深般若波羅蜜多時.
時者, 了了見佛性之時也. 波羅蜜多, 此云到彼岸. 解脫之心也. 般若, 此云智慧也. 行深者, 行卽無行, 聖道空寂, 深無涯際.
이와 같이 "行深般若波羅蜜多時"라는『心經』의 본문에 대해 淨覺은 분명하게 "時", "波羅蜜多", "般若", "行深"이라는 역순으로 주석을 달고 있다. 즉 시대는 이미 盛唐이 되었지만 역순의 형식이 여전히 사용되고 있었다는 것이다. 따라서 역순 형식의 변화를 가지고 시대를 구분하고자 하는 경우, 보다 신중한 검토가 요구된다.

는 사실이다. 이것을 기준으로『관문』의 "칠종관문" 부분을 보면 우선 첫 번째 주심문住心門 이하 일곱 번째 지혜문智慧門까지 일곱 문을 열거하고 다음으로 첫째 주심문부터 각 문 각각을 순차적으로 일곱 번째 지혜문까지 간략히 설명하고 있다. 즉『관문』은 역순 형식을 취하지 않은, 초당부터 성당에 이르는 시기에 성립하였을 가능성이 극히 낮은 문헌이라고 할 수 있다. 그렇다면 초당 이전의 육조시대에 성립되었을 가능성은 없을까.『관문』에는 동산법문의 원류로 간주되는 염불선念佛禪 계통의 영향이나 밀교와의 교섭[24] 등이 보인다는 것은 이미 다나카 씨가 지적하였다. 이러한 내용적 특징에서 보면『관문』은 동산법문이 흥기하기 이전 육조기에 성립한 것이 아니라, 역시 성당盛唐부터 중당中唐에 걸친 밀교 유행 이후라고 상정할 수 있다. 즉『관문』은『징심론』과『달마선사론』의 영향을 받아 성립되었다고 생각된다는 것이다.

6. 결론

지면 사정상 S본의 사상적 특색에 관한 고찰을 거의 다루지 못하고 급하게 결론을 내려야 하지만, 이제까지의 논의에서는 아래와 같이 연구의 진전을 얻을 수 있었다.

1)『달마선사론』의 텍스트에 새로운 돈황유서인 S본 1점과 투루판

---

24)『田中』1, pp.224~236 참조.

한문문서인 독일본 2점, 도합 세 점의 사본을 추가할 수 있었다.
2) 이미 알려진 문헌들 중에는 S본이 『달마선사론』의 고형古形에 가장 가까우며, 또한 독일본 2점 모두 S본 계통에 가까운 것이라고 추정 가능하다.
3) 이전부터 밀접한 관계가 지적되었던 『달마선사론』과 『관문』의 성립 전후관계에 대해서는 『달마선사론』이 먼저 성립하고, 그 영향을 받아 성립한 것이 『관문』이라는 것을 확인하였다.

(번역: 이상민)

법성(法成, Chos grub)이 인용한 『유가사지론瑜伽師地論』 최승자最勝子 석釋에 대하여

오타케 스스무(大竹 晋)

1. 시작하며

『유가사지론瑜伽師地論』은 인도 대승불교의 중관파中觀派와 유식파唯識派라는 2대 학파 중 유식파의 근본전적이다.

과거 인도에서는 『유가사지론』에 대한 수 종류의 주석서가 존재하였다. 둔륜(遁倫, 혹은 도륜道倫. 8세기경)의 『유가론기瑜伽論記』에 인용된 현장(玄奘, 602~664)이나 그 제자들의 발언에는 난타(難陀, Nanda), 승우(勝友, Viśeṣamitra), 최승자(最勝子, Jinaputra)의 주석이 개별적으로 인용되어 있다. 이 세 사람은 소위 '유식 10대 논사'에도 속한 이들이다.

한역 대장경에는 최승자 등이 저술하고 현장이 번역한 『유가사지론석瑜伽師地論釋』(T1580)―『유가사지론』의 서두 부분에 대한 극히 짧은 주석―이 수록되어 있다. 이것은 『유가사지론』에 대한 복수의 주석서 중 서두 부분을 현장이 편역編譯한 것으로 추측된다.

티벳 대장경에는 번역자 미상, 저자 불명의 『유가사지론석』(Tohoku 4043; Otani 5544)-『유가사지론』의 서두 부분부터 「본지분本地分」의 「유심유사지有尋有伺地」 도중까지에 대한 부자연스럽게 끊긴 주석-이 수록되어 있다. 824년의 『덴까르마 목록』(dkar chag ldan dkar ma)에 기록되어 있는 『본지분석本地分釋』 2100송 7권[1]이나 동시대의 『팡탕마 목록』(dkar-chag 'Phangthangma)에 기록되어 있는 『유가사지론본지분석瑜伽師地論本地分釋』 7권[2]은 아마도 이것을 가리키는 것으로 보인다. 그러므로 이것은 824년 이전에 티벳어로 번역되어 있었음을 알 수 있다. 또한 동북제국대학東北帝國大學 법문학부法文學部 『서장대장경총목록西藏大藏經總目錄』은 이것을 Jinamitra에 귀속시키고 있는데, 근거는 명확하지 않다.

9세기 돈황(786~851년간은 토번吐蕃의 점령기, 851부터는 귀의군歸義軍[3] 시기)에 티벳과 한문 두 언어를 사용하며 활동했던 승려, 법성(法成, 최둡Chos grub)은 귀의군 시기 처음에 사주沙州 개원사開元寺에서 현장 역 『유가사지론』을 강의하였다. 그의 강의는 제자들에 의해 필기되었고, 그 강의록이 『유가론수기瑜伽論手記』, 『유가론분문기瑜伽論分門記』라는 명칭으로 돈황문헌에 남아 있다. 그 중 『유가사지론』 권1부터 권5까지에 대한 『유가론수기』(Pelliot chinois 2061)와 『유가사지론』 권32부터 권50까지에 대한 『유가론수기』(Pelliot chinois 2036)에서 최승자의 주석이 인용되어 있음은 이미 지적되었다(諏訪義讓[1930], 上山大峻[1990:

---

1) [621] sa mang po'i rgya cher bshad pa ǀ 2,100 śloka ǀ 7 bam po ǀ(Lalou [1953])
2) [556] rnal 'byor spyod pa'i sa las sa mang po bshad pa ǀ 7 bam po ǀ(川越英眞 [2005])
3) 역자주: 당나라 말기부터 송나라 초기에 걸쳐 돈황을 거점으로 존속했던 지역정권

pp.232~237). 필자가 확인한 바, 전자에는 8회, 후자에는 17회의 인용이 나타난다.

본고에서는 법성이 인용한 최승자의 주석에 대해서 약간의 고찰을 가하고자 한다.

2. 법성이 인용한 최승자의 주석

우선 『유가론수기』(Pelliot chinois 2061)의 8회 인용에 대해 고찰한다.

【인용 1】『유가사지론』에 다음과 같은 구절이 있다(번역은 범본에서).

> 또한 월륜月輪에서, [밝은 부분이] 위쪽으로 조금씩 커지면 반달로 보인다. 그것(월륜) 가운데 저쪽 부분(어두운 부분)은 이쪽 부분(밝은 부분)에 의해 감추어져 보이지 않는다. [밝은 부분이] 커지면 커질수록, 그러면 그럴수록, 점점 [월륜이] 차오르는 것을 볼 수 있다. 또한 흑분(黑分, 보름달에서 초승달까지의 15일간)에 [밝은 부분이] 없어지면 없어질수록, 그러면 그럴수록 [월륜이] 기우는 것을 볼 수 있다.[4]

---

4) 又此月輪, 於上稍欹, 便見半月. 由彼餘分, 障其近分, 遂令不見. 如如漸側, 如是如是漸現圓滿. 若於黑分, 如如漸低, 如是如是漸現虧減. (권2. T30, 288a)
candramaṇḍale punar ūrdhvam īṣad vaṅkībhavatyardhacandradarśanam. tasya parabhāgo 'rvāgbhāgāvṛto na dṛśyate. yathā yathā vaṅkībhavatitathā tathāsuṣṭhutaraṃ sampūrṇaḥ saṃdṛśyate. kṛṣṇapakṣe punar yathāyathā-vamūrdhībhavatitathā tathāhrāsaḥ saṃdṛśyate. (YBh 43, 9-12)

『유가론수기』에 다음과 같은 구절이 있다.

일곱 번째, 의영(歆盈, "차고 기욺")에 대해서, 「於上稍歆」("위쪽으로 조금씩 커지면")이라 하는 것은, 달이 처음 나올 때 월륜이 회전하여 사람에게 가까운 부분이 [사람에게서] 먼 부분을 감추어 보이지 않기 때문에 다만 [사람에게] 가까운 부분인 반달이 보일 뿐이다. 『유가사지론』에서 「彼餘分障近分」("저 다른 부분이 [사람에게] 가까운 부분을 감춘다")이라 한 것은, 이에 대해서는 범본과 한역에 문장의 의미에 대한 앞뒤의 차이가 있다. 만약 번본(蕃本, 티벳역)에 의거해 올바른 의미를 소상히 밝힌다면, [사람에게] 가까운 부분이 [사람에게서] 먼 부분을 감추는 것이니, 이치에 맞다.

만약 소승小乘의 분별론종分別論宗에 의거하면 다만 해와 달이 [서로] 멀거나 가까운 사이에 명암의 차이가 있다고 말할 뿐이다. 만약 해가 달에 가까워지면 달은 [달 자체의 그림자에 의해] 어두워지며, 만약 해가 [달에서] 멀어진다면 달은 밝아진다.

만약 최승자사最勝子師의 주석에 의거한다면, 다만 중생의 공업(共業, "공동의 업")이 성숙하기 때문에 굳이 밝게 되거나 어둡게 됨이 있다고 말할 뿐이다. 그러므로 [해와 달이 서로] 멀어지고 가까워지거나 혹은 회전함에 의해 [밝아지거나 어두워지는 것은 아니다.[5]

---

5) 七歆盈中, 言「於上稍歆」者, 月初出時, 月輪廻轉, 近人之分障其遠分, 令不見故, 但見近分半月. 『論』中「彼餘分障近分」者, 此謂梵漢句義前後有異. 若於蕃本及詳正義, 近障於遠, 與理相應. 若依小乘分別論宗, 但言日月遠近中間明闇有異. 日近於月, 其月卽闇, 日若遠時, 其月卽明. 若依最勝子師("子師", 原文最初作"師子", 後修正)釋中, 但謂衆生共業成熟故敢其明闇. 故非由遠近及以廻轉.(Pelliot chinois 2061)

현존 티벳역『유가사지론석』에 다음과 같은 구절이 있다.

「또한 월륜에서 [밝은 부분이] 위쪽으로 조금씩 커지면 반달로 보인다」라 말한 것에 대해, 만약 달의 운행(*vāhayoga)이 그러한 방식으로 보이는 것이라면, 어째서 나머지(어두운 부분)가 위쪽에 성립되는 것 같은가? 그 때문에 "나머지는 바로 그(달)의 그림자에 의해 감추어 있다"라고 비바사사毘婆沙師는 설한다. 만약 작은 달의 때(초승달부터 반달까지의 때), [나머지는] 그것(달)의 그림자에 의해 감추어지기 때문에 나머지는 위쪽에 보이지 않는 것이라면, 제8일(반달의 때) 등에서도 어째서 [나머지는] 여전히 보이지 않는가?

이 경우 명색(明色, *ālokarūpa. "광명을 본질로 하는 것")인 모든 실체는 [현색(顯色, varṇa. "빛깔")로서 뿐만 아니라,] 어떠한 형색(形色, *saṃsthāna. "형태")으로서도 성립되는 것이라고 볼 수 있다. 예를 들면 집 등이 있는 것처럼, 그러한 것처럼, 그 경우도 [명색明色인 모든 실체들이] 있는 것이다.[6]

비바사사의 설에 의하면 해에 비추어져 달에 그림자가 생김에 따라, 달에 명암이 나타난다. 그러나 티벳역『유가사지론석』의 자설自說에 의하면, 해에 비추어지는 것이 아니라 달에 있는 실체들이 그 자

---

[6] zla ba'i dkyil 'khor ni yid tsam gyis steng du 'dzurbas na zla gam du snang ste zhes bya ba la | gal te zla ba'i 'gyur ba'i sbyor ba de lta bur snang ba yin na ci'i phyir 'phro steng rol na gnas par 'gyur te | de lta bas na de'i grib mas bsgribs pa kho na yin no zhes bye brag tu smra ba rnams zer ro || gal te zla ba shas chung ba'i tshe na grib mas bsgribs pa'i phyir 'phro steng rol na (corr. : nas DP) mi (corr. : DP om. mi) snang ba yin na tshes brgyad la sogs pa dag la yang ci'i phyir mi snang ste | 'di la snang ba'i gzugs kyi rdzas rnams ni ji lta bu'i dbyibs kyis kyang gnas par snang ste | dper na khyim pa la sogs pa yod pa de bzhin du de la yang yod do ||(D 99a5-7; P 120b6-121a1)

체로 빛을 발하기 때문에 달에 명암이 생긴다.[7]

앞의 법성이 소개한 분별론종의 설은 여기에서 소개된 비바사사의 설이라고 생각된다. 또한 앞의 법성이 소개한 최승자의 설도 여기에서 소개된 티벳역 『유가사지론석』의 자설이라고 생각된다.

"분별론종分別論宗"은 티벳어 "bye brag tu smra ba"의 직역이라 생각되므로, 법성이 참조한 최승자의 『유가사지론석』은 티벳역으로 보인다. 그러므로 그것은 현존 티벳역 『유가사지론석』에 다름 아니다. 이것을 염두에 두고 다른 인용을 검토하고자 한다.

【인용 2】 『유가사지론』에 다음과 같은 구절이 있다(번역은 범본에서).

> 시분時分은 열 가지이다. 시時, 년年, 월月, 반월半月, 일日, 야夜, 찰나刹那, 달찰나怛刹那, 납박臘縛, 목호자다目呼刺多이다.[8]

『유가론수기』에 다음과 같은 해석이 있다.

> 「달찰나怛刹那」라 하는 것은, 이 땅에서는 피수유彼須臾라 한다. 「납박臘縛」이라 하는 것은, 이 땅에서는 순晌이라 한다. 「목호자다目呼刺多」라 하는 것은, 이 땅에서는 식息이라 한다. 그러므로 최승자는 주석하여 말하였

---

7) 基 『瑜伽師地論略纂』(권1, T43, 17b)에도 最勝子와 같은 견해가 나타난다.
8) 復有十種時分. 謂時年月半月日夜刹那怛刹那臘縛目呼刺多.(권2, T30, 288a)
   daśavidhaḥ kālaḥ ṛtuḥ saṃvatsaro māso'rdhamāso divaso rātriḥ kṣaṇastatkṣaṇo lavo muhūrtaś ca.(YBh 45, 1-2)

다. "손가락을 한 번 퉁기는 중에 60 찰나가 있다. 120 찰나는 1 달찰나가 된다. 60 달찰나는 1 납박이 된다. 30 납박은 1 목호자다가 된다. 30 목호자다는 1 일야日夜가 된다. 30 일야는 1월月이 된다. 12월은 1년年이 된다. 1년 중에 겨울과 여름 등이 있다. 이것을 시時라 부른다."[9]

현존 티벳역 『유가사지론석』에서는 『유가사지론』의 이 부분 문구에 대한 주석이 없다. 본래의 티벳역 『유가사지론석』에서는 법성이 인용하고 있는 것과 같은 것이 포함되어 있었으나 현존 티벳역 『유가사지론석』에서는 그 설이 탈락되어 버린 것은 아닐까.

또한 법성이 인용하는 최승자의 설은 『아비달마구사론』「세품世品」의 설과 합치된다.

【인용 3】『유가사지론』에 다음과 같은 구절이 있다(번역은 범본에서).

> 64가지 유정有情의 부류란 무엇인가. 구체적으로는, 나락가那洛迦, 축생畜生, 아귀餓鬼, 천天, 인人, 찰제리刹帝利, 바라문婆羅門, 폐사吠舍, 수타라戍陀羅, 여女, 남男, 비남비녀非男非女, 열劣, 중中, 묘妙, 재가자在家者, 출가자出家者, 고행자苦行者, 비고행자非苦行者, 율의자律儀者, 불율의자不律儀者, 비율의비불율의자非律儀非不律儀者, 이욕자離欲者, 미리욕자未離欲者, 사성취정邪性聚定,

---

9) 言「怛刹那」者, 此云彼須臾. 言「臘縛」者, 此云晡. 言「目呼剌多」者, 此云息. 故最勝子釋云. "一彈指傾(一頃)有六十刹那. 一百廿刹那成一怛刹那. 六十怛刹那成一臘縛. 卅臘縛成一目呼剌多. 卅目呼剌多成一日夜. 卅日夜成一月. 十二月爲一年. 一年之中有冬夏等, 名之爲時."(Pelliot chinois 2061)

정성취정正性聚定, 부정취정不定聚定, 비구比丘, 비구니比丘尼, 식차마나式叉摩那, 사미沙彌, 사미니沙彌尼, 우바새優婆塞, 우바이優婆夷, 습단자習斷者, 습송자習誦者, 정시인淨施人, 상좌上座, 중년中年, 소년少年, 궤범사軌範師, 친교사親敎師, 공주제자共住弟子, 근주제자近住弟子, 빈객賓客, 영승사자營僧事者, 탐이양자貪利養者, 탐공경자貪恭敬者, 염사자厭捨者, 다문자多聞者, 대복지자大福智者, 법수법행자法隨法行者, 지경자持經者, 지율자持律者, 지론자持論者, 이생異生, 견제자見諦者, 유학有學, 무학無學, 성문聲聞, 독각獨覺, 보살菩薩, 여래如來, 전륜성왕轉輪聖王이다.[10]

---

10) 云何六十二種有情之類. 一那洛迦, 二傍生, 三鬼, 四天, 五人, 六刹帝利, 七婆羅門, 八吠舍, 九戍陀羅, 十女, 十一男, 十二非男非女, 十三劣, 十四中, 十五妙, 十六在家, 十七出家, 十八苦行, 十九非苦行, 二十律儀, 二十一不律儀, 二十二非律儀非不律儀, 二十三離欲, 二十四未離欲, 二十五邪性聚定, 二十六正性聚定, 二十七不定聚定, 二十八苾芻, 二十九苾芻尼, 三十正學, 三十一勤策男, 三十二勤策女, 三十三近事男, 三十四近事女, 三十五習斷者, 三十六習誦者, 三十七淨施人, 三十八宿長, 三十九中年, 四十少年, 四十一軌範師, 四十二親敎師, 四十三共住弟子及近住弟子, 四十四賓客, 四十五營僧事者, 四十六貪利養恭敬者, 四十七厭捨者, 四十八多聞者, 四十九大福智者, 五十法隨法行者, 五十一持經者, 五十二持律者, 五十三持論者, 五十四異生, 五十五見諦, 五十六有學, 五十七無學, 五十八聲聞, 五十九獨覺, 六十菩薩, 六十一如來, 六十二轉輪王.(권2. T30, 288c-289a)

catuḥṣaṣṭhiḥ sattvanikāyāḥkatame. tad yathā nārakāstiryañcaḥ pretā devāmanuṣyāḥkṣatriyā brāhmṇā vaiśyāḥ śūdrāḥ striyaḥ puruṣāḥ paṇḍakā hīnāmadhyāḥ praṇītā gṛhiṇaḥ pravraśitāḥ kaṣṭatapaso'kaṣṭatapasaḥ sāṃvarikā asāṃvarikānaivasāṃvarikānāsāṃvarikāvītarāgā avītarāgāmithyātvarāśiniyatāḥ samyaktvarāśiniyatāaniyatarāśiniyatābhikṣavobhikṣuṇyaḥ śikṣamāṇāḥ śrāmaṇerāḥ śrāmaṇerya upāsakāḥ upāsikāḥ prahāṇikāḥsvādhyāyakārakavaiyāvṛtyakāraḥ sthavirā madhyā navakāācāryā upādhyāyāḥsārdhaṃvihāriṇo 'ntevāsikā āgantukāḥ saṅghavyavahārakā lābhakāmāḥ satkārakāmāḥ saṃlikhitā bahuśrutājñātamahāpuṇyā dharmānudharmapratipannāḥsūtradharāvinayadharā mātṛkādharāḥ pṛthagjanādṛṣṭasatyāḥ śaikṣāaśaikṣāḥśrāvakāḥ pratyekabuddhābodhisattvās tathāgatāś cakravartinaś ca(YBh 48, 7-49, 3)

『유가론수기』에 다음과 같은 구절이 있다.

　　대답에는, 만약 번본(蕃本, 티벳역)에 의한다면, 64종류가 있다. 한본(漢本, 현장역)에서는 62가지이지만, 내용은 갖추어져 있다. 그러므로 최승자의 주석에서도 64가지가 주석되어 있다. [한본의] 43번째에서 「근주제자近住弟子」를 독립시키고 [한본의] 46번째에서 「탐공경자貪恭敬者」를 독립시키면 64가지가 되는데, 이 64종류의 유정有情은 세 가지에 의해 안립安立된다. 첫째는 감가위잡염정품堪可爲雜染淨品〈15개〉, 둘째는 능입잡염급이정품能入雜染及以淨品〈12개〉, 셋째는 일향능입정품차별一向能入淨品差別〈…… 사진 불명 ……〉이다.

　　첫 번째 감가위잡염정품은 네 가지로 나뉜다. 첫째는 취취趣〈5개〉, 둘째는 성성姓〈4개〉, 셋째는 종류種類〈3개〉, 넷째는 작업作業〈3개〉이다. 5, 4, 3, 3이라는 방식으로 순서대로 배당하여 주석한다.

　　두 번째 능입잡염급이정품은 다섯 가지로 나뉜다. 첫째는 의지依止, 둘째는 소작所作, 셋째는 수행受行, 넷째는 과果, 다섯째는 섭攝이다. 2, 2, 3, 2, 3이라는 방식으로 순서대로 배당하여 주석한다.

　　〔……〕

　　세 번째 일향능입정품차별은 두 가지로 나뉜다. 첫째 율의차별律儀差別은 7개이다. 순서대로 일곱 구句에 배당된다. 둘째 율의최승차별律儀最勝差別은 5개로 나뉜다. 첫째는 선품차별善品差別, 둘째는 경전차별敬田差別, 셋째는 의기정행손익차별依其正行損益差別, 넷째는 증교차별證敎差別, 다섯째는 득인신이증득세간급출세간최승차별得人身已證得世間及出世間最勝差別이다. 3, 9, 6,

10, 2라는 방식으로 순서대로 배당하여 주석한다.[11]

현존 티벳역 『유가사지론석』에 다음과 같은 구절이 있다.

「64가지 유정의 부류」란 유정의 특성이다. 잡염雜染과 청정淸淨 어딘가에, 바로 거기에 들어간 자들, 청정에만 들어가는 자들이라고 하는 세 종류의 특성(*viśeṣa)에 의거해 안립되는 것이다. 그 경우 처음의 것은 [5]취五趣와 [4]성四姓의 안립, 유정으로서 고찰되는 것, 업이라는 특성에 의거해 15개의 구句에 의해 안립된다. 두 번째 것은 바로 잡염과 청정을 기반으로 하는 자, 소작所作, 수학(受學, *samādāna), 과果, 포섭包攝에 속하는 이라는 특성에 의거하여 2, 2, 3, 2, 3 구句에 의해 설해진다. 세 번째 것은 율의(律儀, *saṃvara)의 특성에 의거해 [설해지는 것이니, 8종류의 율의에 의거해 7개의 구句에 의해 [설해지고 있다. 나머지 것에 의해서는 가장 뛰어난, 율의를 지닌 자들의 분류가 설해진다. 가장 뛰어난, 율의를 가진 자들의 분류도 다섯 가지에 의거해 [설해지는] 것이니, 선품善品이라는 특성, 포섭되어야 할 경계라는 특성, 성교聖敎를 해하는 자와 이익되게 하는 자라는 특성, 교(敎, *āgama)와 증

---

11) 答中, 若依番本, 有六十四類. 漢本之中雖六十二, 義具足. 故最勝子釋中亦釋六十四. 雖卅三中取「近住弟子」, 卅六中取「貪(此下最初有"供", 後被塗抹)恭敬者」, 爲六十四. 此六十四種有情依三建立. 一堪可爲雜染淨品〈有十五〉, 二能入雜染及以淨〈有十二〉, 三一向能入淨品差別〈⋯⋯ 사진 불명 ⋯⋯〉.
第一堪可爲染淨品分四. 一趣〈有五〉, 二姓〈有四〉, 三種類〈有三〉, 四作業〈三〉. 五四三三, 隨次配釋. 〔⋯⋯〕
第二能入雜染及以淨品分五. 一依止, 二所作, 三受行, 四果, 五攝. 爲二二三二三, 隨次配釋. 〔⋯⋯〕
第三一向能入淨品差別分二. 一律儀差別有七. 隨次配七句. 二律儀最勝差別分五. 一善品差別, 二敬田差別, 三依其正行損益差別, 四證教差別, 五得人身已證得世間及出世間最勝差別. 三九六十二, 隨次配釋.(Pelliot chinois 2061)

(證, *adhigama)이라는 특성, 인신人身을 얻은 후 세간의 가장 뛰어난 것과 출세간의 가장 뛰어난 것에 도달한 자라는 특성인 것이니, 3, 9, 6, 10, 2의 구句에 의해 설해진다.[12]

여기에서는 법성이 인용한 최승자의 설과 현존 티벳역 『유가사지론석』이 합치된다.

【인용 4】『유가사지론』에 다음과 같은 구절이 있다(번역은 범본에서).

염오의식染汚意識 혹은 선의식善意識이 이끄는 것에 의해, 무간(無間, "곧

---

[12] **sems can gyi ris drug cu rtsa bzhi** ni sems can gyi bye brag kun nas nyon mongs pa dang | rnam par byang ba dag tu rung ba rnams dang | de (D : P ad. de) dag nyid la 'jug pa rnams dang | rnam par byang ba kho na la 'jug pa'i bye brag rnam pa gsum las brtsams te | rnam par gzhag (D : bzhag P) go || de la dang po ni 'gro ba dang rigs rnam par gzhag (D : bzhag P) pa dang | sems can du rnam par brtags pa dang | las kyi bye brag ste tshig bco lngas bstan to || gnyis pa ni kun nas nyon mongs pa dang rnam par byang ba de dag nyid kyi gzhi dang | bya ba dang yang dag par blang ba dang | 'bras bu dang | bsdu bar gtogs pa'i bye brag las brtsams te tshig gnyis dang | gnyis dang | gsum dang | gnyis dang | gsum gyis bstan to || gsum pa ni sdom pa'i bye brag las te | sdom pa rnam pa brgyad kyi phyir ni tshig bdun gyis so || lhag ma rnams kyis ni sdom pa can mchog gi rab tu dbye ba ston to || sdom pa can mchog gi rab tu dbye ba can yang bye brag rnam pa lnga'i phyir te | dge ba'i phyogs kyi bye brag dang | sdud par bya ba'i yul gyi bye brag dang | bstan pa la gnod pa dang | phan pa'i bye brag dang | lung dang (D : P om. dang) rtogs pa'i bye brag dang | mi'i lus thob nas 'jig rten pa dang | 'jig rten las 'das pa'i mchog brnyes pa'i bye brag ste | tshig gsum dang | dgu dang | drug dang | bcu dang | gnyis kyis bstan to ||(D 101b1-5; P 123b2-8)

법성(法成, Chos grub)이 인용한 『유가사지론瑜伽師地論』

바로") 안眼 등의 모든 식識(오식신五識身)에서 염오법染汚法 혹은 선법善法이 일어난다. 결코 분별에 의한 것은 아니다. 이것들(오식신)은 무분별이기 때문이다. 바로 이것이기 때문에 안 등의 모든 식(오식신)은 "의식에 따라서 전전하는 것"이라 불린다.[13]

『유가론수기』에 다음과 같은 구절이 있다.

셋째로, 결론에서「由此道理」("이 도리에 의해") 등이라 말하는 것은 전술한 도리 등이다. 그러므로 최승자는 주석하여 "여섯 번째의 것은 왕王이라 부른다. 이것(여섯 번째의 것)이 집착하고 있다면 저것도 집착한다. [이것이] 집착하지 않고 있다면, 저것은 집착하지 않는다. 만약 [이것이] 집착하고 있다면, 어리석은 자라 불린다."고 말하였다.[14]

현존 티벳역『유가사지론석』에 다음과 같은 구절이 있다.

「그것들(오식신)은 무분별이기 때문이다」라 말해진 것은, 구체적으로, [의식이] 비여리非如理 혹은 여리如理의 상相을 취한다면, 탐貪 혹은 신信 등이 일어나니,『아급마阿笈摩』에서도「여섯 번째의 것은 증상(增上, "지배자")인

---

13) 由染汚及善意識力所引故, 從此無間, 於眼等識中, 染汚及善法生. 不由分別. 彼無分別故. 由此道理, 說眼等識隨意識轉.(권3. T30, 291b)
kliṣṭakuśalamanovijñānāvedhāt samanantarecakṣurādivijñāne kliṣṭakuśaladharmotpattir na tuvikalpāt. teṣām avikalpāt. ata eva cakṣurādīni vijñānāni manovijñānasyānuvartakānīty ucyate.(YBh 59, 3-6)
14) 三結中, 言「由此道理」等者, 由上道理等也. 故最勝子釋云. "第六名爲王, 此著彼亦著, 不著彼非著, 若著說名愚."(Pelliot chinois 2061)

왕이니, 염오되어 있는 경우 염오에 덮인다. 염오되지 않은 경우 염오를 떠난 자가 되니, 염오되어 있는 경우 어리석은 자라 불린다」[15)]고 설하는 것과 같다.[16)]

여기에서도 법성이 인용한 최승자의 설과 현존 티벳역『유가사지론석』이 합치된다.

【인용 5】『유가사지론』에 다음과 같은 구절이 있다(번역은 범본에서).

> 그 경우, 육신신六識身의 자성, 소의, 소연, 조반助伴, 업이라 하는, 이러한 오법 가운데 온선교蘊善巧도 포함되어 있다고 알아야 한다. 계선교界善巧, 처선교處善巧, 연기선교緣起善巧, 처비처선교處非處善巧, 근선교根善巧도 [포함되어 있다고] 알아야 한다.[17)]

---

15) *Udānavarga* XVI. 22.
ṣaṣṭha adhipatīrājā rajyamāne rajasvalaḥ|
arakte virajā bhavati rakte bālo nirucyate ||
16) **de dag ni rnam par mi rtog pa'i phyir ro** zhes bya ba ni 'di ltar tshul bzhin ma yin pa'am | tshul bzhin gyi mtshan ma bzung na 'dod chags dang | dad pa la sogs pa (D : P om. pa) dag 'byung ste | lung las kyang || drug pa bdag po rgyal po ste || chags par gyur na chags can yin || ma chags chags can ma yin te || chags na byis par brjod pa yin || zhes bya ba (D : P ad. la sogs pa) gsungs pa lta bu'o ||(D 107a1-2; P 130b6-8)
17) 此中顯由五法六識身差別轉. 謂自性故, 所依故, 所緣故, 助伴故, 業故. 又復應知蘊善巧攝, 界善巧攝, 處善巧攝, 緣起善巧攝, 處非處善巧攝, 根善巧攝.(권3. T30, 294a)
tatraibhiḥ pañcabhir dharmaiḥ ṣaḍvijñānakāyikaiḥ svabhāvenāśrayeṇālambanena sahāyena karmaṇā ca skandhakauśalyam api saṃgṛhītaṃveditavyam. dhātukauśalyamāyatanakauśalyam pratītyasamutpādakauśalyam

『유가론수기』에 다음과 같은 구절이 있다.

> 셋째로 열거하는 중에 문구는 여섯 가지이다. 구체적으로 말하면 「온선교」 등이다. 『유가사지론』과 같다. 만약 범본에 의거한다면 「온선교가 포함되어 있다고 알아야 한다」 등이라고 말해야 한다. 이 문구의 뜻은 "앞의 다섯 가지 뜻에 의해, 또한, 온선교가 포함되며 계선교가 포함된다고 알아야 한다" 등이라고 설해져 있다. 그것으로 미루어 알라.

최승자의 주석에 의하면, 이상의 여섯 선교에 대해서는 여섯 가지 견해를 깨뜨리기 때문에, 그것들(여섯 선교)이 안립된다. 첫째는 집일합견執一合見, 둘째는 집능생지견執能生之見, 셋째는 집증과십이법견執增過十二法見, 넷째는 집보특가라이세이견執補特伽羅二世移見, 다섯째는 집무주법견執無住法見, 여섯째는 집아능어경수용신재견執我能於境受用身在見이다. 순서대로 [여섯 선교를] 해석한다.[18]

현존 티벳역 『유가사지론석』에 다음과 같은 구절이 있다.

> 또한 이러한 [여섯] 선교는 ① 총집(總執, *piṇḍagrāha), ② 능생자집(能生者

---

sthānāsthānakauśalyam (corr. : sthānānāsthānam) indriyakauśalyam api veditavyam.(YBh 71, 8-11)

18) 三列數中, 文六. 謂「蘊善巧」等. 如『論』. 若約梵本, 應言「應知攝蘊善巧」等. 此中意說, 應知由上五義復能攝蘊善巧攝界善巧等. 準知. 依最勝子釋, 此六善巧爲破六見而建立之. 一執一合(原文最初無"一合", 後補)見, 二執能生之見, 三執增過十二法見, 四執補特伽羅二世移見, 五執无住法見, 六執我能於境受用身在見. 隨次解釋.(Pelliot chinois 2061)

執, *srastṛgrāha), ③ 12법의 행상行相에서 일탈하는 집執(*atigrāha)-그렇기 때문에 세존에 의해 「바라문이여, 모든 것이란 십이처이다」[19]라 설해졌다-, ④ 보특가라가 [현세와 내세] 두 세世의 사이를 옮겨간다고 하는 집執, ⑤ 법을 안립(*vyavasthāna)하지 않는 집執, ⑥ [여섯] 경境을 수용하는 것에 자재한 자를 "아我, *ātman)이다"라고 하는 집執, 여섯 가지 망집을 배척하기 위해서 안립한다.[20]

여기에서도 법성이 인용한 최승자의 설과 현존 티벳역 『유가사지론석』이 합치된다.

【인용 6】『유가사지론』에 다음과 같은 구절이 있다(번역은 범본에서).

    [육식신六識身의 자성, 소의, 소연, 조반, 업이라고 하는 이러한 오법 중에 구사九事를 지닌 불어佛語도 포함되어 있다고 알아야 한다. 구사란 무엇인가 하면, 유정사有情事, 수용사受用事, 생기사生起事, 안주사安住事, 염정사染淨事, 차별사差別事, 설자사說者事, 소설사所說事, 회중사會衆事이다.

---

19) 『雜阿含經』三一九經.
20) mkhas pa de rnams kyang log par 'dzin pa drug po ril por 'dzin pa dang | 'byin pa por 'dzin pa dang | chos bcu gnyis kyi rnam pa las lhag par 'dzin pa de'i phyir bcom ldan 'das kyis bram ze thams cad ces bya ba ni skye mched bcu gnyis po rnams so zhes gsungs pa dang | gang zag 'jig rten gnyis su 'pho bar 'dzin pa dang | chos rnam par gnas pa med par 'dzin pa dang | yul gyi longs spyod la dbang byed pa bdag yin par 'dzin pa rnams rnam par gzhig pa'i phyir rnam par gzhag(D : bzhag P) go ||(D 116a2-3; P 142b3-6)

그 경우, 유정사란 오취온이다. 그 중 수용사란 십이처이다. 생기사란 십이지연기이다. [십이지연기에 의해] 일어난 것으로서의 안주사란 사식四食이다. 염정사란 사성제이다. 차별사란 무량한 모든 계界이다. 설자사란 부처와 그의 모든 성문이다. 소설사란 [사념처 등이라 하는 보리분법菩提分法이다. 회중사란 여덟 개의 회중會衆이니, 찰제리의 회중, 바라문의 회중, 거사居士의 회중, 사문의 회중, 사천왕의 회중, 삼십삼천의 회중, 마구니의 회중, 범천의 회중이다.[21]

『유가론수기』에 다음과 같은 구절이 있다.

이러한 구사의 상相은 최승자의 주석에 의하면 다섯 가지 뜻에 의해 건립된다. 첫째는 온상속의蘊相續義, 둘째는 육처의六處義, 셋째는 근본상응의根

---

21) 又復應知諸佛語言九事所攝. 云何九事. 一有情事. 二受用事. 三生起事. 四安住事. 五染淨事. 六差別事. 七說者事. 八所說事. 九衆會事. 有情事者謂五取蘊. 受用事者謂十二處. 生起事者謂十二分事. 緣起及緣生. 安住事者謂四食. 染淨事者謂四聖諦. 差別事者謂無量界. 說者事者謂佛及彼弟子. 所說事者謂四念住等菩提分法. 衆會事者所謂八衆. 一刹帝利衆. 二婆羅門衆. 三長者衆. 四沙門衆. 五四大天王衆. 六三十三天衆. 七焰摩天衆. 八梵天衆.(권3. T30, 294ab) navavastukam api buddhavacanaṃ saṃgṛhītaṃ veditavyam. nava vastūni katamāni. sattvavastu upabhogavastuutpattivastu sthitivastusaṃkleśavyavadānavastuvaicitryavastudaiśikavastu deśyavastu pariṣadvastu ca. tatra sattvavastu pañcopādānaskandhāḥ. tadupabhogavastudvādaśāyatanāni. utpattivastu dvādaśāṅgaḥ pratītyasamutpādaḥ. utpannasyasthitivastu catvāra āhārāḥ. saṃkleśavyavadānavastu catvāry āryasatyāni. vaicitryavastūny aparimāṇādhātavaḥ. daiśikavastu buddhās tacchrāvakāś ca. deśyavastusmṛtyupasthānādayobodhipakṣyā dharmāḥ. pariṣadvastv aṣṭauparisadaḥ. kṣatriyapariṣad brāhmaṇapariṣad gṛhapatipariṣacchramaṇapariṣac caturmahārājakāyikapariṣattrayastriṃśatpariṣan mārapariṣad brahmapariṣac (corr. : brāhmaṇapariṣac) ceti.(YBh 71, 12-72, 3)

本相應義, 넷째는 불급제자소설의佛及弟子所說義, 다섯째는 부분의部分義이다. 1, 1, 4, 1, 2라는 방식으로 순서대로 배당하여 해석한다.[22]

현존 티벳역『유가사지론석』에 다음과 같은 구절이 있다.

「구사九事를 지닌 불어佛語도 포함되어 있다고 알아야 한다」고 하는 데에서, 「구사를 지닌 불어」란, [오온의 연속에 속한 것이라는 형태로, [유정사라 하는] 하나의 사事가 있다. 또한 육처라는 형태로 [수용사라 하는] 하나의 [사]가 있다. 기반을 동반한다는 형태로, [생기사, 안주사, 염정사, 차별사라는] 네 가지 사가 있다. 또한 성문이 설한 것, 세존이 말씀하신 것이라는 형태로 [설자사라는] 하나의 [사]가 있다. 도(道, *mārga)에의 부(部, *nikāya)라는 형태로, [소설사, 회중사라는] 두 사가 있다. 또한 그것들을 순서대로 [구사에] 배당되어야 한다.[23]

여기에서도 법성이 인용한 최승자의 설과 현존 티벳역『유가사지론석』이 합치된다.

---

22) 此九事相, 依最勝子釋, 五義建立. 一蘊相續義, 二六處義, 三根本相應義, 四佛及弟子所說義, 五部分義. 爲一一四一二事, 隨次配釋.(Pelliot chinois 2061)

23) sangs rgyas bka' dngos po dgu yang bsdus parrig par bya ste zhes bya ba la | sangs rgyas kyi bka' dngos po dgu ni phung po'i rgyud du gtogs pa las dngos (corr. : phung DP) po gcig go || skye mched drug las kyang gcig go || gzhi (corr. : bzhi DP) dang ldan pa las ni dngos po bzhi'o || nyan thos kyis (corr. : kyi DP) bshad pa dang | bcom ldan 'das kyis gsungs pa las kyang gcig go || lam gyi sde tshan (P : chenD) las ni dngos po gnyis te | de dag kyang go rims bzhin du sbyar ro ||(D 116a4-6; P 142b8-143a2)

【인용 7】『유가사지론』에 다음과 같은 구절이 있다(번역은 범본에서).

「애미愛味를 동반하는 희喜가 있다. 애미를 동반하지 않는 희가 있다. 더욱 애미를 동반하지 않는, 가장 애미를 동반하지 않는 희가 있다.」고 설하는 것도, 그러한 것도, 바로 『경』과 같이 자세히 알아야 한다.[24]

『유가론수기』에 다음과 같은 구절이 있다.

「여경설如經說」("『경』에 설해진 대로이다")라 한 것은, 최승자가 주석하여 말한 것에 의하면, 저 『경』에서는 「부처는 말씀하셨다. 필추여, 유애미희有愛味喜가 있다. 이애미희離愛味喜가 있다. 승리애미희勝離愛味喜가 있다. 오욕에서 생겨난 것을 유애미희라 한다. 초정려初靜慮를 구족하여 머문다면 이애미희라 한다. 제2정려에 머문다면 승리애미희라 한다. 희가 세 가지인 것처럼 낙도 세 가지, 사도 세 가지이니, 역시 그와 같이 따로따로이다. 해탈이 세 가지라는 것은, 만약 색계에 머문다면 유애미해탈이라 한다. 만약 무색계에 머문다면 이애미해탈이라 한다. 만약 탐과 치로부터 해탈을 얻었다면 승리해탈이라 한다」고 한 것이다.[25]

---

24) 又說.「有有愛味喜. 有離愛味喜. 有勝離愛味喜.」如是等類, 如『經』廣說.(권5. T30, 300a)
yad apy uktam asti sāmiṣā prītiḥ, asti nirāmiṣā nirāmiṣatarā nirāmiṣatamā prītir iti, tad api yathāsūtram eva vistareṇa veditavyam.(YBh 99, 13-15)

25) 言「如『經』說」者("說者", 原文最初作"者說", 後修正), 若最勝子釋云, 彼『經』言,「佛說. 苾蒭, (+有?)有愛味喜. 有離愛味喜. 有勝離愛味喜. 從五欲生者, 名有愛味喜. 具足初靜慮住, 名離愛味("愛味", 原文最初作"味愛", 後修正)喜. 住第二靜慮者, 名勝離愛味喜. 如喜有三種, 樂有三種, 捨有三種, 亦如是別. 解脫有三種者, 若

현존 티벳역 『유가사지론석』에 다음과 같은 구절이 있다.

「바로 『경』과 같이 자세히 알아야 한다」고 한 것은 「비구여, 애미愛味를 동반한 희흘도 있다. 애미를 동반하지 않은 희도 있다. 더욱 애미를 동반하지 않은, 가장 애미를 동반하지 않은 희도 있다. 낙樂과 사捨와 해탈도 그와 마찬가지이다. 오욕에 의거하여 생겨나는 희, 그것은 애미를 동반하고 있다. 초정려를 완성하여 머무는 자의 [희], 그것은 애미를 동반하지 않는다. 제2정려의 [희], 그것은 더욱 애미를 동반하지 않으며, 가장 애미를 동반하지 않는다. 그와 같이, 낙도 세 가지이니, 오욕과, 초정려와, 제2정려이다. 그와 같이 사도, 오욕과 초정려와 제2정려이다. 그와 같이 해탈도, 색[계]와 상응하는 것과, 무색[계]와 상응하는 것과, 여기에서, 비구여, '탐으로부터 심心이 해탈하였다'고 말해지는 것 등인 세 번째의 것이다.[25][26]」

여기에서도 법성이 인용한 최승자의 설과 현존 티벳역 『유가사지론석』이 합치된다.

住色界, 名有愛味解脫. 若住无色界, 名離愛味解脫. 若於貪及以痴得解脫者, 名勝離解脫.」(Pelliot chinois 2061)

26) 『雜阿含經』 483經.

27) mdo nyid las ji skadrgyas par 'byung ba bzhin du rig par bya'o zhes bya ba ni dge slong gang zang zing dang bcas pa'i dga' ba yang yod | zang zing med pa'i dga' ba yang yod | zang zing med pa (P : pas D) bas (P :D om. bas) kyang ches zang zing med pa'i dga' ba yang yod (P : med D) do || bde ba dang btang snyoms dang | rnam par thar pa yang de bzhin te | 'dod pa'i yon tan lnga la brten te skyes pa'i dga' ba gang yin pa de ni zang zing dang bcas pa yin no || bsam gtan dang po rdzogs par bya ste gnas pa'i (P : D om. 'i) gang yin pa de ni zang zing med pa yin no || bsam gtan gnyis pa'i gang yin pa de ni zang zing med pa bas ches zang zing med pa yin no || de bzhin du bde ba yang rnam pa gsum ste | 'dod pa'i yon tan lnga dang

【인용 8】『유가사지론』에 다음과 같은 구절이 있다(번역은 범본에서).

[여리작의如理作意와 상응하는 자에게 있어] 수용(受用, "받아들여 누림")이란 무엇인가. 즉, 바로 그가, 그와 같이 재물을 구한 후, 염오되어 있지 않은 채로 [재물을] 수용하는 것이다. 집착하지 않는 채로, 탐하지 않는 채로, 묶이지 않은 채로, 어둔하지 않은 채로, 열중하지 않은 채로, 열중하지 않은 상태에 있는 채로, 잘못을 보는 자, 출리를 아는 자라는 방식으로, [재물을] 수용하는 것이다.[27]

『유가론수기』에 다음과 같은 구절이 있다.

그러므로 최승자는 주석하여 말하였다.「염染」("염오되어")라 한 것은 모든 전纏과 상응하기 때문이다.[29]

현존 티벳역『유가사지론석』에 다음과 같은 구절이 있다.

| bsam gtan dang po dang gnyis pa'i'o || de bzhin du btang snyoms kyang 'dod pa'i yon tan lnga dang | bsam gtan dang po dang gnyis pa'i 'o || de bzhin du rnam par thar pa yang gzugs dang gzugs med pa dang ldan pa dag dang | 'di la dge slong 'dod chags las sems rnam par grol ba zhes bya ba la sogs pa (D : P ad. ni) gsum pa'o ||(D 123a4-7; P 152a3-b1)

28) 尋伺受用者, 謂如卽彼追求財已, 不染不住, 不耽不縛, 不悶不著, 亦不堅執, 深見過患, 了知出離, 而受用之.(권5. T30, 303a)
paribhogaḥ katamaḥ. yathāpi sa eva tathā bhogān paryeṣyāraktaḥ paribhuṅkte 'sakto 'gṛddho 'grathito 'mūrcchito 'nadhyavasito 'nadhyavasāyam āpanna ādīnavadarśī niḥsaraṇaprajña iva bhuṅkte.(YBh 115, 3-5)
29) 故最勝子釋云. 言「染」者, 與諸纏相應故.(Pelliot chinois 2061)

「염오되어」라 한 것은 전纏과 상응함을 말한 것이다[30]

　여기에서도 법성이 인용한 최승자의 설과 현존 티벳역 『유가사지론석』이 합치된다.
　그러므로 법성이 인용한 최승자의 『유가사지론석』은 현존 티벳역 『유가사지론석』이라고 결론내릴 수 있다.

3. 현장이 인용한 최승자의 주석

　법성이 인용한 최승자의 『유가사지론석』은 현존 티벳역 『유가사지론석』이다. 다만 티벳역 『유가사지론석』이 정말로 최승자의 저작인지 여부는 확정할 수 없다.
　그러므로 여기에서는 현존 티벳역 『유가사지론석』과 현장이 인용한 최승자의 설을 비교해 보고자 한다.

　『유가사지론』에 다음과 같은 구절이 있다(번역은 범본에서).

　　그 경우, 의식意識은 무공용無功用이며, 산란되어 있으며, 소연(所緣, "대상")에 익숙하지 않은 경우, 욕欲 등이 일어나는 것은 아니다. 또한 저 의식은 솔이[심](率爾心, "문득 일어나는 마음")이라 말해져야 하며, 과거의 것을 반

---

30) chags pa zhes bya ba ni kun nas dkris pa dang mtshungs par ldan pa la bya'o ||(D 130a7; P 161b2-3)

연하는 것일 뿐이다.

오식신(五識身, 안식, 이식, 비식, 설식, 신식)으로부터 무간(無間, "곧바로")으로 일어나는 의[식]은 심구심(尋求心, "조사하는 마음")이거나 결정[심](決定心, "확정되어진 마음")이니, 바로 현재의 것을 경계(境, "대상")이라 한다고 말해져야 한다. −만약 그것(의식)이 그것(현재의 것)을 경계로 삼고 소연으로 삼는 것일 뿐인, 그것(의식)이 일어난다면.[31]

『유가론기』에 다음과 같은 구절이 있다.

「또한 의식은 무공용이며, 산란되어 있으며」 이하는 다섯 가지 마음(안식, 이식, 비식, 설식, 신식)이 경계境를 반연할 때, [의식은] 익숙하지 않은 경계를 반연하는 것이지 작의의 힘에 의해 일어나는 것은 아니기 때문에 솔이심이라 함을 밝힌다. [그 경우 의식은] 작의하지 않지만 무공용으로 일어나기 때문이다. [현장] 삼장은 해석하여 말하였다. 「서방에 세 가지 설이 있다. 첫 번째 논사는 말한다. "의식인 솔이심은 과거의 소연인 경계를 반연하는 것일 뿐이다. 만약 5식에서 무간(無間, "곧바로")으로 일어난 의식인 심구심(尋求心)과 결정심이라는 두 마음의 경우, [심구심과 결정심은] 다만 전5식의 소연과 같은 부류인 현재의 경계를 반연한다고 설해져야 한다. 만약 이러

---

31) 又意識任運散亂緣不串習境時, 無欲等生. 爾時意識名率爾墮心, 唯緣過去境. 五識無間所生意識, 或尋求, 或決定, 唯應說緣現在境. 若此卽緣彼境生.(권2. T30, 291b)

tatra manovijñāne'nābhoge (corr. : 'nābhoga) vikṣipte 'saṃstutālambane nāsti chandādīnāṃpravṛttiḥ. tac ca manovijñānam aupanipātikaṃ vaktavyam atītālambanam eva. pañcānāṃ vijñānakāyānāṃ samanantarotpannaṃ manaḥparyeṣakaṃ niścitaṃ vā vartamānaviṣayam eva vaktavyam. tac cet tadviṣayālambanam eva tad bhavati.(YBh 59, 12-15)

한 심구심과 결정심이라는 두 마음의 경우, [심구심과 결정심은] 저 [현재의] 경계를 반연하여 생겨난다." 다음으로 최승자는 앞의 논사(첫 번째 논사)를 비판하였다. "불보살의 신통 등의 마음이 무공용으로 일어나는 것과 같은 경우, 솔이심은 현재의 것을 반연하거나 미래의 것을 반연한다. '무공용인 솔이심은 과거의 것을 반연하는 것일 뿐이다'라 말하는 것은 그와 같지 않다. 그러므로 의식인 무공용의 솔이심은 삼세의 것과 비세非世의 법을 모두 소연으로 삼는다. '과거의 것을 반연하는 것일 뿐이다.' 이하는 5식 다음의 심구심과 결정심이라는 두 가지 의식은 과거의 것이 5식의 소연인 경계를 반연하여 일어남을 밝힌 것이다. 여기에서는 그 문구를 아래의 것인 심구심과 결정심에 결합시켜 '과거의 경계를 반연하는 것일 뿐이다'라 한 것임이 분명하다. 5식으로부터 무간으로 생겨나는 의식은 심구심이거나 결정심이다. [심구심과 결정심은, 5식을] 뒤따르는 형태로 5식의 소연인 경계를 반연하기 때문에, 과거의 경계를 반연하여 일어난 것일 뿐이다. 어떤 때에 [심구심과 결정심이] 5식의 소연인 경계, 갖가지 경계를 반연하는 것은 '현재의 경계를 반연하는 것일 뿐이라고 설해져야 한다.'"

세 번째 논사는 말한다. "의식인 솔이심은 과거의 경계를 반연할 뿐이다. [솔이심이 어떤 것을] 반연하는 것은 명료하지 않기 때문이다. 다음으로 5식과, 5식과 동시에 [그것을] 분별하는 의식이 함께 일어난다면, [그 의식은] 5경五境을 심구尋求하거나 5식을 결정한다. 5식과 동시에 있는 의식이기에, [심구심과 결정심은] '현재의 경계를 반연하는 것일 뿐이다.' 만약 이러한 5식과 동시에 심구하고 결정하는 의식의 경우, [심구심과 결정심은] 저 5식의 소연인 [현재의] 경계를 반연하여 일어난다. 여기에서 '무간'이라 하는 것은 [의식이] 5식과 동시에 5식에 직접 의지하여 일어나기 때문에 '무간'이라 설한 것이다. 여기에서 [5식과 의식은] 동시이며 무간이지 [5식과 의식이] 전후로 있는 무간은 아니다."[32]

이상을 도표화하면 다음과 같다.

	첫 번째 논사	두 번째 논사(최승자)	세 번째 논사
의식意識인 솔이심率爾心의 소연	과거의 것	삼세三世의 것과 비세非世의 것	과거의 것
의식意識인 심구심尋求心과 결정심決定心의 소연	현재의 것	과거의 것(다만 어 떤 때에는 과거의 것이 현재의 것이라고 설해짐)	현재의 것

현존 티벳역 『유가사지론석』에 다음과 같은 구절이 있다.

---

32) 「又意識任運散亂」下, 明五心緣境之世, 由緣不串習境, 非是作意力起, 名率("率", 底本作"卒", 據金藏廣勝寺本改)爾墮心. 雖不作意, 任運起故.
三藏解云. 「西有三說. 初師云, "意識率爾唯緣過去曾所緣境. 若從五識無間所生意識尋決二心, 唯應說緣前五識所緣種類現在境. 若此尋求決定二心則緣彼境生."
次最勝子難前師云. "如佛菩薩神通等心任運而起, 率爾之心或緣現在, 或緣未來. 而言「率爾任運心唯緣過去」者, 不然("然", 底本作"緣", 據金藏廣勝寺本改). 故意識任運爾之心通緣三世及非世法. 從『唯緣過去』下, 乃明五識後尋求決定二意識緣過去五識所緣境生. 此應長牽其文屬下, 言『唯緣過去境』. 五識無間所生意識或尋求決定也. 由追緣五識所緣境故, 唯緣過去境生. 或時緣五識所緣境種類境者『唯應說緣現在境』."
第三師云. "意識率爾唯緣過去境. 以緣不明了故. 次起五識與五識同時分別意識. 或緣五境或定五識. 既與五識同時意識, 故『唯應說緣現在境』. 若此五識同時尋求決定意識, 則緣彼五識曾所緣境生. 此言『無間』者, 由與五識同時親依五識生故說("說", 底本作"緣", 據金藏廣勝寺本改)『無間』. 此是同時無間, 非前後無間也."(권1. T42, 333c-334a; S5, 3090a)

「저 의식은 솔이[심]이라고 말해져야 한다」라 한 것은 [저 의식은] 대상(*artha)에 접촉하는 것 이외에는 하지 않기 때문이다.

「다만 과거의 것을 반연하는 것일 뿐이다」라 함에 대해서, 어떤 이는 "바로 그 솔이[심]은 미래의 것을 반연하지 않는다. 그것(솔이심)은 일찍이 들었던 것에 익숙하기 때문이다. 만약 그렇지 않다면, 그 경우, [의]식은 생겨나지 않는다. 또한 [솔이심은] 현재의 것을 반연하는 것도 아니다. 그것(현재의 것을 반연하는 의식은 안眼 등을 문門으로 하여 자내증自內證, *pratyātmavid. "[색色 등을 내적으로 확인하는 것"))) 등에서 일어나기 때문에, 그 경우, [의식은] 반드시 유공용有功用이다"라고 설한다.

다음으로, 어떤 이는 "타자(불보살)이 가지(加持, *adhiṣṭhāna)에 의해 외부로부터 상대의 마음 등을 꿰뚫어보는 경우 욕欲 등은 없지만 현재의 것인 상대의 마음 등을 소연으로 하는 솔이심이 있다. 그 때문이 그 설(첫 번째 설)은 좋지 않다."라고 설한다.

다음으로, 어떤 이가 "「과거의 것을 반연하는 것일 뿐이다」라 말하는 이것은 후의 것인 심구심과 결정심에 관계되어야 한다. [심구심과 결정심이] 과거의 것을 반연하면서도, 「현재의 것을 경계로 하는 것일 뿐이다」라 말해지는 것은 '별도의 이유에 의해 [「현재의 것을 경계로 함에 다름 아니다」라 하는 것이다'라는 의미이다"라고 설한다.[33]

---

33) **yid kyi rnam parshes pa de ni nyebar gnas pa las byung ba zhes brjod par bya ste** zhes bya ba ni don la reg pa tsam las (D : P ad. las) gzhan mi byed pa'i phyir ro ||
'**das pa la dmigs pa kho na'o** zhes bya ba la | kha cig na re nye bar gnas pa las byung ba de nyid ni ma 'ongs pa la dmigs pa ma yin te | de ni thos pa la 'dris pa yin pa'i phyir ro || gzhan du na de la rnam par shes pa skye bar mi 'gyur ro || de ltar byung ba la yang dmigs pa yang ma yin te | de ni mig la sogs pa'i sgo nas | so so rang rig pa la

현장이 인용한 세 논사 중 첫 번째 논사와 두 번째 논사(최승자)의 설은 현존 티벳역 『유가사지론석』의 설과 합치된다.

그러므로 현장이 인용한 최승자 『유가사지론석』도 현존 티벳역 『유가사지론석』과 동일한 것이라고 결론내릴 수 있다.

4. 최승자 『유가사지론석』의 분량

전술한 것처럼 최승자의 『유가사지론석』은 『유가사지론』 권32부터 권50까지에 대한 『유가론수기』(Pelliot chinois 2036)에서도 인용되어 있다. 이는 「본지분本地分」 가운데 「보살지菩薩地」에 대한 주석이며, 현존 티벳역 『유가사지론석』에는 없는 것이다. 그러므로, 과거에는 현존 티벳역 『유가사지론석』 이외에 「본지분」 중 「보살지」에 대한 최승자의 『유가사지론석』이 번역되어 있었다고 생각된다.

또한 최승자의 것으로 알려진 티벳역 『보살계품석菩薩戒品釋』(Tohoku 4046; Otani 5547)은 Sāgamamegha의 『유가사지론중보살지석瑜伽師地論中菩薩地釋』(Tohoku 4047; Otani 5548)의 계품석戒品釋과 동일한

---

sogs pa dag la 'byung ba'i phyir de la rtsol ba gdon mi za bar yod do zhes zer ro || yang kha cig na re gzhan gyi byin gyi (D : gyis P) rlabs (D : brlabs P) kyis glo bur du pha rol gyi sems la sogs pa mthong ba la 'dun pa la sogs pa med par yang de ltar byung ba la sogs pa la dmigs nas nye bar gnas pa las byung ba yod pas | de'i phyir bshad pa de ni bzang po ma yin no zhes zer ro || yang kha cig na re **'das pa la dmigs pa kho na'o** zhes bya ba de ni 'og ma dang sbyar bar bya ste | 'das pa la dmigs pa yin yang | **da ltar gyi yul can kho na'o** zhes bya ba ni rgyu gzhan gyi phyir ro zhes bya ba'i don to zhes zer ro ||(D 107a7-b4; P 131a8-b6)

데(藤田光寬[1977]), 『유가론수기』(Pelliot chinois 2036)에서 인용한 최승자 『유가사지론석』의 계품석은 현존 『보살계품석』과 전혀 다르다. 따라서 현존 『보살계품석』은 Sāgamamegha의 저작이며 최승자의 저작일 수 없다.

『유가론기』에서는 적어도 『유가사지론』 권66까지 최승자의 주석을 인용하고 있다. 저자명이 없는 『석론釋論』은 권100까지 인용되어 있는데, 그것은 난타, 승우, 최승자 중 누군가의 주석인지는 알 수 없다. 티벳역 『유가사지론석』의 분량으로 보았을 때, 『유가론기』(권1. T42, 318c)에 "依三藏言, 『釋論』略譯應五百卷, 總譯有八百許"라 한 것은 난타, 승우, 최승자의 주석을 합산한 것이라고 생각된다.

최승자의 연구는 『성유식론成唯識論』 성립문제의 연구에 불가결한 부분이다. 필자는 최승자의 전 저작, 전 일문逸文을 역주하는 『最勝子の研究(최승자의 연구 역자 주)』의 간행을 준비 중에 있다.

5. 마치며

본고에서 밝힌 내용은 아래와 같다.
1) 법성이 인용한 최승자의 『유가사지론석』은 저자 불명의 현존 티벳역 『유가사지론석』이다.
2) 현장이 인용한 최승자의 『유가사지론석』도 티벳역 『유가사지론석』과 합치된다.
3) 그러므로 티벳역 『유가사지론석』의 저자는 최승자이다.

4) 법성은 「본지분」 중 「보살지」에 대해서도 최승자의 『유가사지론석』을 인용한다.
5) 따라서, 현존 티벳역 『유가사지론석』 외에도 과거에 「본지분」 중 「보살지」에 대한 최승자의 『유가사지론석』이 번역되었다고 생각된다.

(번역: 이상민)

| 약호 및 참고문헌 |

D:　Derge.
P:　Peking.
S:　宋藏遺珍.
T:　Taisho.
YBh:　*Yogācārabhūmi*, edited by Vidhushekhara Bhattacharya, Calcutta: University of Calcutta, 1957.

上山大峻,『敦煌佛敎の硏究』(京都; 法藏館), 1990.
川越英眞, *Dkar chag 'Phang thang ma*(仙台; 東北インド・チベット硏究會), 2005.
諏訪義讓,「敦煌本瑜伽論手記に就いて」,『宗敎硏究』新七・三(東京; 日本宗敎學會), 1930.
藤田光寬,「瑜伽師地論菩薩地戒品に對するチベット語譯註釋書, 最勝子註と海雲註とをめぐって」,『密敎文化』一一八(和歌山, 高野山大學密敎硏究會), 1977.
Lalou, Marcelle, "Les textes bouddhiques au temps du roi Khri-sroṅ-lde-bcan. Contribution à la bibliographie du Kanjur et du Tanjur." *Journal Asiatique*, 241, 1953.

폴 유진 펠리오가 둔황에서 출토한 티벳어 사본 PT 1과 PT 116에 대하여

차상엽(車相燁)

I. 문제 제기

20세기 초에 폴 유진 펠리오(Paul Eugène Pelliot, 1878~1945)가 둔황에서 출토한 다량의 사본을 공개한 후 수많은 학자들이 각 사본의 내용들을 앞 다투어 소개했다. 그중 8세기말 티벳 왕의 주재 아래 이루어진 쌈얘(bSam yas) 논쟁에서 까말라씰라(Kamalaśīla, 蓮華戒)의 논지와 대척점에 서있었던 마하연(摩訶衍, 8세기 후반 활동) 선사를 포함한 중국 선사들의 선사상 모음집, 즉 『선경禪經모음집(가제)』과 관련한 내용도 주요한 연구대상 중 하나였다.

본고에서는 폴 유진 펠리오가 둔황에서 출토한 티벳어 사본 No. 1(이하 PT 1)과 No. 116(이하 PT 116)이 어떤 성격을 지니고 있는지에 대해 고찰하고자 한다. 이를 위해 PT 1의 구조와 그 성격을 먼저 살펴보고자 한다.

기존 연구들이 주로 중국 선사들의 『선경모음집』과 관련한 내용 검토 및 사상적 의의를 도출하기 위한 작업이었다면, 본고에서는 PT 1을 통해 PT 116이 어떤 목적으로, 어떤 용도를 위해 사용되었는가를 밝히고자 하는 것이다.

II. PT 1의 작성연대와 성격

마르셀 랄루(Marcelle Lalou, 1890~1967)의 『국립도서관에 소장된 둔황 티벳어 필사본의 목록』 제1권[1], PT의 첫머리를 장식하는 PT 1을 토대로 PT 사본의 작성 연대와 그 성격을 살펴보고자 한다. PT 1을 고찰하는 이유는 PT 1이 둔황에서 출토한 폴 펠리오의 티벳어 사본 중 첫머리를 장식한다는 상징성에 비해 기존연구사에서는 전혀 언급하고 있지 않기 때문이다. 그리고 PT 1의 성격이 PT 116의 성격과도 연계됨을 언급하기 위해 이 사본을 우선적으로 살펴볼 것이다.

마르셀 랄루는 그녀의 책에서 32.5×1m25인 1장의 두루마리로 이루어진 PT 1은 5개의 텍스트, 즉 3개의 기원문(praṇidhāna, smon lam)과 초심자를 위한 텍스트, 그리고 진언 모음집으로 이루어져 있다고 밝히고 있다.[2] PT 1을 구성하는 5개의 텍스트를 통해 작성연대와 함

---

1) Marcelle Lalou, *Inventaire des Manuscrits Tibétains de Touen-houang Conservés àla Bibliothéque Nationale* (Fonds Pelliot tibétain) nos 1-849, Vol. I (Paris: Bibliothéque Nationale, 1939).
2) Ibid., p.1.

께 그 성격을 살펴보고자 한다.

1. 3가지 기원문

1) 첫 번째 기원문

PT 1의 첫 번째 텍스트는 '기원문(smon lam du gsol ba'//)'이라는 문장으로 시작해서 길상하고 신성한 [티벳]왕(빨하짼뽀dpal lha btsan po, 聖神贊普[3])과 후원자(yon gyi bdag po)가 삼보에게 최상의 공양물을 올린 후 옥체玉體가 평안하고, 모든 습기가 녹아나서, 생각하고 추구하는 것이 원만하게 성취되기를 기원하는 형식으로 이루어져 있다. 이 기원문은 가없고 한량없는 모든 중생도 속히 위없는 깨달음이 성취되기를 발원하는 형식으로 마무리된다.[4]

2) 두 번째 기원문

PT 1의 두 번째 텍스트도 기원문의 형식을 띤다. 이 기원문은 앞에서 언급한 첫 번째 텍스트의 시작과 끝부분의 형식을 거의 그대로 이어받고 있다.[5] 단지 두 번째 기원문 중간 부분에서 '삼계에 태어나

---

[3] 폴 드미에빌(Paul Demiéville)은 둔황에서 작성된 한문 문서들 속에 등장하는 '성스럽고 신성한 찬보, 즉 티벳왕[聖神贊普]'이 '튈기하짼뽀(sphrul gyi lha bcan po)'와 연결된다고 본다. '聖神贊普'와 관련한 맥락은 Paul Demiéville, *Le concile de Lhasa: une controverse sur le quiétisme entre bouddhistes de l'Inde et de la Chine au VIII. siècle de l'ère chrétienne*, Vol.VII (Paris: Impr. nationale de France, 1952), pp.363~364. 이에 대한 한글번역서로는 폴 드미에빌 불역, 『라싸 종교회의』, 배재형 외 2인(서울: 씨아이알, 2017), pp.507~508.
[4] PT 1.1-7.
[5] PT 1의 첫 번째 기원문 말미에는 양보형 조사 'kyang'이 삽입되어 있음에 반해 두 번째 기원문 끝에는 양보형 조사가 생략되어 있으며, 첫 번째와 두 번

윤회하는 모든 중생이 번뇌의 원인으로부터 벗어나 해탈하기를 염원하면서 이 기원문을 짓는다. ……'⁶⁾고 밝히고 있는 부분이 첫 번째 기원문과 차이가 난다.

PT 1의 첫머리를 장식하는 2가지 기원문에 공통적으로 '길상하고 신성한 티벳왕(dpal lha btsan po)'⁷⁾이라는 표현이 등장한다. 이 사본에서 언급하고 있는 '길상하고 신성한 티벳왕'은 누구를 가리키는가. 티벳대장경의 콜로폰(colophon)을 통해 이 왕의 연대를 추적해보고자 한다. 까말라씰라(Kamalaśīla, 蓮華戒)의 『수습차제(Bhāvanākrama, 修習次第)I』 말미에 '[이] 땅의 군주인 길상하고 신성한 티벳왕(dpal lha btsan po)이 요청해서 까말라씰라가 요약한 『수습차제』를 작성하였다.'라는 콜로폰이 등장한다.⁸⁾ 후라우발너(E. Frauwallner)는 까말라씰라의 생몰 연대를 대략 745~795년으로 추정한다.⁹⁾ 야마구치 즈이호(山口瑞鳳)는 까말라씰라의 입멸 연대를 797년경으로 산정한다.¹⁰⁾ 까

째 기원문에는 모음 'i', 즉 '기구(gi gu)'를 정반대로 뒤집은 'I'가 혼재해서 사용되고 있다. PT 1.1의 'cing'이 1.8에는 'cIng' 등으로 표기되어 있는 것이 대표적인 예例 중 하나라 할 수 있다. 그러므로 필자는 이 맥락에서 '거의'라는 표현을 사용하였다. 둔황 티벳어 사본의 표기법에 대해서는 Yoshiro Imaeda, Takeuchi Tsuguhito, Hoshi Izumi, Yoshimichi Ohara, Iwao Ishikawa, Kazushi Iwao, Ai Nishida and Brandon Dotson, *Tibetan documents from Dunhuang: kept at the Bibliothéque Nationale de France and the British Library*(Tokyo: Research Institute for Languages and Cultures of Asia and Africa, Tokyo University of Foreign Studies, 2007), pp.XXXI~XXXIII.

6) PT 1.8-16.
7) PT 1. 2, 3, 8-9, 12.
8) P.5310, 45a7-8, "sa'i mnga' bdag dpal lha btsan pos bka' stsal nas ka ma la sh'i las bsgom pa'i rim pa mdor bsdus pa 'di bgyis so//."; 芳村修基, 『インド大乘佛敎思想硏究―カマラシーラの思想』(京都: 百華苑, 1974), p.295.
9) 塚本啓祥 외 2인, 『梵語佛典の硏究-Ⅲ 論書篇-』(京都: 平樂寺書店), 1990, p.274의 각주 54.

말라씰라가 입적한 연대를 795년으로 산정하던, 혹은 797년으로 산정하던 간에 『수습차제Ⅰ』의 간기에 등장하는 이 왕은 티벳왕의 재위 연대를 고려할 때 '티쏭데짼'왕을 지시한다는 점은 확실하다.[11] 그렇다면 '길상하고 신성한 티벳왕(dpal lha btsan po)'이라는 표현이 오직 '티쏭데짼'에게만 한정된 수식어인가? 법성(法成, Chos grub, 9세기 초중반 활동)이 번역한 『성입능가보경중일체불어심품聖入楞伽寶經中一切佛語心品』의 콜로폰(P776, 313a7-8)과 『성해심밀경소聖解深密經疏』의 콜로폰(P5517, 198a4-5), 그리고 9세기경 활동한 뺄양의 저작인 『대덕大德 뺄양(dPal dbyangs, Srīghoṣa)이 티벳왕과 대중[庶民]에게 바친 정요집서한精要集書翰』의 콜로폰(P5842, 139b5-6)에도 '길상하고 신성한 티벳왕(dpal lha btsan po)'이라는 표현이 등장한다. 법성과 뺄양 모두 9세기에 활동한 인물이라는 점에서 '길상하고 신성한 티벳왕'이라는 수식어구가 8세기말에 죽은 '티쏭데짼'왕에게만 한정되는 표현이 아님을 알 수 있다. 고대티벳제국이 멸망하기 이전인 856년경 이전의 어느 티벳왕을 지시하고 있음을 알 수 있다. '길상하고 신성한'이라는 수식어구가 첨부될 수 있을 정도의 치적을 지니고 있는 티벳왕은 티데쏭짼(Khri lde srong btsan, 798~815년경 재위)이나 티쭉데짼(khri gtsug lde btsan, 815~838년경 재위)으로 한정될 것이다. 미카엘 L. 월터(Michael L. Walter)는 직접적으로 위의 PT 1 사본을 다루고 있지는 않지만 다른 사본의 작성연대를 추정하면서 '길상하고 신성한 티벳왕'이 9세기

---

10) 山口瑞鳳, 이태승 역, 「吐蕃王國佛教史年代考」, 『印度哲學』, Vol.7(서울: 인도철학회, 1998), p.290, p.312.
11) 塚本啓祥 외 2인, 앞의 책, p.278; 芳村修基, 앞의 책, p.295.

의 '티데쏭짼' 혹은 '티쭉데짼' 왕을 지시한다고 밝히고 있다.[12] 하지만 둔황이 함락된 연대(787년)와 티벳대장경의 콜로폰에 등장하는 '길상하고 신성한 티벳왕'의 용례 분석을 통해 까말라씰라와 법성, 그리고 뺄양이 활동했던 8세기 말부터 9세기 초중반 사이의 티벳왕인 티쏭데짼을 포함한 티데쏭짼, 그리고 티쭉데짼 중 어느 한 명의 왕을 지시하는 용어가 'dpal lha btsan po'라는 점을 알 수 있다. 이를 통해 이 사본의 성립연대를 대략 8세기 말에서 9세기 초중반의 어느 때로 한정할 수 있다.

3) 세 번째 기원문

PT 1은 앞에서 살펴본 2가지 유형의 기원문에 이어 뜻을 헤아리기 어려운 기원문이 등장한다. 기원문(rgya'I smon lam du gsol ba'//)이라는 문자 앞에 특이하게도 '갸(rgya)'가 쓰여 있다. 흥미로운 점은 그 기원문 중간 중간에 동(shar), 남(lho), 서(nub), 북(byang)의 사방四方과 동남(shar lho), 남서(lho nub), 서북(nub byang), 북동(byang shar)의 사우四隅, 그리고 상(steng)과 하('og)의 시방(phyogs bcu, 十方)은 붉은 색의 티벳문자로 쓰여 있다.[13] 시방을 표시하는 붉은 색의 티벳문자를 제외한 나머지 티벳문자는 범어를 전사轉寫하기 위한 특수문자가 아닌 것으

---

12) Michael L. Walter, *Buddhism and Empire: the Political and Religious Culture of Early Tibet*(Leiden·Boston: Brill, 2009), 235쪽. 法成과 뺄양(dPal dbyangs)의 콜로폰을 언급하고 있는 오니시 케이지(大西啓司)도 월터와 마찬가지로 'dpal lha btsan po'라는 용어가 9세기부터 티벳왕을 지칭하기 시작한다고 언급한다. 이에 대해서는 大西啓司,「10~13世紀に於けるチベット·河西地方の國家と社會」, 博士學位論文(龍谷大學教, 2014), p.14.
13) PT 1.17-34.

로 보인다. 왜냐하면 범어와 연관된 진언 구절이 발견되지 않기 때문이다. 당시 고대 중국어 음가를 그대로 티벳문자로 옮겼을 가능성을 완전히 배제할 수 없다.[14]

2. 보살행과 관련한 기원문

앞의 3가지 기원문에 이어 4행 시구로 시작하는 별도의 또 다른 텍스트가 뒤따른다.

> 귀의처가 없는
>
> 의지처가 없는
>
> 보호자가 없는 세간에서
>
> 귀의처, 의지처, 보호자가 되기를.(5-5-8-9)[15]
>
> 이 공덕으로 모든 것을 꿰뚫어 아는 이(=붓다)의 상태가
>
> 성취되어, 과실過失의 적이 물러나고
>
> [모든 중생이] 늙음과 병듦과 죽음의 거센
>
> 파도가 뒤흔드는 윤회의 바다에서 벗어나기를.(9-9-9-9)

---

14) '갸(rgya)'의 사전적 의미가 '인도(rgya [gar])' 혹은 '중국(rgya [nag])'을 지시하기도 하지만, '지역/구역(area)'의 의미도 지니고 있기 때문에 PT 1.17의 'rg-ya'I smon lam du gsol ba//'는 '중국(rgya) 기원문'이나 '지역 기원문'으로 이해해야할지도 모른다. 현 단계에서 정확한 의미가 무엇인지는 알 수 없다. 마르셀 랄루는 중국어로부터 음사했을 가능성도 조심스럽게 언급하고 있다. Marcelle Lalou, op. cit., p.1.

15) 괄호 속의 숫자는 4행으로 구축된 시구의 음절수를 지시한다. 운율의 구성과 관련한 '강약격(强弱格, trochee)'을 여기에서 다루지는 않을 예정이다.

······ 중략 ······

모든 중생이 선善을 구족하기를.

악도가 항시 텅 비기를.

다양한 단계에 머무르는 그들 모든 보살의

기원이 성취되기를.(9-9-9-9)[16]

　대승보살의 기원과 관련한 내용을 운문의 형식으로 읊조리고 있다.

　PT 1의 3가지 기원문과 4번째 텍스트의 차이점을 언급하고자 한다.

　형식적인 측면에서 본다면 첫 번째로 PT 1의 4번째 텍스트인 보살행과 관련한 기원문에서는 앞의 3가지 텍스트와 달리 기원문임을 밝히는 표제어인 '묀람두쐴와(smon lam du gsol ba')'가 서두에 부가되지 않고 있다. 두 번째로 이전의 기원문과 달리 명령문의 종지형 조사인 '찍(cig)'과 명령형 어간인 '쑉(shog)'을 각각 4차례와 2차례씩이나 사용함으로써 원망(願望, optative)의 성격을 띠는 구문임을 나타내고 있다는 점이다. 세 번째로 운율을 맞추기 위해 '이-(yis)'와 '니(ni)'

---

16) PT 1.35-46, "(l.35) skyabs ma mchIs pa dang/ gnas ma mchIs pa dang/ dpung nyen ma mchIs pa'I 'jig rten la// skyabs dang gnas (l.36) dang dpung nyen du gyur cig// bsod nams 'dI yis(em., 'is) thams cad gzIgs pa nyid// thob nas nyes pa'I dgra nI (l.37) pham bgyIs te// rga nad 'chI ba'I rlabs chen 'khrug pa'i yI/ srId pa'I mtsho las gdon par bgyI'[o]// ······ sems can thams cad bde' dang ldan gyur cIg// ngan 'gro dag nI rtag tu stongs (l.46) par shog// byang chub sems dpa' gang dag su bzhugs pa // de dag kun gyI smon lam grub gyur cig//."

등을 사용하고 있어서 운문 형식으로 이루어진 게송 형식이라는 점을 알 수 있다. 이로써 PT 1의 4가지 텍스트는 둔황 혹은 티벳지역에서 어떤 종교의식을 거행하는데 사용된 기원문의 형식을 띠고 있음을 알 수 있다.

3. 진언문

앞의 4가지 텍스트가 기원문의 형식을 띠고 있음에 반해, PT 1의 마지막 부분은 아미타불, 관세음보살, 삼보 등과 연관된 진언眞言으로 구성되어 있다.

> "아미타불에게 귀의합니다. '일리메, 띨리메, 하네, 쑤하네 …… 중략 …… 스와하' 초가(cho ga)는 글자로 써서 목에 걸면 역병이 없어지게 된다. 대비를 구족하신 관세음보살마하살에게 귀의합니다. '칼리할리, 빨리떼 스와하' 입과 얼굴을 씻을 때, 이 진언으로 70번 크게 반복해서 암송하고 마시면 죽음이 물러나 수 백 번 머물게 되고 이전에 익힌 것들도 잊지 않게 된다. 삼보에게 귀의합니다. ……"[17]

---

17) PT 1,47-52, "(l.47)//na mo a myI ta bha ya/ tad ya thā/ I lI me/ tI lI me/ ha ne/ su ha ne/ swā hā// …… cho ga nI yi ger bris te mgul du btags na rims nad (l.49) myed par 'gyur ro// /na mo a rya pa lo ki te shwo ra yā/ bo d+hi sad d+wa yā/ ma ha sad d+wa ya/ ma hā ka ru nI kā yā/ (l.50) tad ya thā/ kha lI ha lI/ pa lI te swā hā/ kha gdong 'khru ba na sngags 'dIs lan bdun cu bzlas brjod byas te 'thungs na/ shI (l.51) log brgya brgya lobs par 'gyur la// sngon lobs pa rnams kyang myi brjed par 'gyur ro// na mo rad na dra yā (l.52) yā/ …… "

인용문에서 언급되는 '초가(cho ga)'란 무엇을 의미하는가. 사전적으로는 청중과 연관된 어떤 종교의식(religious ceremony), 혹은 이와 관련한 설명서, 안내서(ritual manual)라는 의미이다.[18] 즉, 어떤 종교의식과 관련한 내용을 설명한 매뉴얼이라 할 수 있다. 또한 '일리메, 띨리메, 하네, 쑤하네 …… 스와하' 등으로 요약되는 핵심적인 진언을 써서 목에 걸고 다니면 역병도 사라지게 만든다는 내용, 그리고 '칼리할리, 빨리떼 스와하'라는 관세음보살 진언을 통해 예견치 못한 죽음으로부터 벗어나고 고도의 기억력을 지니게 된다고 설명하고 있는데, 이는 일종의 '부적' 및 '초자연적인 힘'과 관련한 내용을 설명하고 있음을 알 수 있다. 8세기말에서 9세기 초중반 사이의 어느 때에 거행된 이러한 종교의식과 함께 초자연적인 힘을 지닌 부적과 진언을 통해 일반 대중들은 역병의 퇴치와 예견치 못한 죽음으로부터 벗어남 등 현실적인 이익을 쉽게 얻을 수 있었으며, 이러한 요소들이 둔황 혹은 티벳 지역의 포교활동에 적지 않은 영향을 끼쳤을 것이다.

이상으로 5가지 문헌으로 구성된 PT 1을 살펴보았다. PT 1은 티벳왕의 안녕과 일체중생이 무상정등정각을 얻을 수 있기를 발원하는 2가지 기원문으로 시작해서, 시방十方과 연결된 의미를 알 수 없는 기원문(rgya'I smon lam du gsol ba'), 보살행과 관련한 시구들, 그리고 역병과 죽음 등을 물리치는 아미타불과 관세음보살 등의 진언으로 갈무리되고 있다는 점에서 PT 1은 어떤 종교의식과 관련한 매뉴얼일 가능성을 시사한다.

---

18) 『藏英辭典』, p.161; 『藏漢大辭典』, pp.821~822.

III. PT 116과 중국선사들의 『선경모음집』

 폴 유진 펠리오가 둔황에서 출토한 티벳어 사본과 마르셀 랄루가 이 사본의 목록을 발표한 이후, 수많은 학자들이 마하연을 위시한 중국선사들의 『선경모음집』 내용과 그 사상 등에 주목하였다.[19] 하지만 PT 116의 전체적인 구조[20] 속에서 이 사본이 어떤 성격을 띠고 있는지에 대한 검토는 아직까지 이루어지지 않고 있다. 이 단락에서는 선행 연구에서 간과한 PT 116의 용도를 고찰하고자 한다.

1. PT 116의 서문: 『보현행원왕경』과 『금강경』

 PT 116은 『보현행원왕경』[21]으로 시작한다. 『보현행원왕경(普賢行願王經, 'Phags pa bzang po spyod pa'i smon lam gyi rgyal po)』은 보현보살의 실천적 보살행을 묘사하고 찬탄하는 텍스트이다. PT 116이 『보

---

19) 폴 드미에빌, 앞의 책, pp.216~224; 上山大峻, 「敦煌出土チベット文マハエン禪師遺文」, 『印度學佛教學研究』 38卷(東京: 日本印度學佛教學研究會, 1971), pp.123~126; 木村隆德, 「敦煌出土チベット文寫本Pelliot.116研究(その一)」, 『印度學佛教學研究』 46卷(東京: 日本印度學佛教學研究會, 1975), pp.778~781; 沖本克己, 「bsam yasの宗論(一): Pelliot116について」, 『日本西藏學會會報』 21卷(京都: 日本チベット學會, 1975), pp.5~8; 原田覺, 「bSam yasの宗論以後に於ける頓門派の論書」, 『日本西藏學會會報』 22卷(京都: 日本チベット學會, 1976), pp.8~10; Whalen Lai and Lewis R. Lancaster, *Early Ch'an in China and Tibet*(Asian Humanities Press, Jain Publishing Company, 1983).
20) PT 116의 텍스트와 그 인용경전에 대해서는 Marcelle Lalou, *op. cit.*, pp.39-41 참조.
21) PT 116.1.1-21.2.

현행원왕경』으로 시작한다는 것은 어떤 의미를 지니는가.

존 맥란스키는 인도와 티벳에서 초기부터 대중적이면서 지속적으로 실천되어온 불교의식과 관련이 있는 문헌 중 하나로 『보현행원왕경』을 언급한다. 그는 이 문헌에서 설명하고 있는 의식이 경배, 공양, 참회, 수희, 권청, 기원, 회향이라는 7가지 요소, 즉 칠지분七支分 수행과 연관된다고 설명한다.[22] 주니어 도날드 S. 로페즈 역시 『보현행원왕경』의 칠지분 수행이 대승수행의 표준적 수행모델을 제시하며, 명상기간에 서문이나 도입부분의 역할을 담당한다고 말한다.[23] 이러한 종교의식이 현재 우리가 생각하는 명상수행의 역할을 일정 부분 담당하였을 것이다. 또한 날란다(Nālandā)사원에서 발견된 10세기 명문銘文에 『보현행원왕경』의 일부 구절이 새겨져 있는 것을 통해서도 『보현행원왕경』이 지니고 있는 그 상징성을 알 수 있다.[24] 이즈미 호케이가 승우(僧祐, 445~518)가 찬술한 『출삼장기집出三藏記』의 "외국外國의 사부중四部衆이 예불을 올릴 때, 이 경을 많이 독송하면서 발원하고 불도佛道를 구하였다."라는 내용과 불공(不空, 705~774)이 번역한 의궤집인 『성취묘법연화경왕유가관지의궤成就妙法蓮華經王瑜伽觀智儀軌』의 "『보현행원왕경』을 1회 독송하면서 한결같은 마음으로 제불보살을 인식대상으로 삼아서 마음을 고정시키고 『보현행원왕경』 한 구절

---

22) John Makransky, "Mahāyāna Buddhist Ritual and Ethical Activity in the World", *Buddhist-Christian Studies* 20(Honolulu: University of Hawai'i Press, 2000), pp.54~59.
23) Jr. Donald S. Lopez, *Buddhism in Practice: Abridged Edition*(New Jersey: Princeton University Press, 2015), pp.133~134.
24) Gregory Schopen, *Figments and fragments of Mahāyāna Buddhism in India: More collected papers*(Honolulu: University of Hawaii Press, 2005), pp.299~305.

한 구절의 의미를 사유한다."등과 관련한 내용을 인용하면서 소개하고 있다.[25] 이즈미의 연구 성과를 통해서도 알 수 있듯이『보현행원왕경』은 예불의식과 연계되며, 독송과도 밀접한 관계가 있음을 알 수 있다. 이러한 선행연구를 통해 인도불교에서 유래한『보현행원왕경』과 관련한 의식이 티벳과 중국불교에 수용되었으며, 소승불교도가 아닌 대승보살로서 구도의 길을 걷고자 하는 수행자에게는『보현행원왕경』과 관련한 의식과 수행이 구도자에게 이정표의 역할을 담당하였음을 알 수 있다. 흡사 PT 1의 서두에 등장하는 기원문이 어떤 종교의식의 첫머리를 여는 것처럼, 이『보현행원왕경』도 어떤 종교의식을 시작하는 첫머리의 역할을 담당하였던 것으로 보인다. PT 116의『보현행원왕경』은 독립된 경전으로 존재하는『북경판 서장대장경』의 딴뜨라(rgyud)부에 속하는 텍스트(P716)와 거의 일치한다. 아울러『데르게판 서장대장경』의 내용(D1095)과도 상통한다. 이를 통해 알 수 있는 점은 PT 116의『보현행원왕경』이『북경판 서장대장경』과『데르게판 서장대장경』에 존재하는『보현행원왕경』의 원형이었을 가능성이 농후하다. 그리고 현재에도 티벳의 종교의식 매뉴얼의 서두를 장식하는 텍스트로『보현행원왕경』이 자주 독송되고 있다는 점에 주목하고 싶다. 마치 한국에서 종교의식을 거행할 때,『천수경千手經』을 낭독하는 것과 흡사하다. 다람살라의 티벳사원에서 필자가 체류할 때, 티벳의 승려들과 신도들이 종교의식을 시작하는 과정 속에서『보현행원왕경』을 암송해서 독송하는 모습을 자주 지켜보았다. 사실 필자의 문

---

25) 泉芳璟,「梵文普賢行願讚」,『大谷學報』第10卷 第2號(京都: 大谷學會, 1929), pp.156~157.

제의식은 이러한 필드워크 경험에서 비롯된 것이기도 하다. 이러한 점을 통해 PT 116이 『보현행원왕경』으로 시작되고 있다는 점, 그리고 연속적으로 다양한 문헌을 인용하면서 소개하고 있다는 점 등 일련의 과정을 살펴보면서, 이 사본이 둔황 등 티벳 지역에서 중국의 선사상을 포교하기 위한 종교의식 매뉴얼로 사용되었을 가능성이 농후하다고 여겨진다.[26]

PT 116에서는 『보현행원왕경』에 이어 『금강경金剛經』이 등장한다.[27] 『금강경』은 반야의 지혜를 설하는 경전으로 중국 선禪과 밀접한 연결고리가 있다. 대승보살의 강력한 서원과 관련한 의식과 수행이 내포되어 있는 『보현행원왕경』에 이어 『금강경』이 등장한다는 것은 무엇을 의미하는 것인가.

---

[26] 중국의 선불교에서는 보살계를 수여하는 의례인 '개법開法'이 중국인들을 대상으로 유용한 포교 방법으로 사용하였다. 특히 '개법의식'에서는 『범망경』이 대중적인 지지를 받았다. 티벳에서는 중국의 '개법의식'과 달리 종교의식 속에서 『범망경』이 대중적인 지지를 받지 못했던 것은 거의 확실하다. 티벳에서는 싼따락씨따의 영향 하에 '근본설일체유부계'가 강력한 영향력을 점유하고 있었기 때문에 티벳 내에서 『범망경』의 역할은 아주 미미하였던 것이다. 다람살라에 거주하는 티벳승려들에게 『범망경』의 유포와 관련해서 질문을 한 적이 있었는데, 이들의 한결 같은 대답은 티벳 종교의식에서 『범망경』이 사용된 적을 보지 못했다는 것이다. 결국 티벳에서 『범망경』의 위상과 역할은 미미하였다고 할 수 있다. 본고의 Ⅲ.1에서 밝히고 있듯이, 승려를 포함한 인도불교도가 『보현행원』을 지속적으로 종교의식의 서두에 거행했던 흔적은 제시한 자료를 통해서도, 그리고 현재 거행되는 종교의식을 통해서도 확인할 수 있다. 이를 통해 마하연을 포함한 중국불교도는 『범망경』과 연계된 중국식 '개법'보다는 티벳인들을 대상으로 한 포교전략에서 티벳불교도에게 이미 익숙하면서도 보다 대중적인 『보현행원』을 바탕으로 '대승보살계'가 아닌 '대승보살행'을 전면에 내세우는 방식을 선호하였을 것이다. 이 자리를 빌어 티벳 승려와의 인터뷰와 관련해서 많은 도움을 준 일문스님에게 감사의 인사를 전하고 싶다.

[27] PT 116.21.3-108.1

이부키 아츠시는 "지知를 강조하는 하택 신회(668~760)의 계통에서 '남돈북점南頓北漸'이라는 후대의 정설을 만들었고, 달마로부터 혜능에 이르기까지 역대조사들이 전수한 것이 『능가경』이 아니라 『금강경』이라는 설도 하택 신회의 계통에서 창작하였다."는 점을 지적하고 있다.[28] 비록 이러한 창작이 후대의 가탁이라고 할지라도, 중국 선과 『금강경』이 떼려야 뗄 수 없는 관계임을 입증한다고 할 수 있다.

PT 116에서 중국선사들의 『선경모음집』들이 언급되기 이전에 대승보살의 서원의 전형적 모델을 제시하는 『보현행원왕경』을 필두로 반야의 지혜를 설하는 『금강경』이 언급된다는 것은 어떤 종교의식의 시작을 의미한다. 앞에서 살펴본 것처럼, 『보현행원왕경』은 종교의식의 첫 포문을 열어주는 의식용 매뉴얼이기 때문이다. 한편으로는 찬영(贊寧, 920~1001) 등이 편찬한 『송고승전宋高僧傳』 「독송편讀誦篇」(T50, 864a2-19)에 『금강경』과 관련한 내용이 등장한다. 석홍정釋洪正이 만성적인 질환으로부터 회복한 후, 매일 20회 『금강경』을 독송하기로 서원을 세웠고, 이를 실천했다는 것이다. 결국 이러한 독송의 공덕으로 그는 예견치 못한 죽음을 피할 수 있었다는 것이다. 이러한 『금강경』 등의 경전독송이 지니고 있는 초자연적인 힘, 혹은 가피는 PT 1의 아미타불과 관세음보살 등의 진언을 암송함으로써 역병이나 예견치 못한 죽음 등을 벗어날 수 있는 신비한 힘을 지닌 부적의 역할과도 연계될 수 있다. 다시 PT 116의 맥락으로 돌아가 보면, 종교의식의 시작을 여는 『보현행원왕경』에 이어서 반야 지혜를 강조하는 『금강경』의

---

28) 이부키 아츠시, 최연식 역, 『새롭게 다시 쓰는 중국 禪의 역사』(서울: 씨아이알, 2011), pp.94-96.

등장은 중국 선과 관련이 있는 어떤 종교의식을 상정하는 것이다. 그리고 의례로서의 경전독송이라는 형태와 경전독송을 통해 초자연적인 힘을 수지하게 되고, 가피를 받게 된다는 중생들의 종교적인 욕구 중의 하나인 현실이익적인 측면과도 밀접한 연계가 있다.

2. PT 116에 나타나는 『학설강요서』

『보현행원왕경』과 『금강경』에 이어 별도의 표제나 제목이 없는 『학설강요서(學說綱要書, Grub mtha', siddhānta)』(가제)[29]가 등장한다.

> 대소승大小乘의 차이와 들어가는 방식과 각각의 특징을 간략하게 설명하면 소승小乘은 성문의 견해를 따르는 교의전통이다. 4제의 방식으로 들어가 외도外道가 분석한 것과 같이 개아(個我, pudgala)와 자아(ātman) 등이 [별도로 존재한다고 보는 견해가 아니라 개아에 자아가 존재하지 않는다고 꿰뚫고서, …… 중략 …… 연각승은 연기의 방식으로 들어가 개아에 자아가 존재하지 않는다고 꿰뚫고서 법은 또한 색온뿐이며 자아가 존재하지 않는다고 꿰뚫고서, …… 중략 …… 대승은 6바라밀의 방식으로 들어가 개아와 법 2가지에 대해 자아가 존재하지 않는다고 꿰뚫고서 자신과 타인의 이익이라는 2가지를 성취하고 위대한 연민과 지혜를 지녀서 궁극적으로 위없는 깨

---

29) 이 문헌의 내용에 대해서는 原田覺,「敦煌藏文資料に於ける宗義系の論書(1)」, 『印度學佛教學硏究』 26卷 1號(東京: 日本印度學佛教學硏究會, 1977), pp. 47~48; 마츠모토 시로, 이태승 외 4인 공역, 『티베트 불교철학』(서울: 불교시대사, 2008), pp.71~77. 마츠모토는 이 강요서를 『대소승요설大小乘要說』이라고 가칭한다. PT 116에 서사되어 있는 이 부분을 『학설강요서』라고 일컬은 것은 단지 필자가 임의적으로 이 문헌의 제명을 붙인 것이다.

달음이라는 결과가 성취된다. 그러므로 대승이다. …… 중략 …… 미요의未了義의 대승이란 오직 마음이라고 주장하는 [유]식의 견해를 따르는 교의전통이다. …… 중략 …… 요의의 대승중관학파는 …… 중략 …… 존재와 비존재의 어떠한 극단에도 집착하지 않고 머무르지 않는 것이다. …… 중략 …… 유가행중관은 …… 중략 …… 경중관經中觀은 …… 중략 …… 개아에 자아가 존재하지 않는다는 것은 …… 중략 …… 법에 자아가 존재하지 않는다는 것은 …… 중략 …… 공성이라는 것은 …… 중략 …… 무상無相이라는 것은 …… 중략 …… 무원無願이라는 것은 …… 중략 …… 그 중 성문과 연각의 열반은 …… 중략 …… 그 중 대승의 열반은 ……[30]

이 『학설강요서』는 9세기에 티벳에서 인도불전문헌의 번역에 참가한 대표적인 번역관 중 한 명인 예쎄데(Ye shes sde)의 『견해의 차별(lTa ba'i khyad par)』과 연관성이 있다. 마츠모토의 지적처럼, 이 강요서에서 제시된 '유가행중관'과 '경중관'의 사상이 『견해의 차별』과 동일하기 때문이다.[31] 예쎄데가 『견해의 차별』을 저작한 이후에 그 저작을 요약해서 이 『학설강요서』가 작성된 것으로 보이기 때문에 9세기 초중반의 어느 때에 이 『학설강요서』가 작성된 것처럼 보인다. 『보현행원왕경』과 『금강경』에 이어 쌈얘논쟁 이후 9세기의 어느 티벳인이 작성한 것으로 보이는 『학설강요서』가 중국선사들의 『선경모음집』 앞에 등장하는 것을 어떤 의미로 이해해야 하는가. 하라다 사토루가 "둔황에서 인도불교와 중국불교가 함께 수습했다[共習]는 것을

---

30) PT 116, Plates 108.2-117.1. 이 『학설강요서』에 대한 전체 번역은 마츠모토 시로, 앞의 책, pp.73~77 참조.
31) 마츠모토, 앞의 책, pp.148~149.

예상할 수 있다."고 평하였다.[32] 하라다의 지적처럼 이 PT 116의 『학설강요서』가 단지 둔황지역에서만 작성된 것이 아닐 수도 있다. 하지만 PT 116에서는 쌈애논쟁 이후 9세기의 티벳인이 바라보는 인도불교의 교리에 대한 이해를 중국불교도가 수용한 흔적을 엿볼 수 있다. 인도불교를 수용하면서 중국의 선불교를 선양하는 측면을 보여주기 때문에 이 『학설강요서』가 지니는 상징적 의미는 결코 적지 않다고 할 수 있다.

9세기에 티벳인은 교리적이면서도 정치적인 쌈애논쟁의 승패여부와 상관없이 인도불교와 중국불교의 상호영향을 보여주는 PT 116과 관련된 내용을 종교의식에서 독송함으로써 보다 더 쉽게 선불교의 가르침에 다가갔을지도 모른다.

3. PT 116의 『선경모음집』

PT 116의 『선경모음집』은 중국의 선사들에게서 유래한 주석(bshad pa)과 경(mdo)을 열거한다. PT 116에서는 중국선사들의 『선경모음집』을 『非대상화하는 단 하나의 방식[33]』이라는 제명題名으로 기록하고 있다.[34] 먼저 PT 116의 『선경모음집』을 여는 구문의 서두에 보이는 구

---

32) 原田覺, 앞의 논문, p.49.
33) 'tshul gcig pa'란 '단 하나의 방식' 혹은 '유일한 방식'을 의미한다. '하얀색의 만병통치약(dkar po chig thub)'과 동일한 뉘앙스로 보인다. '단일한 종교실천만으로도 성불할 수 있다'는 불교 교의를 특징짓는 하나의 비유로 도입된 듯하다. '하얀색의 만병통치약'에 대해서는 David P. Jackson, *Enlightenment by a Single Means*(Wien: Verlag der Österreichischen Akademie der Wissenschaften, 1994) 참조.
34) PT 116, 170.2, "dmyigs su myed pa tshul gcig pa'I gzhung"

절을 소개하고자 한다.

무시이래로 실재와 언어에 집착하는 이들이 제시한 것(=물음)에 대한 답答을 피력하였고, 그 견해를 뒤집었기 때문에 인식대상과 인식주관을 여읜 상태를 향해 수습하는 대유가(mahāyoga, 大瑜伽)사들에게 필요한 핵심적 의미만을 기록하였다.[35]

"어떤 이가 '오직 지知의 적집만을 수습함으로써 무상정등정각을 깨달을 수 없다. 왜냐하면 유위有爲의 공덕의 적집도 행하지 않는 것은 부적절하기 때문에'라고 한다면,"[36]

먼저 화상 마하연을 포함한 중국 선사들의 선지를 '대유가=마하유가(mahāyoga)'와 연계시킨다는 점은 흥미로운 부분이라 할 수 있다.[37] 쌈얘논쟁 이후 둔황 주변에 거주하면서 티벳인들에게 선사상을 선양하고자 하였던 중국불교도는 인도불교와의 연결고리를 찾는 노력을 기울였던 것으로 보인다. 그 결과가 바로 '대유가=마하유가'라는 용어인 것으로 보인다.

---

35) PT 116, 119.1-120.1, "thog med pa'i dus nas dngos po dang sgra la mngon bar zhen pa rnams kyi rgol ba'I lan brjod cing// lta ba de las bzlog pa dang/ gzung 'dzin dang bral bar sbyor ba'i/ rnal 'byor chen po pa rnams la dgos pa'I don mdo tsam zhig brjed byang du byas pa//." 이 구절은 沖本克己, 앞의 논문, p.7에서도 인용되고 있다.
36) PT 116, 119.3-4, "kha cig na re/ ye shes kyi tshogs gcig po bsgoms pas// bla na myed pa yang dag par rdzogs pa'I byang chub du sangs myi rgya bas// 'dus byas kyi bsod nams kyI tshogs kyang myi byar myi rung zhe na//."
37) 沖本克己, 앞의 논문, p.7.

중국불교도는 마하연의 논지와 대척점에 서있는 인도불교도에 대해 '실재와 언어에 집착하는 이', 반대로 인도불교도는 마하연을 '지知만을 수습하는 이', '유위有爲의 공덕을 행하지 않는 이'로 언급한다. '지'만을 수습한다는 것은 '반야바라밀'의 측면만을 부각시키는 것이고, '[형성되고 만들어진] 유위의 공덕'이란 나머지 5가지 바라밀을 암시한다.

저자가 누구인지 알 수 없지만, 앞의 내용에 이어서 대유가사들에게 마하유가의 길을 제시하기 위해 핵심 주제를 적는다고 하면서 『반야경』, 『월등경月燈經』, 『금강경』, 『삼매왕경』, 『무분별경』, 『유마경』 등 다양한 경전의 핵심 관련 구절과 중국 선사들의 『선경모음집』의 선지禪旨를 언급한다. 중국 선사들의 『선경모음집』은 보리달마(Bodedharmata), 무주(Bu cu, 無住), 항마장(bDud 'dul gyi snying po, 降魔藏)[38], 아르댄헤르(A rdan hwer, 阿丹德), 가륜('Gwa lun, 臥輪), 마하연(Ma ha yan)의 선지禪旨라는 순서대로 열거된다.[39]

마하연의 선지와 관련된 부분을 살펴보고자 한다.

> "화상 마하연의 주석(bshad pa)에서도, '법성法性은 사유에서 벗어난 상태이기 때문에, [법성을] 분별하지 않고 개념화하지 않은 상태로 상정한다.'라고 언급한다."[40]

---

38) 다른 선사(Shan shi, 禪師)들의 법명은 당시의 한자고음漢字古音을 반영해서 티벳문자로 표기했음에 반해, 항마장만 예외로 한자 하나하나의 의미를 살려 티벳문자로 번역하고 있다.
39) 이들 문헌의 리스트는 Marcelle Lalou, op. cit., pp.39~40 참조. 중국선사의 『선경모음집』은 PT 116, 164.2-167.4에 등장한다.
40) PT 116, 167.4, "mkhan po ma ha yan gyi bshad pa las kyang// chos

'법성(法性, dharmatā)'은 '법상(法相, dharmalakṣaṇa)'과 대비된다. 앞에서 언급한 '실재와 언어에 집착하는 이'가 바로 '법상'과 연계되는 자, 즉 인식 가능한 법(dharma)들의 개별적인 특징(lakṣaṇa)을 분석적으로 분류하면서 깊이 탐구하는 인도불교도이다. 이에 반해 마하연은 사물과 현상의 본성本性의 영역인 '법성'을 언급한다. 이 역시 앞에서 언급한 '인식대상과 인식주관을 여읜 상태', 즉 '객관'과 '주관'이란 이원성을 상정하지 않는 무분별지의 상태로 몰입된다. 비록 무분별지라는 상태를 직접적으로 언급하지는 않지만 마하연의 선지는 이러한 맥락과 일정 부분 연결되어 있다. 마하연의 선지는 분별과 개념화작용을 여읜, 즉 망상妄想을 여읜 상태를 '법성'으로 묘사한다.[41]

"대유가(mahāyoga)사들에게 필요한 의미를 기억나도록 토대만을 적은 『非대상화하는 단 하나의 방식』이라는 텍스트가 끝났다."[42]

위의 인용문에 보이는 '대유가사들에게 필요한 의미를 기억나도록', 그리고 이전의 인용문에 보이는 '인식대상과 인식주관을 여읜 상태를 향해 수습하는 대유가사들에게 필요한 핵심적 의미만을 기록하였다(PT 116, 119.1-120.1)'[43]라는 구절에 주목하고자 한다. 저자가 이

---

nyid bsam du myed pa la// myi bsam myI rtog par gzhag go// zhes 'byung//."
41) 『돈오대승정리결頓悟大乘正理決』에 설명되고 있는 망상에 대해서는 폴 드미에빌, 앞의 책, pp.12~15 참조.
42) PT 116, 170.2-3, "dmyigs su myed pa tshul gcig pa'I gzhung rnal 'byor chen po rnams la dgos pa'I don dran pa'i rten tsam du bris pa rdzogs s+ho////."

문헌을 쓴 목적이 중국선사들의 선지와 관련된 핵심적 구절을 간략하게 정리해서 남기고자 한 것이다. 이렇게 기록된 가르침을 토대로 분별과 망상을 여읜 상태를 추체험하려는 중국 선을 수행하는 대유가사들에게 그 가르침의 요지를 망각하지 않도록 고안한 것이 PT 116의 5번째 텍스트인 『비非대상화하는 단 하나의 방식[44]』이다. 이어서 PT 116의 6번째 『선경모음집』인 화상 마하연의 『무분별 선정에서 6바라밀과 10바라밀이 적집됨을 설하는 경經』[45]이 나열된다.[46] 그 내용은 의식적, 분별적 관념을 동반하지 않는 무분별한 선정의 경지에 들어선 6바라밀과 10바라밀의 실천을 다룬다. 그 후, PT 116의 7번째 텍스트인 중국선사들의 『선경모음집』이 계속해서 나오고 다시 15번째로 마하연의 선지가 경經의 권위를 부여받으며 거론된다.[47]

흥미롭게도 PT 116의 마지막은 『법계를 설하는 경』의 게송으로 마무리된다.

---

43) 'brjed byang du byas pa'라는 구절에 주목하고자 한다. '제장(brjed byang)'은 '잊어버리지 않기 위해 써내려 간 리스트/목록/기록(mi brjod pa'i phyir bris pa'i tho yig)'을 의미한다. 이에 대해서는 『藏漢大辭典』, p.925 참조.
44) 'tshul gcig pa'란 '단 하나의 방식' 혹은 '유일한 방식'을 의미한다. '하얀색의 만병통치약(dkar po chig thub)'과 동일한 뉘앙스로 보인다. '단일한 종교 실천만으로도 성불할 수 있다'는 불교 교의를 특징짓는 하나의 비유로 도입된 듯하다. '하얀색의 만병통치약'에 대해서는 David P. Jackson, *Enlightenment by a Single Means*(Wien: Verlag der Österreichischen Akademie der Wissenschaften, 1994) 참조.
45) PT 116, 171.1-173.2. 이 경의 제목을 "//mkhan po ma ha yan gyIs// bsam brtan myI rtog pa'I nang du pha rol du phyin pa drug dang/ bcu 'dus pa bshad pa'I mdo//."라고 명기하고 있다.
46) 앞에서는 마하연의 가르침을 주석(bshad pa)이라고 불렀음에 반해, 여기에서는 경(經, mdo)의 권위를 부여받고 있다.
47) PT 116, 173.3-245.4.

"오. 면면히 끊이지 않는 법을 희구하옵니다.

[선을] 취하거나 [불선을] 버리지 않는 의미를 안다면,

3해탈문三解脫門에서 3독도 필요하다네.

신구의 3업을 평등하게 머물게 해서

3문의 허물로서의 과실이 없다면,

모든 법은 거기에서 완성된다네.

평등성이 바로 법계라네.

그와 같이 성취된 진실한 길은

불가득이라네.

가없는 저 중생들이 [법계의 뜻을] 헤아리기를."[48]

PT 116은 이원성을 여읜 법계를 설명하는 게송으로 마무리되고 있다. 이 게송은 법계의 정수를 설명하고 있으며, 거의 기원문의 형식으로 마무리된다. PT 116은 『보현행원왕경』-『금강경』-『학설강요서』-중국선사들의 선지와 관련한 대승경전 및 『선경모음집』의 모음집으로 마무리되고 있다. 특히 마지막 부분에 중국선사들의 선지와 관련한 정수를 소개한 후에 게송의 형식을 띠는 『법계를 설하는 경』으로 마무리된다. 이러한 순서는 어떤 의미를 지니는 것인가. 단순하게 무의미한 배열이 아닌 것으로 여겨진다. 어떤 종교의식을 염두에 둔 매뉴얼처럼 보인다.

서로 다른 실례이기는 하지만 이부키 아츠시가 설명하고 있는 정중종의 예를 들고자 한다.

---

48) PT 116, 246.1-4.

홍인 문하 중에서 혜능 및 혜안과 함께 사천지방에서 활동한 지선智詵과 선습宣什 등의 일파를 주목할 필요가 있다. 특히 지선의 계통에서는 처적處寂과 무상無相 등이 나와서 이 지역에 크게 가르침을 펼쳤다. …… 정중종의 저작물로는 …… 이들 자료에 의하면 매년 날짜를 정해 도량을 열고서 출가·재가의 사람들을 많이 모아 <u>염불과 좌선을 동반하는 수계법의 의식을 실행하고</u>, 그에 의해 '<u>무억無憶·무념無念·막망莫妄</u>'<u>으로 인도되도록 지도했음을 알 수 있다</u>. '무억·무념·막망'을 '3구어句語'라고 부르며 각각 계·정·혜의 3학에 대응시켰다고 한다(다만 그 사상의 중심은 어디까지나 '무념'이었던 듯하다).[49] 〈밑줄은 필자의 논지를 위한 강조선〉

중국 출신이 아닌 신라 출신의 정중 무상이 중국 사천지방에서 크게 가르침을 펼 수 있었던 이유는 염불과 좌선을 동반한 수계의식을 정기적으로 개최하였기 때문일 것이다. 예나 지금이나 고매한 사상이나 고도로 집중된 시간을 요구하는 수행이 일반대중들의 종교적 욕구를 충족시켜주는 전제조건이 되지는 않는다. 사실 사원의 승려들에게도 이러한 철학적 사상의 핵심을 올바르게 간파하거나 집중적으로 아란야에서 정진하는 것은 결코 쉽지 않다. 일반대중들의 종교적 욕구는 염불이나 수계법 등의 종교의식을 통해 개인이나 가족의 문제 등 현실적 이익을 얻거나 그 가피를 받는 것일지 모른다. 사실 이러한 욕구가 더 자연스럽다. 정중종의 경우에 정기적으로 염불을 동반하는 수계의식을 개최해서 대중들에게 좀 더 쉽게 종교적으로 다가갔다는 점이 중요할 것이다. 이러한 의식을 통해 '3학'에 배대시킨

---

49) 이부키 아츠시, 앞의 책, pp.82~83.

'3구어'를 출가자와 재가자에게 지도하면서 좌선에 익숙하도록 유도했을 것이다. 정중 무상이 고안한 '3구어'를 사천지방에서 드날릴 수 있었던 배경은 바로 이러한 염불과 수계법이라는 종교의식에 있었던 것으로 보인다.

중국불교도가 중국 선을 둔황 주변지역에서 티벳인들에게 선양할 수 있었던 이유도 정중종의 실례와 마찬가지일 것이다. 종교의식을 통한 세속적 이익의 추구와 가피가 그들의 종교적 욕구의 바탕이 되었을 것이다. 당연히 난해한 중국 선의 선지를 깨닫겠다는 것이 티벳인들의 종교적 욕구의 근본이 될 수는 없기 때문이다. PT 116이라는 종교의식용 매뉴얼, 즉 안내서가 둔황에서 발견된 이유가 바로 여기에 있을 것이다. 둔황 주변에, 혹은 티벳 동북부 지역에 거주하는 티벳인은 『보현행원왕경』-『금강경』-『학설강요서』-『선경모음집』의 내용을 종교의식 주관자가 읊조리거나 혹은 종교의식 주관자와 함께 티벳인들이 함께 따라서 봉송하거나 간에 그러한 종교의식에서 그들은 경전이나 그 구절이 지니고 있는 신성한 힘에 매료되었을 것이다. 신성한 힘은 결국 세속적 욕구를 충족시켜주었을 것이며, 그들은 그 가피를 직접적으로 체험했을 것이다. 정기적으로 이러한 종교의식을 거행함으로써 티벳인들은 자연스럽게 중국 선의 가르침에 익숙하게 되었을 것이며, 그들은 스스로를 대유가사의 길을 따르는 이라고 생각하였을 것이다.

Ⅳ. 나오는 말

본론의 내용을 요약하는 것으로 결론을 대신하고자 한다.

PT 1은 3가지 기원문-보살행과 관련한 기원문-진언문의 순서로 구성되어 있으며, 8세기 말에서 9세기 초중반에 걸쳐 서사된 사본으로서 종교의례에 사용된 매뉴얼일 것이다. PT 116에서는 『보현행원왕경』-『금강경』-『학설강요서』(가제)-『선경모음집』(가제)이라는 문헌들이 연속적으로 서사되고 있다. 이 사본에서 각각의 문헌들이 배열된 방식은 우연적인 것이 아니라, 어떤 종교의식을 염두에 두고 이루어진 것이라고 보인다. 첫 번째로, 『보현행원왕경』은 인도에서부터 대승보살의 수행과 밀접한 연관성이 있으며, 이와 관련된 의례에 사용되어왔다. 그러므로 이 『보현행원왕경』이 PT 116의 서두에 배체되어 있는 것은 PT 116이 어떤 종교의식과 연관된 것임을 시사한다. 두 번째로, 『금강경』은 반야의 지혜를 설하는 경전이므로 선종에서 중시되었는데, 다른 한편으로는 『금강경』 독송에 의하여 초월적인 이익을 획득하는 것이 강조되기도 한다. 『금강경』이 지니는 이 두 가지 측면을 염두에 두고, PT 116이 선종의 종교의례에 사용되었을 것이다. 한국 사찰에서 법회를 시작할 때, 『금강경』 등의 경전을 독송하는 것과 흡사하다. 세 번째로, PT 116에 서사된 『학설강요서』에서는 예셰데의 『견해의 차별』의 영향이 보이는데, 그 성립은 9세기라고 여겨진다. 하라다 사토루의 설에 기초한다면 쌈얘논쟁 이후 티벳인이 인도불교와 중국 선을 겸수하는 것을 시사하고 있다고 간주할 수 있다. 이러한 『학설강요서』를 의례에서 읊는 것이 티벳 내 중국 선사상의 도입에 일정 부분 영향을 주었을 것이다. 네 번째로, 중국선사들의 선사상 모음집, 즉 『선경모음집』에서는 선사들의 말씀과 경문을 열거하고 있다. 특히 주관과 객관이라는 이분법적 사유를 초월하는 무분별지에 의하여 체득되는 '법성法性'이 강조되고 있으며, PT 116이 『법계法界를 설하는 경』이라는 게송 구문으로 마치고 있다. 『선경모음집』에 보이는 '마하요가'라는 말에서 인도불교에 대한 배려가 엿보인다. 중국의 선불교가 인도 대승불교의 가르침과 맞닿아 있음을 피력하기 위해 고안된 장치가 '마하요가'라는 용어일 것이다. 일종의 둔황 지역 등의 티벳인을 대상으로 한 포교 방식과 연계된 것일 것이다. 다섯 번째, 마지막 게송 구문은 기원문의 형태를 갖추고 있어서, 둔황 혹은 티벳에서 중국 선불교와 관련된 종교의식의 말미를 장식하는 구문으로 보인다. 결국 PT 1과 마찬가지로 PT 116도 동일하게 종교의식과 연관된 안내서의 성격을 지닌다고 추정할 수 있다. PT 116이 어떤 종교의식을 통해 지속적으로 대중들에게 현실적인 이익을 충족시켜주려는 측면과 함께 이들에게 이 가르침을 지속적으로 상기시키고자하는 목적 하에 의례용으로 작성되었을 가능성이 농후하다는 점을 지적하는 것으로 본고의 결론을 마무리하고자 한다.

하지만 PT 116이 구체적으로 어떤 종교의식에서 이 사본더미가 사용되었는지를 현 상황에서 단정할 수 없다는 점은 본고의 한계라고 할 수 있으며, 이에 대해서는 추후의 연구과제로 남겨 두고자 한다.

| 약호 및 참고문헌 |

원전

P   *Peking Kanjur and Tanjur*

PT   *Pelliot tibétain*

사전류

『藏英辭典』 Heinrich August Jäschke, *A Tibetan-English Dictionary: with special reference to the prevailing dialects, to which is added an English-Tibetan vocabulary*, Delhi: Motilal Banarsidass, 1881.

『藏漢大辭典』 張怡蓀主編, 『藏漢大辭典(*Bod rgya mtshig mdzod chen mo*)』上, 北京: 民族出版社, 1993.

단행본

마츠모토 시로, 李泰昇·權瑞容·金銘友·宋在根·尹鍾甲 공역, 『티베트 불교철학』, 서울: 불교시대사, 2008.

야마구치 즈이호(山口瑞鳳), 이태승(李泰昇) 역, 「吐蕃王國佛敎史年代考」, 『印度哲學』, Vol.7, 1998, pp.267~315.

이부키 아츠시(伊吹敦), 崔鉛植 역, 『새롭게 다시 쓰는 중국 禪의 역사』, 서울: 씨아이알, 2011.

폴 드미에빌(Paul Demiéville), 배재형·車相燁·金成哲 공역, 『라싸 종교회의』, 서울: 씨아이알, 2017.

大西啓司, 『10~13世紀に於けるチベット·河西地方の國家と社會』, 京都: 龍谷大學博士論文, 2014.

塚本啓祥・松長有慶・磯田熙文,『梵語佛典の硏究-III 論書篇-』, 京都: 平樂寺書店, 1990.

松本史郞,『禪思想の批判的硏究』, 東京: 大藏出版, 1994.

芳村修基,『インド大乘佛敎思想硏究―カマラシーラの思想』, 京都: 百華苑, 1974.

David P. Jackson, *Enlightenment by a Single Means,* Wien: Verlag derösterreichischen Akademie der Wissenschaften, 1994.

Donald S. Lopez, Jr., *Buddhism in Practice: Abridged Edition*, New Jersey: Princeton University Press, 2015.

Gregory Schopen, *Figments and fragments of Mahāyāna Buddhism in India: More collected papers*, Hawaii: University of Hawaii Press, 2005.

Jacques Gernet, *A history of Chinese civilization*, Cambridge University Press, 1996.

Marcelle Lalou, *Inventaire des Manuscrits Tibétains de Touen-houang Conservés àla Bibliothèque Nationale (Fonds Pelliot tib tain) nos 1-849*, Vol. I, Paris: Bibliothèque Nationale, 1939.

Michael L. Walter, *Buddhism and Empire: the Political and Religious Culture of Early Tibet*, Leiden・Boston: Brill, 2009.

Paul Demiéville, *Le concile de Lhasa: une controverse sur le quiétisme entre bouddhistes de l'Inde et de la Chine au VIII. siècle de l'ère chrétienne* Vol. VII, Paris: Imprimerie nationale de France, 1952.

Whalen Lai and Lewis R. Lancaster, *Early Ch'an in China and Tibet*, Asian Humanities Press, Jain Publishing Company, 1983.

Yoshiro Imaeda, Takeuchi Tsuguhito, Hoshi Izumi, Yoshimichi Ohara, Iwao Ishikawa, Kazushi Iwao, Ai Nishida and Brandon Dotson,

Tibetan documents from Dunhuang: kept at the Bibliothèque Nationale de France and the British Library, Tokyo: Research Institute for Languages and Cultures of Asia and Africa, Tokyo University of Foreign Studies, 2007.

논문

上山大峻, 「敦煌出土チベット文マハエン禪師遺文」, 『印度學佛教學研究』 38卷, 東京: 日本印度學佛教學研究會, 1971, pp.123~126.

沖本克己, 「bsam yasの宗論(一): Pelliot116について」, 『日本西藏學會會報』 21卷, 京都: 日本チベット學會, 1975, pp.5~8.

木村隆德, 「敦煌出土チベット文寫本Pelliot.116硏究(その一)」, 『印度學佛教學硏究』 46卷, 東京: 日本印度學佛教學硏究會, 1975, pp.778~781.

原田覺, 「bSam yasの宗論以後に於ける頓門派の論書」, 『日本西藏學會會報』 22卷, 京都: 日本チベット學會, 1976, pp.8~10.

原田覺, 「敦煌藏文資料に於ける宗義系の論書(1)」, 『印度學佛教學研究』 26卷 1號, 東京: 日本印度學佛教學研究會, 1977, pp. 45~49.

John Makransky, "Mahāyāna Buddhist Ritual and Ethical Activity in the World", *Buddhist-Christian Studies*, Vol.20, Honolulu: University of Hawai'i Press, pp.54~59, 2000.

영문 초록

The Satyadvaya (the Two Truths) Theory of Tattvasiddhi School in the Southern Dynasties
- Focusing on the Meaning of Satyadvaya in the Dunhuang Version of Dasheng Qixin Lun Yiji -

ZHANG Wenliang

Renmin University of China

According to the *Yiji*(意記), Seng Rou(僧柔) explains "the Two Truths(二際)" by the following aspects: though the Two Truths exist relatively, the ultimate truth is the absolute one beyond the conventional truth; borrowing the statement of "form is not different from emptiness" in the Prajñā-pāramitāSūtra (摩訶般若波羅蜜經), he demonstrats the identity of the two truths. With the concepts of 'Substane'(體) and 'Meaning'(義), he explains that the distinction between the two truths mainly comes from the cognitive difference on Truth between the enlightened and the worldly. Seng Rou's explanation, which reinterpretates the Two Truths doctrine from the Tattvasiddhi-śāstra(成實論), should be the forerunner of this doctrine from the Tattvasiddhi school (Chengshi Zong, 成實宗) in the Southern Dynasty(南朝).

Key words: the *Yiji*(意記), Seng Rou(僧柔), the two truths(二際), Substane(體) Meaning(義), the Tattvasiddhi-śāstra(成實論), Chengshi Zong(成實宗)

A Survey of Stein no.2748 in the Dilun Texts

Lee, Sangmin
Dongduk Women's University

This paper aims to demonstrate the chronological position of a Dunhuang manuscript entitled *Benyeyingluo-Jing-shu*(『本業瓔珞經疏』, S2748), a commentary on a Chinese apocryphal canon *Pusayingluobenye-Jing*(『菩薩瓔珞本業經』), in the Dilun texts of the early 6th Century Northern Dynasty(北朝, Beichao).

This research can be summarized as follows:

1) All the Buddhist Canons quoted in S2748 are listed in Sūtra Catalogs of the Northern Dynasty. Among them, the *Laṅkāvatāra Sūtra*("*Rulengqie-jing*", 『入楞伽經』) translated by Bodhiruci in 513 AD has the latest date of translation.
2) S2748 refers to *DaśabhūmikaSūtraśāstra*("*Shidi-jinglun*", 十地經論) throughout the manuscript. Moreover, S2748 gives priority to

the *DaśabhūmikaSūtraśāstra* over the *Pusayingluobenye-Jing* in doctrinal explanations.

3) S2748 shares the nearly identical paragraphs with *Shidilunyishu*(十地論義疏), a representative text of the early Dilun school. It seems to suggest that S2748 was written earlier than the *Shidilunyishu*.

4) The identical paragraphs of the two texts state that "the first stage Bodhisattva out of ten stages can break the binding of Saṃsāra" which was a soteriological doctrine newly adopted in the Dilun School. However, another passage from S2748 argues that it is actually at the seventh stage of the Bodhisattva path when the bindings of Saṃsāra would loosen. These conflicting statements clearly imply that their doctrinal system had not yet been fully organized when S2748 was compiled.

5) Through the investigation, another Dunhuang manuscript *Renwangbore-shixianglun*(仁王般若實相論) which shows an obvious correlation with S2748, has been newly identified as a text founded in the same group of the authors of *Benyeyingluo-Jing-shu*.

Key words: *Benyeyingluo-Jing-shu*(本業瓔珞經疏, S2748), *Pusayingluobenye-Jing*(菩薩瓔珞本業經), *DaśabhūmikaSūtraśāstra*("*Shidi-jingl-*

un", 十地經論), the Dilun school(地論宗), *Shidilunyishu*(十地論義疏), *Shidilunyishu*(十地論義疏), *Renwangbanruo-shixianglun*(仁王般若實相論)

Comparison among the Commentaries on the *Śrīmālādevīsiṃhanāda Sūtra*
– Focusing on its commentaires by Master Zhao, Huiyuan and Jizang –

YANG Yufei

Yichun University

The *Śrīmālādevīsiṃhanāda* Sūtra(*SMS*, 勝鬘獅子吼一乘大方便方廣經) is composed of fifteen chapters. However, each chapter seems to have an independent subject and there is little correlated with one another, which makes it difficult to grasp *the SMS* as a whole. Its earliest extant Chinese commentaries are just annotations of some terminology and sentences, such as S1649 and S2660. The authors of later commentaries, gradually realizing this, tried correlating each chapter according to their own understanding. This trial is mainly reflected in their explanations of the term, Laiyi(來意). By comparing the differences and similarities between their explanations on Laiyi, we can trace relations among these commentaries. This paper analyzes three Chinese commentaries which have more complete explanations and clearer connection of development; *Sheng man jing shu*(勝鬘經疏, S524) by Master Zhao (照法師), *Sheng man jing yi ji*(勝鬘經義記) by Hui yuan(慧遠) and *Sheng man bao ku*(勝鬘寶窟) by zang(吉藏). By comparing the explanations of Laiyi in these commentaries, we can better understand the transmission of *the SMS* and its position in the history of the commentaries on Sūtras in China.

Key words: the *Śrīmālādevīsiṃhanāda* Sūtra(勝鬘獅子吼一乘大方便方廣經), Laiyi(來意), zang(吉藏), *Sheng man jing shu*(勝鬘經疏), Master Zhao(照法師), *Sheng man jing yi ji*(勝鬘經義記), Hui yuan(慧遠), *Sheng man bao ku*(勝鬘寶窟)

The Dunhuang Manuscript *Fomujing* and the *"Shaka Rising from the Gold Coffin"* Scroll
– Focusing on an Introduction of Related Materials –

KAWASAKI Michiko

Dongyang University

Firstly, this essay introduces the hand-copied Dunhuang manuscript of *Fomujing*(佛母經), describing the design and the transcription details such as differences between the scroll and the book-bound including the front section and the rear one. Secondly, it compares the contents in *the Fomujing* and the second part of the two-fascicle, *Foshuo mohe moye jing*(佛設摩訶摩耶), vol. 12 of Taishō Shinshū Daizōkyō. Also, this writing demonstrates that these two texts contain the idea of filial piety(孝), whose further consideration is the challenge for us.

Key words: *Fomujing*(佛母經), *Foshuo mohe moye jing*(佛設摩訶摩耶), filial piety(孝), *Shaka Rising from the Gold Coffin*(釋迦金棺出現圖).

On the idea of Continuity during Early Chinese Buddhism
– Focusing on P3291, P2908 and ShM3317 –

SHI Jingpeng

Central University for Nationalities

The idea of Continuity(相續) in Buddhism, closely related to Buddhist view of life, karmic thought and the theory of liberation, is one of the most important Buddhist ideas. During early Chinese Buddhist history, the idea of Continuity developed through different stages. In the Dunhuang manuscripts Pelliot 3291, Pelliot 2908 and Shanghai Museum 3317, produced in the Northern and Southern dynasties, this idea combined with the doctrine of Buddha-nature(佛性). Through discussing the relationship between the idea of Continuity and other ideas such as the Middle Way(中道), Buddha-Nature(佛性), Impermanence(無常), the Two Truths(二諦) and Nirvana(涅槃), these manuscripts show complicated characteristics of this idea. The idea of Continuity during early Chinese Buddhist history embodies the localization of Indian

Buddhism.

Key words: Continuity(相續), the Middle Way(中道), Buddha-Nature(佛性), Impermanence(無常), the Two Truths(二諦), Nirvana(涅槃), Early Chinese Buddhism

A Study on the interrelationship between *the Erjiao Lun* by Dao An in Northern Zhou and *the Bianzheng Lun* by Fa Lin in the Tang Dynasty

Saim, Shin
Geumgang University

This paper considers the interrelationship between *the Erjiao Lun*(二教論) by Dao An(道安) in 570(or 571) in the reign of Emperor Wu(武帝) of Northern Zhou(北周) and *the Bianzheng Lu*(辯正論) by Fa Lin(法琳) which took several years to complete by 626 in the reign of Emperor Gaozu(高祖) of the Tang Dynasty(唐).

The Erjiao Lun and *the Bianzheng Lun* remain as two separate Dunhuang manuscripts, namely, Pelliot chinois 2587, Pelliot chinois 3742, Pelliot chinois 3617, Pelliot chinois 3766. Importantly, the background and the intention of writing *the Erjiao Lun* was transcribed at the end of Pelliot chinois 2587, which provides valuable information for study.

Both texts were written with the intent of defending Buddhism against "the abolition of Buddhism" or "Buddhist Persecution". *The Erjiao Lun*, written to oppose religion policy of Emperor Wu of Northern Zhou, is the last Buddhist apologetic treatise of the Southern-Northern Dynasty, *The Bianzheng Lun* was written to discuss the merits of three religions and to argue against *the Shiyi Jiumi Lun*(十二九迷論) by Daoist Li Zhongqing(李仲卿) and another book. It is highly likely that the purpose of these two texts was very similar.

This paper makes inferences about how the tradition of Buddhist apologetics, whose treatises had actively been written from the end of the Eastern Jin(東晉) to the Southern-Northern Dynasty(南北朝), were transmitted in the Sui-Tang dynasty by examining the interrelationship between two texts.

Key words: *the Erjiao Lun*(二敎論), Dao An(道安), *the Bianzheng Lun*(辯正論), Fa Lin(法琳), the abolition of Buddhist

The Newly Discovered Versions of *the Tianzhuguo Putidamo Chanshi lun*

CHENG Zheng

Komazawa University

The *Tianzhuguo Putidamo Chanshi lun*(天竹國菩提達摩禪師論, "*Treatise on Indian Dhyāna Master Bodhidharma*," hereinafter abbreviated to "*Damo Chanshi lun*"達摩禪師論) is a valuable piece of early Chan literature that Tanaka Ryosho discovered among the Dunhuang manuscripts and introduced to the world of academia. Concerning the text, the existence of the two types P2039V and BD15054-1(new 1254) was identified. However, this essay newly presents, from among the German Turfan Chinese manuscripts, two alternate (fragment) versions of the Damo Chanshi lun in the form of Ch1935(prev. no.: T III M 173.106) and Ch2996(prev. no.: T II D), thereby confirming the transmission of *the Damo Chanshi lun* outside the geographical region of Dunhuang for the first time. In addition, while focusing on the newly discovered alternate version that is S2594, this writing introduces all of the texts and compares the contents of each manuscript. As a result, it can be hypothesized that S2594 represents the oldest form of the text among the extant versions of *the Damo Chanshi lun* and that both of the two German-held versions are later texts than S2594.

Key words: *The Tianzhuguo Putidamo Chanshi lun*(天竺國菩提達摩禪師論), Tanaka Ryosho, *Damo Chanshi lun*(達摩禪師論), *Treatise on Indian Dhyāna Master Bodhidharma*

On Facheng's quotation of Jinaputra's on *the Yogācārabhūmi*

ŌTAKE Susumu
Buddhist scripture translator

When commenting on *the Yogācārabhūmi*(瑜伽師地論), Xuanzang (玄奘, 602~664) and his disciples often quoted Indian commentaries by other authors including Nanda, Viśeṣamitra, and Jinaputra.

The Yujia shi di lun shi(瑜伽師地論釋), a short commentary covering the introductory part of *the Yogācārabhūmi*, translated by Xuanzang and ascribed to Jinaputra and others, appears to be a patchwork from other Indian commentaries.

In the Tibetan Buddhist canon, the text named *Yogācārabhūmi-vyākhyā* is preserved. This is an anonymous commentary on the first three bhūmis in the maulībhūmi("the basic section") of *the Yogācārabhūmi*. Since this text is recorded in the catalogues of the dKar chag ldan dkar ma compiled in 824 and the dKar chag 'phang thang ma in the ninth century, it is certain that this text was translated into Tibetan before 824.

Facheng(法成), a Buddhist monk bilingual in Chinese and Tibetan in the ninth century, lectured on Xuanzang's translation of *the Yogācārabhūmi* in Dunhuang. His disciples recorded his lecture in their notes named *the Yujia lun shouji*(瑜伽論手記) and *the Yujia lun fenmen ji*(瑜伽論分門記). In the *Yujia lun shouji*, Facheng sometimes quotes Jinaputra's *commentary on Yogācārabhūmi*

My research suggests the following conclusions:

(1) Jinaputra's *commentary on Yogācārabhūmi* that Facheng quotes in the *Yujia lun shouji*(Pelliot chinois 2061) is identical to the anonymous *Yogācārabhūmivyākhyā* preserved in the Tibetan canon.

(2) Jinaputra's *commentary on Yogācārabhūmi* that Xuanzang cites in *the Yugarongi*(瑜伽論記) by Dunryun(遁倫) also coincides with the anonymous *Yogācārabhūmivyākhyā* preserved in the Tibetan canon.

(3) Therefore, the author of the anonymous *Yogācārabhūmivyākhyā* is Jinaputra.

(4) In *the Yujia lun shouji*(Pelliot chinois 2036), Facheng quotes Jinaputra's *commentary on Yogācārabhūmi* about the

bodhisattvabhūmi in the maulībhūmi. This is not included in the extant *Yogācārabhūmivyākhyā*.

(5) Therefore, it is quite likely that there was Jinaputra's *commentary on Yogācārabhūmi* annotating the bodhisattvabhūmi in the maulībhūmi in addition to the extant *Yogācārabhūmivyākhyā*.

Key words: *the Yogācārabhūmi*(瑜伽師地論), Jinaputra, *The Yujia shi di lun shi*(瑜伽師地論釋), Facheng(法成), *the Yujia lun shouji*(瑜伽論手記), *the Yujia lun fenmen ji*(瑜伽論分門記), *the Yugarongi*(瑜伽論記), *the Yogācārabhūmivyākhyā*

The Religious ritual manuals and Pelliot Tibétain 1 and 116

Sangyeob Cha

Geumgang University

This paper considers the characteristics of Pelliot Tibétain 1(PT 1) and 116(PT 116). PT 1 is the manual used in the ritual, composed of the prayer relating to the Bodhisattva, and Mantra, which was copied through the late 8th century into the first half of 9th century.

PT 116 is listed as a collection of the following literature: *the vows of Samantabhadra, the Diamond* Sūtra, *Grub mtha'*, and *the Collection of Chan masters' teachings*. This arrangement is not accidental, but written with religious ceremonies in mind.

First of all, *the vows of Samantabhadra* was used to mark the beginning of the ritual related to the practice of the Bodhisattva. Therefore, it suggests that PT 116 may have been closely linked to certain religious rituals.

Secondly, *the Diamond Sūtra* was highly valued in Chinese Chan Buddhism because it explains transcendent wisdom(*prajñā*), while it was often emphasized to obtain secular interests through chanting this *Sūtra*. These two aspects of *the Diamond Sūtra* were possibly considered in PT 116.

Thirdly, it is thought that the *Grub mtha'* of PT 116 is affected by *the lTa ba'i khyad par*. Perhaps the introduction of the Chinese Chan thought into Tibet resulted from the reciting of *the Grub mtha'* in the religious ceremonies.

Finally, *the Chan masters' teaching collection* lists the words of the precepts and the scriptures of '*dharmatā*'(Dharma-nature, 法性) that are acquired by the *nirvikalpajñāna*(the wisdom of non-discrimination, 無分別智) that transcends the subject and the object. The terminology of *Māhayoga* in this text shows consideration for Indian Buddhism. The last paragraph also has a form of prayer, which corresponds to the end of the ritual. With these points, it is highly likely that *PT 116* was used as a Buddhist ritual manual in a similar manner to *PT 1*.

Key words: Mahāyoga, propagation of Chinese Chán Buddhism, the ritual manuals, *the lTa ba'i khyad par*, *the Grub mtha'*, *the vows of Samantabhadra*, *the Chan masters' teaching collection*